环太湖经济社会发展研究报告·2018

主　编　刘文洪
副主编　王定新　刘宏伟
　　　　金　政　徐　勇

苏州大学出版社

图书在版编目(CIP)数据

环太湖经济社会发展研究报告.2018/刘文洪主编.—苏州:苏州大学出版社,2018.10
ISBN 978-7-5672-2668-5

Ⅰ.①环… Ⅱ.①刘… Ⅲ.①区域经济发展-研究报告-江苏②社会发展-研究报告-江苏 Ⅳ.①F127.53

中国版本图书馆 CIP 数据核字(2018)第 235659 号

书　　名	环太湖经济社会发展研究报告·2018
主　　编	刘文洪
责任编辑	王　娅
装帧设计	吴　钰
出版发行	苏州大学出版社
社　　址	苏州市十梓街1号　邮编:215006
印　　装	镇江文苑制版印刷有限责任公司
网　　址	www.sudapress.com
邮购热线	0512-67480030
销售热线	0512-67481020
开　　本	787mm×960mm　1/16　印张:17.5　字数:295千
版　　次	2018年10月第1版
印　　次	2018年10月第1次印刷
书　　号	ISBN 978-7-5672-2668-5
定　　价	48.00元

凡购本社图书发现印装错误,请与本社联系调换。服务热线:0512-67481020

本书编委会

编委会主任　刘文洪

副　主　任　(按姓氏笔画为序)
　　　　　　王定新　刘宏伟　金　政
　　　　　　徐　勇

成　　　员　(按姓氏笔画为序)
　　　　　　王其山　方　伟　刘小红
　　　　　　刘正武　吴文勤　余　剑
　　　　　　张丁榕　胡继妹　徐连林
　　　　　　谭　军

目 录

■ 总 论 ■

推进环太湖城市社区党组织建设创新的路径研究 ……………………… 3

特色小镇：新型城镇化的模式选择——以嘉兴为例 …………………… 14

环太湖地区区域法治建设研究 ……………………………………………… 26

新时代环太湖区域城乡融合发展的难点及对策建议 …………………… 35

环太湖地区红色资源开发利用研究 ……………………………………… 44

■ 经济篇 ■

"一带一路"视角下环太湖地区知识产权贸易发展研究 ……………… 61

环太湖企业规模异质性与创新行为差异分析——以无锡为例 ………… 68

企业原始创新案例研究及对环太湖城市的启示 ………………………… 91

众创街区：空间转型、产业创新　增创街区新优势

　　——荷花池打造"众创空间"升级版的经验与探索 ……………… 100

互联网会展经济发展的区域效应研究

　　——基于乌镇会展经济发展的调查研究 ………………………… 109

■ 社会篇 ■

沿海较发达地区流动人口基本公共服务均等化研究——以嘉兴为例

……………………………………………………………………………… 121

接轨常州主城区　加快常金同城化现实路径的思考…………………… 133

转型中的苏州美丽乡村建设——以苏州西山岛上的秉常村为例………… 145

水污染治理的成效及立法建议——以湖州市为研究样本………………… 153

■ 政法篇 ■

环太湖地区跨界安全治理：一个整体性分析框架……………………… 167

环太湖地区农民工政治参与的路径及价值实现………………………… 175

企业家代际传承的SWOT分析与政府助力机制构想——以海宁市为例
……………………………………………………………………… 190

从"被组织"到"自组织"：长三角科技城跨行政区域协同创新的实践研究
……………………………………………………………………… 198

■ 文化篇 ■

民族传统文化产业现代化的路径研究——以环太湖为例……………… 211

特色强镇建设中的文化植入研究——以常州市武进区为例…………… 221

地域文化时空边界论纲：以江苏及环太湖吴文化为例………………… 231

浸润弘扬　一脉相承——海宁名人文化精神与当代核心价值观的培育
……………………………………………………………………… 242

■ 党建篇 ■

把握全面从严治党中的几个关键关系
　　——学习习近平总书记全面从严治党重要论述……………………… 253

红船精神的理想信念教育价值：内在逻辑·历史语境·实践进路……… 260

总论

推进环太湖城市社区党组织建设创新的路径研究

中共无锡市委党校 金 政 王华华

城市社区是人民群众生活的基本场所,同时也是化解各类社会矛盾、满足人民群众多方面需求的重要渠道。党的十九大报告指出:"要以提升组织力为重点,突出政治功能,把企业、农村、机关、学校、科研院所、街道社区、社会组织等基层党组织建设成为宣传党的主张、贯彻党的决定、领导基层治理、团结动员群众、推动改革发展的坚强战斗堡垒。"[1]随着城市化进程的不断加快和城市基层管理体制改革的不断深化,社区正日益成为城市管理的重心,社区党建日益成为党的基层组织建设的重要组成部分。[2]近年来,苏州、无锡、常州、嘉兴、湖州等环太湖地区,不断推进城市社区党建创新,以城市社区党建创新,激活党的基层战斗堡垒,增强环太湖地区城市社区党组织的影响力、号召力和凝聚力,助推城市社区各项工作的开展。全面从严治党新形势下,研究环太湖城市社区党组织建设创新的路径问题,既可以总结环太湖城市社区党组织建设创新的成功经验,丰富我国城市社区党建创新的理论资源,也可以为环太湖城市社区党建创新提供对策建议,助推环太湖城市社区党组织建设创新的新实践。

一、近年来环太湖城市社区党组织建设创新的主要经验

近年来,苏州、无锡、常州、嘉兴、湖州等环太湖地区,在推进城市社区党组织建设创新方面,既有各自的特点,也有基于中国共产党基层党组织建设创新的共性。党的十八大报告指出:"要落实党建工作责任制,强化农村、城

---

[1] 中国共产党第十九次全国代表大会文件汇编. 北京:人民出版社,2017:24.
[2] 王华华. 服务型党组织:基本内涵、核心价值与实践路径——无锡"三型"党组织建设的启示. 安徽行政学院学报,2014(1).

市社区党组织建设,加大非公有制经济组织、社会组织党建工作力度,全面推进各领域基层党建工作,扩大党组织和党的工作覆盖,充分发挥推动发展、服务群众、凝聚人心、促进和谐的作用。"[1]城市社区基层党组织数量多,差异性强,具有广泛联系城市居民的特点。环太湖五市在抓城市社区基层党组织"服务群众",创新党的基层堡垒作用方面,有着一定的共性和共识。具体而言,近年来,环太湖城市社区党组织建设创新的主要经验有如下几个方面。

(一)强化环太湖城市社区党组织领导社会治理创新的能力

思想是行动的先导,理论是实践的指导。准确把握党的领导与社会治理的关系,是坚持创新社会治理正确方向的前提。从从严管党治党、巩固党执政基础的大局出发,环太湖地区深刻认识基层党的建设的重要意义,形成了以加强城市社区基层党的建设引领社会治理创新的共识。2014年,习近平总书记指出,"加强和创新社会治理,关键在体制创新,核心是人,社会治理的重心必须落到城乡社区"[2]。2015年,习近平总书记要求,"要把加强基层党的建设、巩固党的执政基础作为贯穿社会治理和基层建设的一条红线,建立一支素质优良的专业化社区工作者队伍"[3]。2017年,习近平总书记再次强调,"基层是一切工作的落脚点"[4]。通过认真学习和领会习近平总书记的重要指示精神,苏州、无锡、常州、嘉兴、湖州等环太湖五市深刻认识到,中国特色社会主义的本质特征是中国共产党的领导,党的领导要通过各级组织特别是基层组织卓有成效的工作来实现。创新社会治理,根本在于通过加强基层党的建设,把党的领导深深植根于人民群众之中,实现党领导社会治理、依靠群众加强社会治理。环太湖地区要强化城市社区党组织建设创新,实现城市社区社会治理的现代化,就必须把城市社区基层党组织建好建强,才能为环太湖地区的社会治理和基层建设提供强有力的组织保证。

街道社区是城市基层社会治理的重心,街道社区党组织是党在城市工作最

---

[1] 胡锦涛. 坚定不移沿着中国特色社会主义道路前进 为全面建成小康社会而奋斗——在中国共产党第十八次全国代表大会上的报告. 北京:人民出版社,2012:22.

[2] 习近平. 谈治国理政(第一卷). 北京:外文出版社,2015:225-229.

[3] 习近平. 习近平总书记重要讲话文章选编. 北京:中央文献出版社,2016:267-269.

[4] 习近平. 决胜全面建成小康社会 夺取新时代中国特色社会主义伟大胜利——在中国共产党第十九次全国代表大会上的报告. 北京:人民出版社,2017:46.

坚实的力量支撑。[1]只有抓住基层党建这个纲，社会治理才能纲举目张。近年来，环太湖地区推进城市社区党组织建设创新中，重点围绕基层体制、基层队伍、基层治理、基层服务、基层保障等要素，梳理街道体制机制、社区治理体系、多元主体参与社区共治、基层服务保障等方面不适应的问题。通过调研和比较全国先进的城市社区党组织建设经验，环太湖五市发现当前城市社区党组织建设仍存在一些基层党组织战斗堡垒作用发挥不足、新兴领域党组织覆盖不够等问题，因此在总结经验、找准短板中凝聚共识，围绕"基层党建服务群众"的理念，充分发挥环太湖地区城市社区基层党组织"推动发展、服务群众、凝聚人心、促进和谐"的战斗堡垒作用，推动城市社区基层党建实现"四个转变"：从上层着力向基层着力转变，从局部推进向整体推进转变，从各自封闭向共同参与转变，从简单粗放向精准发力转变，达到加强统筹、上下联动、力量下沉、全面覆盖、落实落细的效果。

（二）协调环太湖城市社区党组织与街道党工委的治理关系

改革开放以来，中国共产党推进基层社会治理和加强党的基层堡垒建设，取得的成绩可圈可点。环顾党的建设经验，创新社会治理重心在街道社区，加强基层党建重心也在街道社区。苏州、无锡、常州、嘉兴、湖州环太湖五市坚持大抓基层、夯实基础的鲜明导向，协调环太湖城市社区党组织与街道党工委的治理关系，以强化街道党工委职能作用为突破口，把管理和服务力量放到基层，明确街道社区职责，优化街道社区机构设置，激发基层党组织活力。主要做法包括：（1）引导基层党组织聚焦主责主业。苏州、无锡、常州、嘉兴、湖州环太湖五市都曾明确要求街道党工委在辖区内要发挥领导核心作用，主要履行加强党的建设、统筹社区发展、组织公共服务、实施综合管理、监督专业管理、动员社会参与、指导基层自治、维护社区平安等方面的职能。同时，为了强化街道党工委职责，取消了街道党工委的招商引资职能，让街道党工委聚焦主责、突出主业，把工作重心转移到基层党组织建设上来。（2）赋予社区基层党组织相应职权和资源。针对条块不顺畅、权责不统一的问题，苏州、无锡、常州、嘉兴、湖州环太湖五市向街道党工委下放权力，即对区职能部门派出机构负责人的人事考核权、对区职能部门派出机构负责人的征得同意权、街

---

[1] 王华华. 习近平新时代中国特色社会主义思想的人民立场阐释. 江南大学学报（人文社会科学版），2018（2）.

道规划参与权、综合管理权、对区域内事关群众利益的重大决策和重大项目的建议权。

（三）完善环太湖城市社区党组织"服务居民"的工作体系

"以社区居民需求为中心"的服务导向，应该是新时代城市社区党组织党建创新的重要理念。改革开放以来，苏州、无锡、常州、嘉兴、湖州等环太湖城市的非公有制经济组织和社会组织迅速发展，主要聚集于商务楼宇、产业园区、商圈市场和"线上网上"等，如何为他们"服好务"，为城市社区基层党建工作提出了新课题、新任务。为了更好地满足居民需求，社区党组织"服务居民"的工作体系必须有效更新，既要让街道社区负责、有关部门配合，从推进党的组织和工作覆盖入手，抓住薄弱环节，补齐基层党建工作短板；也要让驻地的非公有制经济组织和社会组织参与社区基层社会治理。一方面，环太湖城市积极推进社区驻地的商圈市场党建工作的覆盖化。环太湖城市的社区商圈市场，主要是小微企业和个体工商户众多的区域，环太湖城市社区党组织着力推动驻地的商圈和市场管理公司内部建立党组织，以更好的管理党员，并发挥党员服务居民的先进作用。另一方面，环太湖城市积极推进社区党建的网络媒体覆盖。推进互联网党建覆盖城市社区，既是加强党的网络工作领导的表现，也是让城市社区党建更好地满足"以社区居民需求为中心"的服务导向的重要举措。环太湖城市加强社区基层党组织的网络党建覆盖化，一方面，通过各级网信办、新闻办等部门指导社区党组织的网络党建技术及相关业务工作；另一方面，赋予街道社区党组织对城市社区党建工作的兜底责任，使得城市社区党组织能够夯实党的基层战斗堡垒，发挥互联网党建覆盖化的服务社区居民需求作用。

二、新时代环太湖城市社区党组织建设创新存在的不足

习近平总书记在党的十九大报告中指出："经过长期努力，中国特色社会主义进入了新时代，这是我国发展新的历史方位。"并强调指出："我国社会主要矛盾已经转化为人民日益增长的美好生活需要和不平衡不充分的发展之间的矛盾。"[1]围绕人民日益增长的美好生活需要展开党的建设工作，是新时代

---

[1] 习近平. 决胜全面建成小康社会 夺取新时代中国特色社会主义伟大胜利——在中国共产党第十九次全国代表大会上的报告. 北京：人民出版社，2017：12.

中国特色社会主义事业对党的建设提出的新命题。从新时代变化发展的居民社区服务需求来看，苏州、无锡、常州、嘉兴、湖州等环太湖城市社区党组织建设创新还存在一定的不足，主要表现在如下几个方面。

（一）环太湖城市社区党组织"服务居民"工作的统合性不高

新时代孕育新思想，新思想铸就新功绩。中国共产党是为中国人民谋幸福、为中华民族谋复兴的长期执政党。加强和改善党的领导，夯实党的长期执政能力建设、纯洁性和先进性建设，离不开马克思主义和马克思主义中国化成果的理论指导。习近平新时代中国特色社会主义思想是中国共产党的政治宣言、理论旗帜、指导思想和行动指南。"以人民为中心"，坚持人民立场、立党为公、执政为民是习近平新时代中国特色社会主义思想的价值内核。围绕"人民立场"这个价值内核，作为中国共产党基层党组织的重要组成部分——社区党组织，必然要通过强化"服务居民"工作来密切联系群众，巩固党和群众之间的血肉联系。

从近年来环太湖城市社区党组织取得的成绩和经验来看，环太湖城市社区党组织"服务居民"工作的统合性不高。以无锡惠山区"晴山蓝城社区"为例，该社区目前推进党建工作和"服务居民"的主要做法包括：（1）打造"蓝城名嘴"品牌。主要由社区内文艺爱好者及老年党员组成，通过专题讲座、锡剧演出等方式，开展正能量文化宣传，倡导社会主义核心价值观，为社区精神文明建设营造良好氛围。其中锡剧说唱团的做法在无锡电视二台进行了专题报道。品牌建设至今，已累计开展各类活动50余次，惠及社区党员群众达4 500余人次。（2）开设"月月谈"品牌。依托社区党员和志愿者参与社区建设和服务的议事平台发挥重要作用。社区党总支充分利用这一信息融汇的议事平台，组织居民群众为社区各项工作出谋划策。2014年以来，累计开展各类民主议事活动40余次，收集各类居民反映问题和意见92条，解决民生实际难题40多个，受益群众达8 600多人次。（3）组建"七彩虹志愿服务队"。主要是以青年党员为骨干的志愿团队。服务队成立以来，积极组织开展了扶贫帮困、义务劳动、义务献血、宣传环保理念等系列志愿服务活动，获得了居民好评，被评为惠山区青年志愿服务先进集体。（4）营造"蓝城衣加衣公益站"。该项目主要致力于公益慈善事业，关爱社会贫困群体，倡导环保公益理念，推动社会和谐进步。公益站成立以来，累计收集衣物15 222件，捐出衣物10 977件，受益人群达2 000余人次，多次受到省、市、区各级领导视察，并通过了"江苏省红十字博爱家园"项目评审。透过这些做法来看,晴山蓝城社区党建和服务工作依旧比较分散,社区党组织"服务居民"工作的统合性不高,难以形成有效的服务体系。[1]

(二)环太湖城市社区党组织与驻区单位共建互补存在短板

街道社区与驻区单位如果不能互联互动、共建互补,就会成为制约城市基层党建发展的瓶颈。[2]驻区单位往往具有关系互不隶属、层级高低不同、涉及领域很广、相互之间很少交流等特点。环太湖城市社区党组织党建仍然是"单打独斗"情况较多,尚未通过组织纽带把社区党组织与驻区单位之间紧密联系起来,从而发挥资源共享、活动共联的优势,进而实现街道社区与驻区单位共建互补。环太湖城市社区党组织与驻区单位共建互补存在的短板,主要表现在:(1)共驻共建意识不强。只有街道社区与驻区单位共同担负起加强基层党的建设、创新社会治理、推动城市发展的责任,才能有效弥补环太湖城市社区党组织与驻区单位共建互补存在的短板。而强化共驻共建意识,既需要打破行政隶属的壁垒,将驻区单位通过党组织的纽带连接起来,实现驻区单位党建与街道社区党建有效联动,又需要破除各自为政的障碍,共商区域发展,共抓基层党建。[3](2)组织纽带联结不强。环太湖城市社区党组织与驻区单位共建互补存在短板,一方面是结对共建不足,包括驻区单位党组织与街道社区党组织尚未签订共建协议、结成互助对子等;另一方面,人才联育不足,街道社区和驻区单位党组织互派党务干部挂职较少。同时,环太湖社区党建存在活动共联不足的问题,包括社区党组织与驻区单位缺少党员活动互换交流等。(3)推动资源共享不足。环太湖城市社区党组织与驻区单位共建互补存在短板,包括推动资源共享、信息共享不足,如街道社区党组织与驻区单位党组织缺乏通报交流;阵地共享不足,如场所阵地、活动设施缺乏相互开放和统筹使用;服务共享不足,如社区党组织与驻地单位的服务共享也存在不足;等等。

(三)环太湖城市社区党组织与上下级关系存在协调难的问题

城市社区基层党建是一项系统工程,区委是"一线指挥部",街道党工委是"龙头",社区党组织是"战斗堡垒",如何协调三者之间的关系是新时代

---

[1] 据2018年4月18日下午在无锡晴山蓝城社区调研时,社区党总支书记邓超同志说"社区党建所打造的居民服务体系仍然比较分散,尚未形成完整的理论体系和服务实践体系"。

[2] 崔长领. 社区党组织既要"有所为",也要"有所不为". 人民论坛,2017(1).

[3] 顾弘,陆柯成. 在"零距离"工作中增强社区党组织的政治功能. 江南论坛,2017(7).

城市社区基层党建工作创新的难题之一。中国特色社会主义步入新时代，推动城市社区社会治理取信于民，巩固党和群众之间的血肉联系，必须有效发挥城市社区党组织的领导作用。[1]城市社区党组织领导作用的发挥，涉及"上下级"关系协调的问题。实际上，由于我国城市社区实行"居民自治"的基层管理制度，城市社区基层党组织和居民自治委员会并没有严格意义上的"科层制"管理方式，街道党委和街道政府也只是对社区党组织和社区居委会实行监督和传达政策。虽然苏州、无锡、常州、嘉兴、湖州环太湖五市坚持大抓基层、夯实基础的鲜明导向，协调环太湖城市社区党组织与街道党工委的治理关系，以强化街道党工委职能作用为突破口，把管理和服务力量放到基层，明确街道社区职责，优化街道社区机构设置，激发基层党组织活力，取得了一些成绩，但是，社区党组织与街道党委以及各支部之间的关系，仍然有不畅通的问题。[2]近年来，有些环太湖城市，包括无锡、苏州等，按照精简、统一、高效原则，将街道党工委内设机构精简整合，组建党政办公室、社区党建办公室、社区管理办公室、社区服务办公室、社区平安办公室、社区自治办公室等，形成专门的对口业务。但是，从整体上看，环太湖城市社区党组织与上下级关系仍存在协调难的问题，比如，涉及城市边缘人群问题时，城市社区基层党组织是进行帮扶，还是推诿给上级街道组织。[3]

■ 三、新时代推进环太湖城市社区党组织建设创新的对策建议

新时代中国特色社会主义的基层党建，发生了三点主要变化。第一，中国特色社会主义步入新时代，社会矛盾转化为人民对美好生活的需求与不平衡不充分发展之间的矛盾。该矛盾说明人们有着对美好生活的高质量需求，相应地需要高质量的公共服务和准公共服务。第二，中国特色社会主义步入新时代，中国共产党发出了"全面从严治党"的号召，要强化党对中国特色社会主义事业的全面领导，提高党长期执政的能力。党的全面领导，自然包括城市社区党组织对社区事务的领导。第三，中国特色社会主义步入新时代，提高党的长期执政能力，主要是通过提高方方面面"全心全意为人民服务"的能力，满

---

[1] 王华华，杨倩萍. 基层政府组织在社会治理创新中的公共性问题界定——以无锡水秀社区居民楼"漏水"治理为例. 行政与法，2016（11）.

[2] 张超. 城市社区党组织建设的历史演进及其行为取向. 中共浙江省委党校学报，2016（4）.

[3] 王华华. "驱赶"或"包容"：城市边缘群体的政治吸纳研究. 探索与争鸣，2018（3）.

足人民变化的"美好生活需求",增进人民群众的政治认同,来实现中国共产党长期执政的合法性。结合这三点变化来看,新时代推进环太湖城市社区党组织建设创新,可从如下几个方面入手。

(一)推进环太湖城市社区党组织"贴民需"服务体系建设

为了适应新时代中国特色社会主义变化发展的实际,环太湖城市社区党组织应该推进"贴民需"服务体系建设。所谓"贴民需"服务体系建设是指城市社区党总支(或党委)深化"贴近社区居民公共服务和准公共服务需求"的理念,以社区党总支(或党委)为核心,通过创新城市社区党组织建设和提高党的基层执政能力,优化多样性、便民性、精准性和动态性的社区居民服务的供给侧改革,创造性地满足城市社区居民的服务需求,巩固党和群众之间的血肉联系。"贴民需"服务,既具有抽象概括性,如"民需很宽泛,可指吃饭穿衣住房等各个方面需求";也具有具体性,如"民需很具体,可直接在具体事务中指称单个的服务需求,像社区开居住证证明等"。了解环太湖城市社区居民的民需,可以通过优化多样性、便民性、精准性和动态性的社区居民服务的供给侧改革,更好地满足群众需求。(1)满足社区居民多样化需求。比如学习无锡晴山蓝城社区做法,打造"蓝城名嘴"等品牌,以满足居民新奇的、多样化的需求。(2)满足社区居民便民性需求。比如苏州一些社区党组织提供上门服务,更加便民。(3)满足社区居民精准性需求。比如上海梅陇十村社区党组织,建了许多旧衣服回收站,把旧衣服有针对性地分发给困难群众,满足这一特殊边缘群体的"精准性需求"。(4)满足社区居民动态性需求。比如环太湖城市社区党组织,可以通过微信群、"月月谈"等方式,动态地了解居民"动态化需求"。

(二)健全环太湖城市社区党组织"上下级"关系协调的日常制度

科学有效的社区党组织运作体系是环太湖城市社区党组织推进"贴民需"服务体系建设的重要举措。健全环太湖城市社区党组织"上下级"关系协调的日常制度,一方面,城市党组织通过日常协调制度,处理好与街道党委和政府的关系,可以相对减少上级安排的工作和一些调研任务,如社区党组织通过日常协调制度,向街道、区里、市里申请政策优惠和减少不必要的检查等[1];另一方面,社区党组织通过日常协调制度,可以有效管理社区党组织内的党员

---

[1] 顾弘,陆柯成. 在"零距离"工作中增强社区党组织的政治功能. 江南论坛,2017(7).

和流动性党员，配合社区党组织社会治理中的宣传和动员群众工作，增强社区事务合作共治的可能性。具体可从如下几点着手：（1）健全社区党组织上下级联动的组织体系。区级层面，建立党建工作领导小组和党建联席会议制度，对党建工作进行研究谋划、督促落实。街道层面，建立街道党建工作领导小组和联席会议制度，协调推动基层党建工作落实。[1]社区层面，党组织领导班子吸收社区民警、业主委员会、物业公司中的党员负责人担任兼职委员，具体抓落实。（2）健全社区党组织上下级联动的责任体系。区委履行第一责任，对全区党建工作提出思路，制定政策，加强指导。区委书记和党员领导干部建立基层党建联系点，研究解决困难和问题。街道党工委履行直接责任，抓好社区党建、驻区单位党建、非公有制经济组织和社会组织党建。社区党组织履行具体责任，贯彻落实上级党委部署的各项任务，做好发展党员和党员教育管理工作，联系服务群众。（3）健全社区党组织上下级联动的网络体系。创新管理服务手段，把现代信息网络技术运用到基层党建工作中。区级层面普遍建立信息管理服务系统，终端延伸到街道和社区，整合各部门各单位信息资源，建立大数据库，实现三级信息互联互通，为基层党建插上信息化"翅膀"。

（三）夯实环太湖城市社区党组织工作人员的"激励保障"机制

任何职业，在工资待遇不能同当地的经济发展水平保持一致的时候，都可能引发就职者或劳动者的"职业倦怠"，不能以"阳光心态"工作，亦可能会出现离职行为，甚至是"反生产行为"。[2]美国行为科学家弗雷德里克·赫茨伯格提出的化解"职业倦怠"与塑造职业"阳光心态"的激励保健理论（Motivator-Hygiene Theory），其最根本的保健因素，即为工资待遇因素。[3]上面千条线，下面一针穿。城市社区党组织工作人员长期工作在第一线，肩负着繁重的任务，面对着复杂的矛盾，工作千头万绪，十分辛苦，对他们要加强关怀激励，改善工作条件，是加强城市社区党组织工作人员队伍建设的"牛鼻子"。夯实环太湖城市社区党组织工作人员的"激励保障"机制，具体而言，可从以下几个方面入手。

（1）强化环太湖城市社区党组织工作人员的政治激励。《学习时报》2017年年初刊发了"习近平的七年知青岁月"，中央要求所有的党员干部、农村

---

[1] 张超. 城市社区党组织建设的历史演进及其行为取向. 中共浙江省委党校学报，2016（4）.
[2] 马克思恩格斯选集（第1卷）. 北京：人民出版社，2012：117.
[3] 李君如. 以整风精神开展新形势下群众路线教育实践活动. 政策，2013（8）.

（社区）基层党组织负责人"学习习近平同志沉下心来为人民干实事"的精神。正确的政治激励，可以弘扬红色精神，对于激活每个城市社区基层党组织工作人员的干事热情，至关重要。强化环太湖城市社区党组织工作人员的政治激励，让社区基层党组织工作人"干有所盼"。一方面，可以通过树立先进典型，加大表彰宣传力度，增强社区基层工作人的干事创业动力，并积极推荐综合素质好、群众威信高、有参政议政能力的社区党组织工作人员担任"两代表一委员"，增强城市社区工作人员的政治荣誉感；另一方面，可以制定和完善配套政策和具体办法，加大从优秀社区党组织工作人员中选拔乡镇（街道）领导干部、考试录用乡镇（街道）公务员、招聘乡镇（街道）事业编制人员的力度，拓展环太湖城市社区党组织工作人员的发展空间。

（2）优化环太湖城市社区党组织工作人员的经济激励。当前，国内不少地方的基层党组织工作人员缺乏保障和激励，导致基层党组织工作岗位的吸引力不强，干部缺乏工作积极性，队伍不稳定。经济激励是城市社区基层党组织工作人员的生活基础，也是符合人才管理规律的有效举措。比如上海市委把社区党组织书记纳入事业编制，"对连续任职满两届、表现优秀的社区书记，经过规定程序纳入事业编制，在岗退休的享受事业编制退休待遇，中途离开书记岗位的人走编留"，该做法给予了城市社区工作人员重要的荣誉和物质激励，值得其他地区学习和借鉴。[1]随着环太湖各城市财政收入的增长，环太湖地区财政有能力解决好社区基层干部经济保障不力、激励不够的问题。在加强环太湖城市社区党组织工作人员的队伍建设中，可以按照有关文件和政策要求，通过加大财政转移支付力度，切实保障基层党组织党建工作经费，并逐步提高城市社区基层党组织工作者的待遇，健全社区基层党组织工作人员的养老医疗保险、正常离职补偿等制度，逐步解决城市社区基层党组织工作人员的后顾之忧，充分激发环太湖城市社区党组织工作人员的工作积极性、主动性和创造性。

（四）创建环太湖城市社区党组织密切联系群众的工作机制

社区基层党组织一个非常重要的职责是密切联系群众，只有围绕"抓好党建促发展"的工作思路，坚持把服务改革、服务发展、服务民生、服务群众、服务党员，作为基层党组织密切联系群众的重点内容，才能真正千方百计

---

［1］崔长领. 社区党组织既要"有所为"，也要"有所不为". 人民论坛，2017（1）.

实现民生福祉，提高居民生活水平。创建环太湖城市社区党组织密切联系群众的工作机制，需要从以下几个方面着手。

（1）创建开放式、社会化、网络化的密切联系群众新平台。创建环太湖城市社区党组织密切联系群众的工作机制，需要建立健全"一平台三中心"（社区公共信息服务平台、社区事务受理服务中心、社区卫生服务中心、社区文化活动中心），建立全方位的密切联系和服务群众的新平台。同时，创建开放式、社会化、网络化的密切联系群众新平台，需要在硬件建设、资源配置标准化、均衡化的基础上，拓展信息化平台功能开发，探索社区"一平台三中心"的工作联动，通过资源整合、工作协同、功能衔接，在人、财、物配置上，以"不求所有，但求所用"为原则，实现对服务资源的有机整合，形成统筹性、标志性的社会化载体和平台，健全纵向、横向交织的网络结构的服务体系，发挥"服务群众、凝聚人心、促进和谐"的社会功能。

（2）创建"三访""三服务"联系服务群众新渠道。创建环太湖城市社区党组织密切联系群众的工作机制，核心是通过服务质量的提升，赢取群众的政治认同，增强社区党组织的凝聚力。在中国特色社会主义新时代的建设征程里，环太湖城市社区党组织，一方面，可以通过"三访"机制，密切联系群众，了解群众变化发展的需求。所谓"三访"，即走访，基层党组织要建立主动走访联系身边群众的制度；下访，机关党组织和党员领导干部要建立定期下访基层、联系群众、帮助解决问题的制度；接访，建立党代表、党员人大代表和政协委员定点接访、联系群众制度。另一方面，可以通过"三服务渠道"，增强群众对党的政治认同，提高党在城市基层的长期执政能力。所谓"三服务渠道"，即群众自助互助服务渠道、社区窗口受理服务渠道、上下级党组织协调协同服务渠道，并把落实"三访""三服务"工作情况纳入区域基层党组织绩效考核内容，注重解决群众普遍关心的物业管理、为老服务、就业就医、扶贫帮困等民生问题，组织群众开展满意度测评，倒逼环太湖城市社区基层党组织密切联系和服务群众的工作落实，实现"上面千条线"与"基层一张网"之间的有机衔接，通过一网式服务实现条块之间的无缝对接。

特色小镇：新型城镇化的模式选择

——以嘉兴为例

中共嘉兴市委党校 徐 勇

党的十八大以来，党中央就深入推进新型城镇化建设做出了一系列重大决策部署。坚持以创新、协调、绿色、开放、共享的发展理念为引领，以人的城镇化为核心，更加注重提高户籍人口城镇化率，更加注重城乡基本公共服务均等化，更加注重环境宜居和历史文脉传承，更加注重提升人民群众获得感和幸福感。遵循科学规律，加强顶层设计，统筹推进相关配套改革，鼓励各地因地制宜、突出特色、大胆创新，积极引导社会资本参与，促进中国特色新型城镇化持续健康发展。随着新型城镇化的不断推进，浙江特色小镇模式的尝试，是城镇化中城市的功能、生活、产业的全能型补充，更多地体现出"生产、生活、生态"三合一的功能优势，为以人为本理念的新型城镇化发展提供了全新的选择。

一、新型城镇化的内涵及理论研究

（一）新型城镇化的内涵

新型城镇化是以城乡统筹、城乡一体、产业互动、节约集约、生态宜居、和谐发展为基本特征的城镇化，是大中小城市、小城镇、新型农村社区协调发展、互促共进的城镇化。其核心在于不以牺牲农业和粮食、生态和环境为代价，着眼农民，涵盖农村，实现城乡基础设施一体化和公共服务均等化，促进经济社会发展，实现共同富裕。

新型城镇化的要求是不断提升城镇化建设的质量内涵。与传统提法比较，新型城镇化更强调内在质量的全面提升，也就是要推动城镇化由偏重数量规模增加向注重质量内涵提升转变。长期以来，我们习惯于粗放式用地、用能，提出新型城镇化后必须从思想上明确走资源节约、环境友好之路的重要性；过去我们主要依靠中心城市带动,提出新型城镇化后更应该强调城市群、大中小城市和小城镇协调配合发展的必然性。

"新型城镇化道路"具有这样几个特点和要求。

1. 规划起点高

城镇要科学规划,合理布局,要使城镇规划在城市建设、发展和管理中始终处于"龙头"地位,从而解决城市建设混乱、小城镇建设散乱差、城市化落后于工业化等问题。

2. 途径多元化

中国地域辽阔、情况复杂,发展很不平衡,在基本原则的要求下,中国城镇化实现的途径应当是多元的。中国东中西部不一样,山区、平原不一样,不同的发展阶段要求不一样,不同地域特色不一样……不能强调甚至只允许一种方式。与工业化的关系处理也应该有多种方式,有的是同步,有的可能要超前。

3. 聚集效益佳

城镇一个最大的特点是具有聚集功能和规模效益。要在增加城镇数量、适度扩大城镇规模的同时,把城镇做强,不能外强中干。

4. 辐射能力强

利用自身的优势向周边地区和广大的农村地区进行辐射,带动郊区、农村一起发展,这是城镇责无旁贷的义务,应该做到而且也可以做到,不能搞成孤岛式的城镇。

5. 个性特征明

中国的城镇要有自己的个性,每个地方的城镇都应该有自己的个性,要突出多样性。城和镇都是有生命的,都有自己不同的基础、背景、环境和发展条件,由此孕育出来的城镇也应显示出自己与众不同的特点。

6. 人本气氛浓

我们不能为城镇而城镇,发展城镇的目的是为人民服务。所以,城镇的一切应当围绕人来展开,要牢固树立人本思想,创造良好的人本环境,形成良好的人本气氛,产生良好的为人民服务的功能。总的来说,就是要使城镇具有人情味,能够促进人的自由而全面的发展,而不是相反。

7. 城镇联动紧

要把城市的发展和小城镇的发展作为一个有机的整体来考虑,解决好非此即彼或非彼即此或畸轻畸重的问题。600多个大中小城市和20 000多个小城镇本来就是一个完整的梯队，不能人为地分割开来。

8. 城乡互补好

中国的城镇化一定要体现一盘棋的思想，要打破二元结构，形成优势互补、利益整合、共存共荣、良性互动的局面。市带县体制也好、城乡一体化也好，其出发点都是要走活城乡这盘棋。因为农村可以为城镇的发展提供有力支持，形成坚强后盾，城镇可以为农村的发展提供强大动力，从而全面拉动农村发展。决不能以牺牲农村的发展来谋求城镇的进步，这是一些发达国家曾经走过的老路，是一条教训，当引以为戒。

（二）新型城镇化一般理论的研究

一是城镇化的概念与特征。所有出版的著作都无一例外地要首先去界定城镇化的概念和特征。由于研究角度的差异，城镇化的概念呈现多样化。据初步统计，各种类型的概念定义不下几十种。城镇化的特征也五花八门，不过更多学者往往侧重于概括世界城镇化或一国城镇化的特征，而对城镇化本身的特征表述则有些偏少。

二是城镇化的起源与发展。大多数学者认为，城镇化起源于工业化，但也有个别学者认为，城镇化发源于城乡分离。从城镇化的发展历史分析，城镇化是在工业化的推动下才发生的，没有工业化就没有城镇化，这是一个普遍真理。在我国，对这一真理的认识经历了一个曲折的过程，其代价是两次逆城镇化和城镇化长期滞后于工业化。

三是城镇化的速度与水平。大多数学者认为，中国目前已进入城镇化的快速发展阶段。但到底以多大速度和水平为宜有不同的看法：一种观点认为，未来城镇化之速度大约是年均增长1.%~1.2%，2025年城镇化率将达到36%。另一种观点认为，未来城镇化速度年均增长不会超过1%，2025年城镇化率将达到40%~43%。还有一种观点认为，城镇化速度究竟多少为宜不能人为框定指标，要综合考虑多种因素，在充分论证的基础上，才能求得未来城镇化的发展速度水平。

四是城镇化的方针与道路。不少学者对1989年以来的城市化方针进行了深入的探讨，在肯定其积极意义的基础上，指出了存在的种种弊端并提出不同的城市化方针。城镇化道路，多年来一直是争论的热点问题。主要有：小城镇论、中等城市论、均衡发展论或小城镇模式、中等城市模式、大城市模式、多元化模式等。

五是城镇化的机制与规律。不少学者对城镇化的发展动力机制进行了探讨，虽然从形式上有所不同，但本质上并无二致。由于对规律的理解不同，学者们在探讨城镇化发展规律时，虽表现诸多相同的部分，但也略有一些细微的差别之处。

除上述五个方面的问题以外，学者们还研究了城镇化的形式、发展阶段、发展质量、制度创新以及与工业化、信息化的关系。

二、特色小镇理论与现实发展

特色小镇实际上是一个新生词，新事物应该以新的方法论来进行阐述。20世纪50年代，国际科技界涌现出第一代系统论，即控制论、信息论和一般系统论。仅仅过了十年，即20世纪60年代，第二代的系统就出世了，即耗散结构、突变论和协同论。但这些理论作为科学方法论仍然难以解释像特色小镇这样一类新城市现象。

到了20世纪末，第三代系统论即复杂适应理论（CAS）面世了，为深刻揭示复杂经济社会体系运行规律提供了方法手段，也弥补了主流经济学的缺陷。用主流经济学来描述特色小镇是完全失败的，因为主流经济学将"特色小镇"看作是某类生产函数或"黑箱"，但用了复杂适应理论以后，情况就改变了。

首先，复杂适应理论认为任何经济社会系统都是动态变化的，而且这种变化不仅是数量和参数上，它还涉及如熊彼特（Joseph Alois Schumpeter）所说颠覆性的创新。后者涉及技术、组织和经济结构等方面质的变化。改革开放以来，特色小镇经历了四种版本。

1.0版本，即小镇＋"一村一品"。当时的小镇是为农村、农业、农民服务的，是农业产前、产中、产后服务的基地。

很快有了2.0版本，即小镇＋企业集群。以浙江为主要发源地，该省大多数的小镇都有一个企业集群，而且这些企业集群所产的产品都能进入全球产业链，这也导致了浙江经济后来居上。

20世纪末兴起的3.0版特色小镇，即小镇＋服务业，尤其是旅游休闲、历史文化特色这一类的产业与小镇的叠加大幅度得到发展。

而4.0版特色小镇，即小镇＋新经济体，是特色小镇进入城市的新阶段，特色小镇以形态、产业构成、运行模式等方面的创新，成为城市修补、生态修复、产业修缮的重要手段。改革开放30多年来，特色小镇在中国大地上经历了四个版本的变化。

其次，经济社会系统的变迁还具有一个重要的特征，就是特色。通过创新促使新奇性、多样性的产生，属演化经济学的研究范畴。20世纪60年代哈佛大学商学院著名教授波特（Michael E. Porter）就提到特色小镇的问题，他在一本叫作《国家竞争力》的名著中写道：一个国家或者地区的经济竞争力常常不取决于宏观的数据，而决定于地理上不起眼的"马赛克"——就是指由企业集群形成的特色小镇。

4.0版的特色小镇是当前的一个新奇事物，小镇内部新产品、新结构、新创业生态等特点的形成，完全取决于企业家的创新精神以及城市所提供的各种各样的公共品。此类特色小镇的新奇性体现为三种范式：一是将原来没有特色的小镇改造成新奇的特色小镇；二是在原有的单一功能区、空城里面植入特色小镇，弥补其原有的不足；三是将特色不足的小镇，升级改造成为有新奇产业、新奇特色的小镇。

由此可见：特色小镇之"特色"，应有两个维度：

第一个维度是特色的"广度"，即小镇拥有多少种新奇的特色。

第二个维度是特色的"深度"，即唯一性，指的是某个重要产业或者空间的特色，是否具有本地区"唯一性"，还是具有全省、全国或全球"唯一性"，如果具有"全球唯一性"的特色，那就会立于不败之地了。

再次，强调社会经济系统的复杂性具体特征。这些复杂性是怎么形成的呢？因为在一座小镇中，各种各样的异质主体之间存在着非线性作用，甚至是无序的互动，因而会产生各种"隐秩序"，从而形成"特色"，这一过程充满"不确定性"。浙江省所有的特色小镇都不是政府规划出来的，而是涌现出来的，但是它也有一些能够"确定"的东西，即它们必定存在"差异"、必定是"创新"、必定是"绿色"、必定是能够"协同互补"、必定是"能体验"。小镇是人住的，必须体现以人为本。虽然不确定的因素很多，但这五方面却是清晰"确定"的。

最后，可以看出经济组织的各种复杂性是因为它是由不同的异质主体的变异性、主动的适应性和相互作用共同产生涌现形成的。在4.0版的小镇里，产业和空间的活力源于其个体的自适应性所形成的自组织性，整个小镇就相当于企业孵化器和"双创平台"。

特色小镇的这种理论和现实的发展途径可以看出，随着新型城镇化的不断推进，特色小镇作为城市的功能、生活、产业的全能型补充，更多地体现出"生产、生活、生态"三合一的功能优势，为以人为本理念的新型城镇化发展提供了全新的选择。

■ 三、特色小镇建设的嘉兴实践

为高标准引领新型城镇化、产业升级、政务服务和公共服务，依托国家新型城镇化标准化试点城市建设，嘉兴市按照"以人为本、绿色发展"原则，编制了《嘉兴市国家新型城镇化综合试点标准化工作实施方案》，着力实施"1511计划"，即构建1个以公共服务和社会治理、基础设施、资源环境和农业现代化为主要框架的新型城镇化标准体系，推进全市域统筹规划、产业优化发展、城乡一体化建设、新型城镇化投融资改革、基层社会治理创新5个重点领域标准化项目建设，开展一批新型城镇化标准试点，培养一批新型城镇化标准化人才。到2016年年底，已构建涵盖基础设施标准化、就地城镇标准化、城乡一体标准化、特色小镇标准化、美丽乡村标准化、循环经济标准化、基层政务标准化、基层治理标准化8个方面，涉及国家、行业、地方标准共1 043项的标准体系，完成制定了20项地方标准规范，创建推进了7个国家标准化试点项目。围绕构建新型城镇化加快推进实施特色小镇建设。

（一）投资建设情况

1. 投资情况

2017年，全市36个省、市级特色小镇共完成固定资产投资211.1亿元，其中11个省级特色小镇创建对象完成固定资产投资96亿元，25个市级特色小镇完成固定资产投资115.1亿元。对照年度目标（省级170亿元以上、市级280亿元以上），省级特色小镇实现了时间过半任务过半，但市级特色小镇距离任务过半还有一定距离。

2. 投资结构

从投资结构看，36个省、市级特色小镇特色产业投资134.5亿元，占总投资的63.7%。其中，省级特色小镇特色产业投资67.4亿元，占比70.2%，符合省里70%的要求；市级特色小镇特色产业投资67.1亿元，占比58.3%。36个省、市级特色小镇非国有投资143.9亿元，占总投资的68.2%。其中，省级特色小镇非国有投资 65.9 亿元，占比 68.7%，市级特色小镇非国有投资 78 亿元，占比 67.8%，均较好地完成了年度提出的非国有投资占比 50% 以上的目标。36 个省、市级特色小镇非政府投资 164.6 亿元，占总投资的 78%。其中省级特色小镇非政府投资占比 86.8%，达到省里超过 80% 的要求；市级特色小镇非政府投资占比 70.7%。

（二）产出效益情况

1. 税收收入方面

2017 年，36 个省、市级特色小镇实现税收收入 39.9 亿元，其中，11 个省级特色小镇税收 24.7 亿元，25 个市级特色小镇税收 15.3 亿元。

2. 入驻企业方面

2017 年，36 个省、市级特色小镇已入驻企业 10 272 家，其中，11 个省级特色小镇创建对象入驻企业 6 586 家，25 个市级特色小镇入驻企业 3 686 家。本年度新入驻企业 1 440 家，其中省级特色小镇本年度新入驻 1 044 家，市级特色小镇本年度新入驻 396 家。

3. 营业收入方面

2017 年，36 个省、市级特色小镇实现规模以上工业企业主营业务收入 450 亿元，其中，11 个省级特色小镇规模以上工业企业主营业务收入 137.5 亿元，25 个市级特色小镇规模以上工业企业主营业务收入 312.5 亿元。上半年，36 个省、市级特色小镇实现限额以上服务业营业收入 121.8 亿元，其中，11 个省级特色小镇限额以上服务业营业收入 52.2 亿元，25 个市级特色小镇限额以上服务业营业收入 69.6 亿元。

（三）科技创新情况

1. 高端人才方面

2017 年，36 个省、市级特色小镇共引育国家"千人计划"专家 90 人、省级"千人计划"专家 55 人，分别占全市"国千"和"省千"人才总数的 49.4% 和 37.2%。其中，11 个省级特色小镇共引育"国千"人才 41 人，"省千"人才 16 人；25 个市级特色小镇共引育"国千"人才 49 人，"省千"人才 39 人。36 个省、市级特色小镇共引育嘉兴市领军人才 317 人，11 个省级特色小镇引育嘉兴市领军人才 25 人，25 个市级特色小镇引育嘉兴市领军人才 292 人。

2. 大众创业方面

2017 年，36 个省、市级特色小镇共有"新四军"创业人员数 6 427 人，其中，11 个省级特色小镇"新四军"创业人员数 4 627 人，25 个市级特色小镇"新四军"创业人员数 1 800 人。36 个省、市级特色小镇共建有创业创新基地 81 个、众创空间 41 个。其中，11 个省级特色小镇建有创业创新基地 56 个、众创空间 28 个，25 个市级特色小镇建有创业创新基地 25 个、众创空间 13 个。

3. 创新引领方面

2017 年，36 个省、市级特色小镇共有高新技术企业（国家级）102 家，其中，11 个省级特色小镇有高新技术企业 42 家，25 个市级特色小镇有高新技术企业 60 家。36 个省、市级特色小镇高新技术企业营业收入 268.7 亿元，其中，11 个省级特色小镇高新技术企业营业收入 91.4 亿元，市级特色小镇高新技术企业营业收入 177.3 亿元。

（四）品质建设情况

1. 小镇客厅建设

2017 年，36 个省、市级特色小镇建成小镇客厅 10 个，占总数的 27.8%。其中省级特色小镇建成小镇客厅 7 个，占省级特色小镇创建对象的 63.6%；市级特色小镇建成小镇客厅 3 个，占市级特色小镇创建对象的 12%。36 个省、市级特色小镇在建小镇客厅 11 个，占总数的 30.6%。其中省级特色小镇 4 个，市级特色小镇 7 个。小镇客厅正在筹建的有 13 个，尚未筹建的有 2 个，均为市级特色小镇。

2. 旅游接待人数

2017 年，36 个省、市级特色小镇旅游接待总人数 1 536.4 万人次，其中，11 个省级特色小镇旅游接待总人数 996.7 万人次，25 个市级特色小镇旅游接待总人数 539.7 万人次。

3. 小镇景区等级

2017 年，36 个省、市级特色小镇中已取得 3A 级以上景区认定的有 6 个，其中省级特色小镇 3 个，为嘉善巧克力甜蜜小镇（4A 标准）、海宁皮革时尚小镇（4A）、桐乡乌镇互联网小镇（5A）；市级特色小镇 3 个，分别为平湖九龙山航空运动小镇（4A 标准）、海宁潮韵小镇（4A）、海盐澉浦影视小镇（4A）。其他特色小镇均在按 3A 级景区（或标准）进行建设创建中。

（五）招大引强情况

2017年，36个省、市级特色小镇累计招引亿元以上重大项目148个，11个省级特色小镇招引亿元以上项目65个，25个市级特色小镇招引亿元以上项目83个。36个省、市级特色小镇分别招引世界500强企业19个，国内500强企业20个，共有上市企业27家。

四、新型城镇化模式：特色小镇的发展措施

（一）以强化产业特色为重点，优化小镇投资结构

1. 提升特色产业占比

产业是小镇发展的生命力，特色是产业发展的竞争力。要立足资源禀赋、区位环境、历史文化、产业集聚等特色，加快特色优势主导产业发展，延伸产业链、提升价值链，促进产业跨界融合发展，在差异定位和领域细分中构建小镇大产业。重点推进桐乡毛衫时尚小镇、秀洲光伏小镇、嘉兴马家浜健康食品小镇等省级特色小镇，以及南湖湘家荡禅意养生小镇、嘉善汾湖水上运动小镇、海盐健康美食小镇、嘉兴蓝色智慧港口小镇等市级特色小镇的特色产业投资力度，争取省级特色小镇主导特色产业占比达到70%以上，市级特色小镇达到60%以上。

2. 优化民间投资占比

民间投资是观察和评价特色小镇建设内生动力与发展活力的一个重要参数指标。相关政府部门要真正落实特色小镇建设中民间投资的公平待遇，如回报预期良好的小镇优质PPP项目公私企业间的平等竞争权、消除小镇建设中信贷融资市场的"所有制歧视"等。打通小镇建设优惠政策落地的"最后一公里"，充分彰显市政府《加快市级特色小镇规划建设的指导意见》的政策含金量，善用政策红利让参与小镇建设的民企、民资切实增强获得感。重点加强嘉善巧克力甜蜜小镇等省级特色小镇，以及南湖湘家荡禅意养生小镇、嘉善汾湖水上运动小镇、海盐澉浦影视小镇等市级特色小镇的民间投资建设力度，争取省级特色小镇民间投资占比达到70%以上，市级特色小镇达到50%以上。

（二）以完善科技创新平台为重点，提升小镇创业创新能力

1. 强化科技创新平台建设

根据2017年分析评估，在36个特色小镇中，有14个小镇科技创新得分

低于10分。因此，要借助浙沪两地签订《沪嘉杭G60科创走廊建设战略合作协议》的契机，把特色小镇打造成为集聚科技创业创新人才的重要载体和G60科创走廊的重要节点，推动特色小镇布局建设众创空间或星创天地，鼓励支持特色小镇设立科技企业孵化器，围绕特色小镇主导产业布局企业研发机构和公共科技创新服务平台。

2. 注重科技对接招商和政策扶持

进一步突出特色小镇的科技对接招商，积极引进符合产业定位的科技企业、科研机构、科技人才和科技成果等。以创新提升产业、发展产业，补齐特色小镇高层次科技创新人才、科技创新能力和实力不足的短板。根据特色小镇的产业类别、不同需求等，分别制定细化创业创新的扶持政策，重大项目"一事一议"、高端人才"一人一策"等。下一阶段按照省里提出加快建成"三个十"（10个高新技术、10个腾笼换鸟、10个高产出）的要求，梳理提出我市高新技术、腾笼换鸟、高产出等一批小镇名单。同时，谋划培育一批市级科创型特色小镇，并积极申报省级高新技术特色小镇。

（三）以创新招商引资方式为重点，强化小镇招大引强

1. 突出重点精准招商

根据2017年分析评估，在36个特色小镇中，有9个小镇的招大引强得分未达到基本要求。因此，要创新招商引资方式，加强重点产业分析，开展产业链招商；加强重点企业动态分析，开展精细化招商；瞄准重点国别企业和行业龙头企业聚集区域，开展点对点招商。主动对接上海，进一步发挥"与沪杭同城"的比较优势，在上海、杭州、北京、深圳等外商集聚城市举办各类招商活动，在浙洽会、嘉洽会等展会上做好专场活动和重点宣传，力求在项目信息和好项目引进上有突破，积极吸引国内外的领军企业、领军人才和先进技术、优质大项目落户小镇。

2. 大力提升营商环境

要坚持亲商富商安商理念，为招商引资和项目建设营造务实高效的政务、法治环境，大力推进以准入标准替代审批的企业准入制度，加快实施准入前国民待遇加负面清单管理制度，加强风险投资、市场推广、技术孵化等供应链服务，优化产业发展生态链服务，让特色小镇成为全省营商环境最好的区域。学习借鉴上海国际招商引资的先进经验，逐步完善外籍人士来嘉兴就业创业的管理配套政策，在就业许可、人才引进、保险、医疗、教育等方面与国际接轨，

力争在招商引资的组织制度建设上走在全省前列。

（四）以营造特色IP为重点，加强小镇文旅城市品质建设

1. 着力打造特色IP

IP直译就是知识产权（Intellectual Property），从发展趋势看，未来将更加注重新兴产业等小镇的特色产业以及更看重特色小镇本身的文化IP。IP的形式多种多样，既可以是文学艺术作品、一个完整的故事，也可以是一个概念、一个形象。嘉善巧克力甜蜜小镇的甜美、宠爱元素，桐乡乌镇互联网小镇的戏剧文化节元素等，已经成为国内特色小镇建设中最具特色的小镇IP之一。要总结巧克力甜蜜小镇和桐乡乌镇互联网小镇的成功经验，在全市特色小镇全面推广打造具有各自特色的文化IP。

2. 加快推进功能融合

要注重多规融合，坚持高标准、多起点、联动编制和完善产业、文化、旅游、社区四位一体，生产、生活、生态三生融合的建设规划，加强产业基础设施公共服务对接。下阶段重点推进秀洲智慧物流小镇、海宁阳光科技小镇等省级特色小镇，以及南湖湘家荡禅意养生小镇、海盐澉浦影视小镇、海宁路仲博物馆小镇等市级特色小镇的客厅建设进度；进一步加大南湖基金小镇等省级特色小镇，南湖电动机械小镇、南湖湘家荡禅意养生小镇、秀洲智能家居小镇、嘉善干窑机器人小镇、海盐健康美食小镇、海宁布艺小镇、海宁路仲博物馆小镇等市级特色小镇的景区建设力度。

（五）以深化机制创新为重点，激发小镇可持续发展活力

1. 深化"最多跑一次"改革

尽快打破信息孤岛，推动小镇内外数据的互联互通，共建共享。要加快推进企业投资项目开工前审批事项办理"最多跑一次"，推广一口受理、网上办理、代办服务、快递送达办理模式，让特色小镇成为"最多跑一次"改革的样板。

2. 深化投融资机制改革

要加快投资体制机制改革，大力推进政府和社会资本合作，利用财政资金撬动社会资金。设立特色小镇建设基金和产业投资基金，积极申请国家专项建设资金，发行企业债券、项目收益债券和专项债券。支持小微企业设立融资风险补偿资金池，大力推行PPP等融资模式。

3. 深化考核机制改革

强化年度考核,将全市特色小镇建设评价情况纳入各县(市、区)年度目标责任制考核。对市级特色小镇实行动态调整,未完成任务的特色小镇给予黄牌警告或淘汰,同时补充新申请的小镇进入市级特色小镇名单。加大对不同类型特色小镇的分类考核力度,根据产业类型不同,对不同类型的特色小镇特色产业投资占比采取不同的考核标准。

参考文献:

[1] 辜胜阻. 非农化与城镇化研究 [M]. 杭州: 浙江人民出版社, 1991.

[2] 谢文蕙. 城市经济学 [M]. 北京: 清华大学出版社, 1996.

[3] 蔡孝箴. 城市经济学 [M]. 天津: 南开大学出版社, 1998.

[4] 辜胜阻. 人口流动与农村城镇化战略管理 [M]. 武汉: 华中理工大学出版社, 2004.

[5] 叶裕民. 中国城市化之路: 经济支持与制度创新 [M]. 北京: 商务印书馆, 2001.

[6] 夏小林, 王小鲁. 中国的城市化进程分析: 兼评"城市化方针" [J]. 改革, 2000 (2).

[7] 王颖. 城市发展研究的回顾与前瞻 [J]. 社会学研究, 2001 (1).

[8] 王碧峰. 城市化问题讨论综述 [J]. 经济理论与经济管理, 2001 (3).

[9] 刘艺书. 关于我国城市发展模式的争论 [J]. 城市问题, 1999 (4).

[10] 顾朝林. 经济全球化与中国城市发展: 跨世纪中国城市发展战略研究 [M]. 北京: 商务印书馆, 1999.

[11] 秦润新. 农村城镇化理论与实践 [M]. 北京: 中国经济出版社, 2000.

环太湖地区区域法治建设研究

中共常州市委党校 王定新 王睿倩 鲍征烨

区域,即一定的地区范围,这是一个相对的概念,不同语境下有不同的含义。一般来说,地理意义上多指相互毗连的地域,如"长三角""珠三角";经济意义上多指经济发展水平相近的地域,如"西部开发""东北工业振兴"等;行政意义上通常是指国家便于行政管理而划分的行政区划。较大的区域可以横跨若干省、自治区、直辖市,较小的区域可以是某一城市。显然环太湖地区属于按特定地理区域划分的区域,连接环太湖地区的地理纽带正是太湖。区域法治是在坚持国家法制统一的前提下,按不同标准划分的不同地区进行法治的合理差别以及缩小差别的因应之策,是深化依法治国方略和建构世界法治秩序中的一种崭新的法治形态。开展区域法治建设和研究,是区域科学发展的必然要求。

环太湖地区地理上围绕太湖为中心,具有独特的自然生态环境,这里自然生态与社会发展高度融合,环太湖地区土地面积接近3万平方千米,流域面积36 000多平方千米,处于长三角经济圈的腹心,承载人口4 000多万,人均GDP位居全国前列。环太湖地区既有地理上的天然联系纽带,又有经济上互利互惠的直接需求,还有文化上的相亲共融。近年来,在长三角经济圈开发大战略框架下,环太湖地区五市交流合作、协力发展的共识越来越强,在旅游、环保、工商、质监、科技等方面已逐渐展开了合作。实现环太湖地区间的优势互补、互惠互利、公平竞争、合作共荣是环太湖地区一体化的基本要求。在当今全面推进依法治国的背景下,环太湖地区一体化离不开法治的支撑。作为法治基础良好、经济社会发展领先的地区,环太湖地区的区域法治建设可以也应当勇于尝试。

一、环太湖地区区域法治建设的意义

（一）环太湖地区区域法治建设是符合中国特色社会主义法治道路的必然选择

坚持依法治国，建设法治中国，必须高度重视区域法治建设。习近平总书记指出我国社会主要矛盾已经转化为人民日益增长的美好生活需要和不平衡不充分的发展之间的矛盾。一方面，在经济发展水平、社会结构、历史进程、文化传统和地理环境等因素的影响下，当代中国不同区域间的法治发展形成了差异性，这是中国的经济社会发展不平衡性在法治建设领域中的集中体现；另一方面，区域协调发展的长期性和复杂性，决定了必须通过法律手段来保障区域发展相关政策的连续性和稳定性。近年来，国家对于区域发展的战略已由原来的倾斜性发展转向区域均衡发展，各地从本地实际出发，制定了相应的地区发展战略，积极开展经济区域间的横向联合，从而使区域经济与社会关系的发展急需法律的系统调整。以中央立法的形式授权地方在符合国家法律法规的基础上进行区域法治建设具有重要的实践意义，从而充分发挥法治在实施区域发展战略中的促进、引导、规范和保障作用，最终有利于区域间各自优势的发挥、区域间的相互合作、区域间市场的优化发展。

（二）环太湖地区区域法治建设是实现当代中国区域社会治理现代化的有效途径

中共十八届三中全会明确提出"推进国家治理体系和治理能力现代化"，强调要"改进社会治理方式"，"坚持系统治理、依法治理、综合治理、源头治理"。中共十八届四中全会则提出要"推进多层次多领域依法治理"，"提高社会治理法治化水平"。党的十九大报告进一步提出"加强和创新社会治理"，"打造共建共治共享的社会治理格局"。区域治理作为国家治理的重要组成部分，其治理体系是否科学完备、治理能力的高低好坏，直接影响着国家治理体系效能的发挥和治理能力的提升。区域法治建设作为进一步明确政府权责边界、保障地方政府发展规划实施的有效手段，与区域社会治理现代化是区域社会发展的不可或缺的两面，两者的良性互动是区域经济社会发展的前进方向与基本保障。因此，推进区域法治建设，对于引领和推动区域社会的健康发展，实现区域社会治理现代化具有至关重要的作用。

（三）环太湖地区区域法治建设是加快环太湖地区区域经济协调发展的内在动力

区域经济发展需要一个无障碍和无壁垒的共同市场及其共同法律规则，而统一市场与共同规则是区域经济协调发展的根本保障。法治建设通过对市场进行有效规制，促进和保障公平、有序、有效的竞争，形成区域统一的市场。如果区域法律制度和政策标准和执行力度不一，必然会引起资本的选择和经济分流的差异性，由此导致区域经济的协调同步发展成为空话。同时良好的法治环境能给公民、组织带来财产安全感并督促他们自觉履行义务，从而形成进行经济活动及追求利润最大化的自由和平等竞争的社会空间。因此，一个统一、公平的商法体系，是区域发展不可或缺的资源，区域法治的发展必然有助于区域经济的协调发展。

（四）环太湖地区区域法治建设是促进环太湖地区和谐发展的基本保障

在区域发展过程中，要统筹各种关系和利益诉求，要促进人口、自然、社会和经济关系协调健康发展，这些本质上都可以通过法律来进行调整，这也是法治的基本活动和主要过程之一。通过区域法治建设的不断深化，可以引导相关利益主体以理性、合法的方式表达诉求；建立有效表达诉求的渠道和平台；协调好环太湖地区经济发展与社会利益的各种关系；维护环太湖地区社会成员的合法权益，最终达到环太湖地区共同和谐发展的目标。

二、环太湖地区区域法治建设的现状

环太湖地区认真贯彻中央、省关于加强依法行政、建设法治政府的决策部署，多年来，环太湖地区区域法治建设具有良好的现实基础。

（一）环太湖地区法治建设起步较早

江苏于2004年就颁布《法治江苏建设纲要》，随后陆续出台《深入推进法治江苏建设、保障和促进科学发展的意见》和《深化法治江苏建设的意见》。而浙江于2006年在时任浙江省委书记的习近平的领导下做出了建设法治浙江的重大决策，随后出台了《中共浙江省委关于全面深化法治浙江建设的决定》。两省法治建设的起步时间在全国位居前列，且两省高度重视法治建设，始终把法治建设放到经济社会发展全局中来谋划，确保法治建设与经济社会发展进程相适应。从政府到民众对法治的理解和认识相对较深。环太湖地区法治建设起步早，重视程度高，具有良好的法治氛围和基础。

（二）地方立法不断发展

环太湖地区五市都获得了地方立法权，这是全面推进依法治国的重要进程，也为环太湖地区带来了挑战与机遇。环太湖地区五市都在职权范围内积极行使地方立法权，以民生利益为诉求，以民情民意为导向，先后制定了有关城乡建设与管理、环境保护、历史文化保护方面的地方性法规。环太湖地区在深化改革中不断探索和创新立法机制，优化和完善立法程序，努力发挥地方立法对经济社会发展的引领和推动作用，也为环太湖地区区域法治建设夯实了基础。

（三）法治政府建设大力推进

江苏率先创立"不见面"审批（服务）新模式，浙江首创"最多跑一次"改革。环太湖地区正成为审批事项最少、办事效率最高、创新创业活力最强的地区。政府依法行政从实践到制度上进一步得到完善，调查结果显示，民众对环太湖地区开展法制宣传教育、政府部门依法履行职责、政府重大决策听取公众意见、政府立法工作、政府工作人员依法办事能力、政府工作人员办事效率、行政执法人员公正文明执法等方面总体评价良好。公众信访不信法的局面明显改善。

（四）法治文化建设蓬勃发展

环太湖地区大力推进法治文化阵地建设：常州将法治元素融入自然景观和文化场馆中，建成了史良故居暨法治文化馆、非公经济法治护航中心、青少年法治教育馆、司法行政服务为民展示中心和以常州法治文化公园、武进区法治文化园等为代表的1 700余处法治文化阵地；无锡将法治文化建设深入到企业，全国首家外企获评法治文化建设示范点；苏州建设了全国首家政府部门主办的法治文化网站；湖州将法治文化阵地作为《美丽乡村民主法治建设规范》的重要标准；嘉兴大力推进全国首个法治文化小镇建设。环太湖地区法治文化阵地建设不仅注重质量，而且更注重与本地文化的结合，取得了良好的普法实效。

（五）民众法治意识持续提高

随着环太湖地区社会经济法治的发展，民众参与立法听证、监督政府依法行政的热情越来越高。正如党的十九大报告所说："人民美好生活需要日益广泛,不仅对物质文化生活提出了更高要求,而且在民主、法治、公平、正义、安全、环境等方面的要求日益增长。"群众对法规政策的合法性和合规性要求越来越高,对涉及自身的法规政策越来越关切,同时更多的民众愿意通过合法合规的途径和渠道表达自己的诉求,这也对政府的法治建设提出了更高的要求。

（六）环太湖地区信息基础设施条件优良

互联网、大数据的飞速发展为法治建设创造了有利条件。环太湖地区各级地方政府搭建了可供民众与政府官员交流的信息一体化平台,实现了民众与政府官员的顺畅交流和沟通。这使得环太湖地区民众对政策的把握更及时更彻底,也为区域法治建设中信息披露机制的公开、透明提供了有利的条件。

三、环太湖地区区域法治建设存在的主要问题

（一）地方法治建设较难突破行政区划的限制

如何突破现有行政区划的限制,把地方立法和区域法治建设协调起来一直是区域法治建设面对的难题,这一难题在环太湖地区也不例外。环太湖地区五市分属江苏和浙江两省,江苏和浙江两省在制定本省发展方针政策方面既有相似也有不同。市一级的法治建设或许有明确的思路和指导,到了环太湖地区区域法治建设这一层则缺乏整体思路和全局观念。即使在近年来环太湖地区市际的频繁交流中出现了一些好的思路,具体到实践和执行依然是个问题。很难要求各地在实际操作过程中从整个区域发展的要求出发、全力以赴,根本原因在于一是地方政府对区域法治建设缺乏重视;二是无从下手,缺乏破局的切入点。

（二）政策和法律的衔接性有待调整

在进行区域法治建设的过程中,存在着重政策轻法治的现实问题,虽说政策发挥着重要的指导和调节功能,但是法治的作用更应该得到重视。法律和政策是治理国家两个不可缺少的工具。过去地级市并非没有制定规范措施的手段,一些非法规的政策性文件实际上依然起到了法规的作用。然而时至今日若仍是通过非法规的形式来颁布政策往往给人名不正言不顺的感觉,且政策的制定相对立法来说缺乏规范性,较易出现权限重叠、时效性低、公开程度低等缺点。因此,将更多的政策性文件通过立法的形式加以实施是社会发展的必然

需求。

(三) 地方保护主义依然存在

地方保护主义是区域法治建设的另一障碍,由于当前地方政府自身并没有受到全方位的监督与约束,因而出现了地方政府既是经济的管理主体和社会的治理主体,其自身又是一个利益主体的现象。在激烈的经济竞争中资源与要素是有限的,地方政府出于对自身利益的追求与维护,必然会维护本地域的企业利益。因此,在区域协调发展中,不可避免地会出现地区经济利益争夺和立法、司法、执法利益抢滩的行为,迫使地方政府更多地追求地方的短期利益,而缺乏区域长期合作的积极性,导致无序竞争。比较典型的是在对民营企业的招商引资方面,个别地方争引外资竟然相互攀比,竞相降低"门槛",在引资政策方面导向性不强形成了恶性竞争与重复建设,再比如地方行政垄断、补贴、知识产权保护等问题,使一些商务成本较高的核心城市正在丧失引资发展的优势。

(四) 区域执法各自为政

跨区域的执法经常处于"谁都可以管"和"谁都不管"的困境之中。愿意承担责任的地方职能部门,也由于自身权力的有限性及相应事项的跨区域执行难度,最终陷入不了了之的结局。此外虽然在某些领域,环太湖各市已经有了初步的信息共享,如在环境执法领域有"固体污染物越界转移管理机制""污染联防、信息沟通和通报机制"以及区域空气质量监测网络建设和空气质量信息共享方面的合作,但是在行政与司法执法的跨区配合方面,执法信息资源共享互认还不够流畅,现有的环太湖地区沟通平台建设还不能满足执法联动的实际需求,如海关通关、进出境检验检疫机制的联网申报、联网核查和联网协作等不顺畅,跨区域的执法联动也无法形成合力。

四、推进环太湖地区区域法治建设的构想与建议

(一) 环太湖地区政府应更加重视区域法治建设

区域法治建设和地方立法、国家法治建设并不是分割、独立的关系,而是统一的关系。地方立法是区域法治环境建设的支柱性内容,区域法治建设是全国法治建设的具体化,是全国法治实现的方式之一,这三者是一个正相关的关系。地方立法和区域法治建设不能脱离国家法治建设,而是始终坚持要在国家法治的指导和约束下进行,最终目的是为了促进国家法治建设。如果把这三者

割裂开来，看成相互抵触的，自然就会忽略区域法治建设。所以重视区域法治建设对于地方政府而言并非是不务正业，地方政府应具有整体发展的大局观，要清醒地认识到环太湖地区是一个整体，区域法治建设必然能塑造良好的区域法治环境，最终必将反哺于地方法治建设，并为全国法治发展贡献巨大的推力。

（二）环太湖地区区域法治建设可以从太湖环境治理入手

法治建设本身就是一个长期的过程，突破行政区划的区域法治建设更是如此。在寻找区域法治建设的着手点时可考虑重要程度和难易程度。以环太湖地区来说，最适宜的切入点就是太湖环境治理，原因有四：第一，太湖作为环太湖地区的母亲湖，具有举足轻重的地位，其环境治理是五市迫在眉睫且必须应对的长期环境治理问题；第二，太湖环境治理必须解决多头治水、职责不清的问题，因此迫切需要一个统一、权威的治理机制；第三，环太湖地区五市都有针对环境治理的地方立法权，可以说具备了环境治理立法方面的基础；第四，自2007年之后环太湖地区五市已经围绕太湖环境治理有了一定的交流和合作，积累了一定的经验。因此，从太湖环境治理着手通过法律法规建立较为完善、权威的协作治理机制，对于推进环太湖地区区域法治建设具有非常重要的现实意义，且难度和门槛较低。

（三）环太湖地区区域立法协调的可行思路

立法的协调统一是环太湖地区区域法治建设的重要一环，五市的所有法规规章的制定都要协调显然没有必要且浪费效率，从目前具备的跨市交流基础来看，至少在涉及环太湖地区整体发展的社会、民生、经济、文化等领域制定法规政策的协调是可以做到而且有必要的。如何确定涉及环太湖地区整体发展的标准？可行的思路是在现有的互联网信息交流基础上建立环太湖地区立法信息无障碍沟通交流平台。五市的地方立法机制中，在制定和公布相关法规政策时，将相关信息发布在沟通交流平台上，某地区认为涉及市际的或者他市相关的立法可以直接邀请他市进行磋商、听取意见。其他地区认为和自己相关的他市立法，也可以主动提出交流意见和进行磋商，从而尽可能地消除立法不透明、不协调的壁垒。同时可每年举行环太湖地区立法协作交流会，将涉及环太湖地区区域整体发展的立法思路在会上进行交流，对达成共识的意见可通过行政协议的形式确定下来。

(四)建立公平、正义的区域司法环境

地方保护主义只能得一时之短利,无论从长远还是可持续性看,地方政府推动区域法治建设,将区域间经济发展法治化,实现各区域间的经济法律制度的对接,可最大程度上避免地域间的竞争失序,大大降低环太湖地区经济发展的成本,也会减轻政府的负担。要解决地方保护主义的影响,关键是要建立公平、正义的区域司法环境,提升司法的权威性和规范性。一是要保证司法的独立性,《中共中央关于全面推进依法治国若干重大问题的决定》明确指出,各级党政机关和领导干部要支持法院、检察院依法独立公正行使职权。建立领导干部干预司法活动、插手具体案件处理的记录、通报和责任追究制度。二是要培养素质良好的司法队伍,这既要提升法官的社会地位还要要创造条件促使和保障法官不断提高自己的业务能力和职业道德水平,同时也要强化法官对所办案件的责任。三是要保障司法的权威性,司法审判一经做出,要经得起监督审查且行之有效,只有司法具有权威性,全社会才会增强对法治的信心,愿意采用法律救济方式维护自己的权利。

(五)确立畅通的区域执法联动机制

区域执法联动机制的基础是信息对称、沟通流畅及时,因此首先要实现各部门协同监管的工作格局,建立执法信息资源共享共认、携手合力的交流平台,对接相关职能部门的监管信息。在此基础上建立强有力的协调组织机构,由协调组织机构统一协调跨地区的执法联动工作。同时在实行区域执法联动机制中,应重点注意统一执法标准,环太湖地区的规章制度存在细微差别,对于一些违法违规行为的处罚力度、罚款额度也不一样,在具体执法中,还要做好法律法规的衔接工作。

参考文献:

[1] 公丕祥. 变革时代的区域法治发展 [M]. 北京:法律出版社,2014.

[2] 公丕祥. 法治建设先导区域的概念与功能 [J]. 江海学刊,2014 (5).

[3] 林海. "区域法治先行"概念基础与实践路径的再检讨 [J]. 南京师范大学学报(社会科学版),2016 (3).

[4] 夏锦文. 区域法治发展的法理学思考 [J]. 南京师范大学学报(社会科学版),2014 (1).

[5] 文正邦. 区域法治——深化依法治国方略中崭新的法治形态 [J]. 甘肃社会科学,

2008（6）．

［6］李杰．环太湖地区法治政府建设中的公民行政参与［J］．唯实·现代管理，2016（12）．

［7］张丽艳．区域司法协同治理机制的构建——以江苏法治建设先导区为例的分析［J］．现代国企研究，2016（4）．

［8］方伟．环太湖地区政府间合作存在的问题与政策建议［J］．唯实，2007（3）．

［9］骆天伟．区域法治发展的理论逻辑——以地方政府竞争为中心的分析［D］．南京师范大学，2016．

新时代环太湖区域城乡融合发展的难点及对策建议

中共苏州市委党校　刘文洪　潘福能　刘小红

一、前言

改革开放以来,学术界和理论界一直把城乡关系列为重点研究领域。1984年,有学者开始针对江苏乡镇企业和沿海地区小城镇迅速发展提出了"小城镇"建设思想,这为之后的江苏城乡关系变革提供了理论支撑。1987年,国家经济体制改革委员会编撰的《城乡改革实践的思考》重点研究了江苏城乡经济体制改革的思路,又以浙江温州为例,分析了农村商品经济发展的一系列问题。随后解释城乡经济关系的不同理论相继出现。20世纪80年代和90年代,城乡融合发展理论逐渐占据国内学术界主流。有学者提出了城乡经济结合发展的思路,探讨了城乡发展失衡和城乡"二元结构"的根源以及城乡协调发展的途径。党的十六大首次提出了将统筹城乡经济社会发展作为国家发展的基本战略。党的十七大做出了城乡经济社会发展一体化的部署。党的十八大指出,要加快完善城乡一体化体制机制,着力在城乡规划、基础设施和公共服务等方面推进一体化发展,促进城乡要素平等交换和公共资源均衡配置,形成以工促农、以城带乡、工农互惠和城乡一体的新型城乡关系。党的十八届三中全会进一步提出,城乡"二元结构"是制约城乡一体化的主要障碍,必须健全体制机制逐步消除城乡"二元结构"。此后,国内城乡一体化研究进入蓬勃发展期,形成了大量的理论成果。如要改变"城乡两策、重城抑乡"的思路,形成城乡发展"一盘棋"总体格局,实现城乡良性互动、资源共享和双赢共荣;城乡一体化的本质特征是城乡要素平等双向流动、城乡公共资源配置合理和城乡"二元结构"消除,其内涵包括城乡生产要素配置科学化、城乡政策一体化和城乡公共资源配置合理化等;缩小城乡差距、实现城乡一体化的关键在于深化经济体制改革以实现城乡要素市场一体化,深化社会保障制度改革以实现公共服务城乡均等化,深化社会管理体制和政治体制改革以推进民权、民生共同发展;目前,重点任务是全面深化城乡综合配套改革,构建城乡统一的户籍登记制度、土地管理制度、就业管理制度、社会保障制度和公共服务体系以及社会治理体系,促进城乡要素自由流动、平等交换和公共资源均衡配置,实现城乡居民生活质量的等值化。

实践中,江浙城镇化发展经历了小城镇繁荣发展、中心城市集聚发展和城乡融合发展三个阶段,在城镇化发展水平、城乡空间布局优化、中心城市综合实力、新农村建设、城乡统筹发展和城乡联动改革等方面取得了显著成效。但是,党的十六大以来的统筹城乡发展,主要解决的是"城市有、农村没有"、两个差距太大的问题,并没有改变城市高度繁荣、农村衰败的局面。

■ 二、环太湖区域城乡融合发展中待解决的难点问题

从20世纪80年代小城镇兴起,到党的十六大的城乡统筹,再到十七大、十八大的城乡一体化,统筹城乡发展成绩是显著的,对推动农村发展、增加农民收入起到了重要的作用;对推动城乡之间公共资源均衡分配,缩小城乡之间公共政策差距功不可没。但是,从发展的动力来看,政策重点侧重于城市,对农村的公共政策,基本上是围绕工业化和城市化对农村的需求来制定的——城市需要农村提供粮食和原料,这样基本就变成了以工业化和城市化为导向的农业战略,整个农村的发展就变成了农业的发展,农民的主要功能是提供农产品。由此导致整个乡村、村庄被忽视了。从这个意义上讲,我们过去所说的"三农"基本上就变成"农业"的"农","农民"的"农"是被附带的,主要讲农民怎么增收。并且,农业又窄化成粮食农业,这样一来,人都往外跑,农业就没人搞。城市导向农村公共政策的结果就是村庄凋敝。乡村的现代化基本是被无视的,因为政策一头主要围绕农业和农民增收,另一头围绕要素怎么快速地配置到城市,而乡村本身如何现代化,没有被提到议事日程上。

在"城乡统筹"中,政府在"统"方面太强,市场作用偏弱,这最后导致的结果是用城市去"统"农村。城市与乡村两个空间发展不平等,农民没有利用土地等资源,充分发展经济,平等参与工业化、城市化的权利,且农村自身产业窄化;整个要素包括土地、资本、劳动等的双向流动也没有建立起来。在城市中心的理念下,我们对城乡板块相互需求、共存共生共荣的认识也

不足,导致城市文明统领乡村文明,只有一个文明。事实上,我们当前与发达国家最大的差距也不在城市,而是在乡村,乡村仍然是发展中的最大短板,存在着基础设施供给不足、生活条件落后等现象,特别是传统文化的消失。因此,"城乡统筹"并没有使城市与乡村两个板块协调起来。

三、推进环太湖区域城乡融合的对策建议

党的十九大提出"实施乡村振兴战略",要"建立健全城乡融合发展体制机制和政策体系"。从"城乡统筹"到"城乡融合",体现了政府主导下"以城统乡"思路的转变,更强调城市和乡村,两个板块共生共荣,共同发展。中国未来很有可能的是,通过城、镇、乡村三者功能的分工,来调整城市的形态:城市就是知识密集、产业升级的地方,而乡村则是文化的、乡土的、健康的、休闲的、历史的;在城乡之间还会有连接城市和乡村的"驿站",这个地带会产生产业重构的空间,有些会成为适合人居住的小镇。

1. 建立城乡要素双向流动的体制机制

城乡融合的核心,是城市和乡村文化共存共荣,相互依赖需求。"建立健全城乡融合发展体制机制",要解决的就是政府在"统"方面太强,市场作用偏弱,要打破政府单一主体,打破城乡二元体制,发展农村要素市场。过去劳动力、资本、土地等生产要素从农村流向城市的渠道是畅通无阻的,反之则受到了诸多制度限制。当前亟须深化集体产权制度改革,打破农村集体的封闭性,建立农村开放的发展制度环境,推动并实现人、地、资本的有效融合。

一方面,对于回流的农民,要考虑回流地(城镇)的产业集聚发展,以及住房市场的供给等问题,让他们能够安家;另一方面,由于代际差异,很多"农二代"已经离土不回村了,生活方式完全是"城市化"的,政策要顺应这个趋势,要让农民在流入地待得相对体面。除了稳定就业外,还需补齐公共服务的短板,包括给他们提供住房保障、解决"农三代"孩子的教育公平问题。"农一代"的问题是在城市有没有工作;"农二代"的问题是融入城市,获得相对体面的生活;"农三代"的问题是是否得到教育公平,如果孩子教育不解决,就会留下来大量非常棘手的"农三代"问题,这件事非常急迫。

而城市化的人口能不能在城市留下来,则牵涉土地问题,土地的配置、供应方式等,都需要相应调整。过去,城市对农民进城是没有做好充分准备的。一亿多的人口在城市中很难以一种体面的方式待下来,这对城市来讲也是一个

很大的治理问题。当前最大的问题就是如何合法合规地让这一批农民移民在城市体面地待下去。这群人中很少会有人去购买商品房，住房保障也很难公平地将一亿多人全部涵盖。目前，已有13个城市开展利用集体建设用地建租赁房的试点，实际上是为了解决大批难以通过购买商品房来获得住房的人的需求，包括进城务工的农民。与此同时，资本也在流动。城市里老的经济活动回报在下降，未来的城市发展取决于创新的经济活动，老的经济活动会往城乡交界处迁移，带来产业的空间重构。乡村的经济活动也在转型升级，农业的功能、形态、商业模式等正在发生变化，市场在扩大，吸引着资本下乡。

2. 推动城市基础设施向乡村延伸

当前在燃气、上下水、污水垃圾处理等方面城乡间基础设施还存在着较大的差异，也限制了乡村生态资源优势的发挥，要主动加快推动城镇基础设施向农村的延伸，逐步消除城乡间基础设施差异，补齐乡村发展短板，让人口在城乡都能享受同等舒适的生活。城市基础设施向农村的延伸，不是把城市的高楼大厦等表象向农村延伸，而是在保持乡村文化和风情的基础上，推动乡村生活品质和质量的提升，实现乡村高质量发展。

3. 推动特色田园乡村建设

特色田园乡村建设是江苏省委、省政府在江苏省城镇化率已达67.7%，城镇常住人口超过三分之二，即将进入城镇化稳定发展期这一关键节点，提出的建设立足乡土社会、富有地域特色、承载田园乡愁、体现现代文明的乡村发展与复兴的新路子。它不同于一般乡村旅游，是以农业为基础特色产业，注重乡土文化的挖掘与传承；尊重乡村特有的田园景观、传统建筑和肌理，新建乡土建筑的材料与乡村环境相适应；以职业农民扎根为主要目标，大力培育职业农民，提高集约经营、规模经营、社会化服务水平，增加农民务农收入，重点扶持家庭农场、专业大户、农民合作社、产业化龙头企业等新型主体，切实解决好"谁来种地"问题；集聚整合各级各类涉农资金，挖掘乡村和村民的潜力，形成资金合力和机制合力，增强乡村自身造血功能，形成增长动力机制。

一是注重乡土气息，在风貌塑造上留住乡村的"形"。浓郁的乡土气息，是乡村区别于城市的基本特征，也是乡村的独特魅力所在。这些年，各地对乡村建设普遍比较重视，加大了投入，乡村面貌发生了很大变化，但出现了一些令人担忧的现象，形成一些"建设性破坏"，带来乡村风貌的危机。在特色田园乡村建设过程中，要注意防止三种倾向：一个是乡村景观的"城市化"，不能用建设城市的思路改造乡村，把城市的布局方式简单复制到乡村，在乡村搞大拆大建，否则就会把乡村变得不伦不类；另一个是乡村开发的过度"商业化"，不宜建过多的人造景观，造大体量的商业街区，破坏景观的原生态，而是要把优美的生态环境作为宝贵的文化旅游资源保护和利用起来；还有一个是乡村建筑的"西洋化"，不要一味模仿复制很多小洋楼，掺杂许多欧式符号，建筑色彩过于浓郁，与村落整体环境反差很大，会让人产生陌生感、疏离感。特色田园乡村建设，一定要符合乡村实际，遵循乡村发展规律，体现田园风貌，彰显传统文化符号，使农村更"像农村"，留得住青山绿水，记得住乡情乡愁。

二是彰显个性特色，在文化传承上留住乡村的"魂"。乡村之美，美在特色、贵在特色、难在特色。"千村一面"，不会有什么生命力。现实中，有一些乡村会让人产生似曾相识的感觉，留不下什么特别的印象，甚至有的乡村如果不标出名字，都辨别不出这个村属于哪个市县。有学者说乡村文化构建要抓住地缘（自然条件）、血缘（亲情纽带）、业缘（特色产业）、情缘（情感认同），这讲得很有道理。江苏省南北乡村的文化传统、自然环境、生产条件差别很大，即便是同一地区的乡村，风俗、习惯、文化都可能是不同的，所谓"百里不同风、十里不同俗"，要关注乡村的差异性、多样性，找到不同乡村的"性格"，内外兼修，多角度、全方位发掘乡村的个性和特色。从外在来说，要融合乡村所处地域的自然环境特色，水网地区的乡村就要有水乡韵味，平原地区要展示田园风光，丘陵地区要体现山村风貌，沿海地区要表现海洋风情。建设过程中，大到标识建筑、总体风格，小到亭台楼阁、路桥岸廊等，都要能与乡村整体发展思路和谐统一，让人感觉舒适、不突兀。从内在来说，要注入生态文化、历史文化、民俗文化等元素，深挖历史古韵，弘扬人文之美，培育村落的独特气质。江苏文化有吴韵、有汉风，还有金陵文化、维扬文化等，这些都是特色田园乡村建设可以依托的深厚文化积淀。特色田园乡村建设，既要有"颜值"，更要有"气质"；既要有好看的外观，更要有"有趣的灵魂"，努力呈现原生的田园风光、原真的乡村风貌、原味的历史质感。

三是提升多元价值，在功能布局上体现乡村的"全"。随着时代的发展进步，当代乡村已不仅被认为是传统的农业生产地和农民聚居地，还兼具维护生物多样性的生态功能、保护乡愁乡土的文化功能、发展特色产业的经济功能、稳定城乡关系的社会功能以及满足诗意栖居的生活功能等多重功能和价值。从生产方面说，乡村是产业融合的有效平台，在江苏省苏北地区，对多数农民来说，现阶段要致富，还是离不开土地、离不开"大农业"，要推进农业供给侧结构性改革，拓展新模式新业态，发展现代高效农业。不仅如此，未来的乡村也一定会是从事现代智能产业、健康产业、环境产业、文化产业、高端服务业的理想工作场所，可以成为文化创意村、信息村、科研村、金融村等现代产业的集聚地。从生活方面说，乡村是相对城市来说更为生态、更加自然的居住形态，低碳、有机、可循环，而且生活成本也比较低，这种牧歌式、慢节奏的乡村生活，将成为未来人们的向往和追求。从生态方面说，乡村是生态系统的重要组成部分，城市的环境问题更凸显了村落生态的重要性和独特价值，田园风光、诗意山水越来越成为一种难得的稀缺资源。特色田园乡村建设，不只是村容村貌整治，不能光在外表上修修补补，而要顺应经济社会发展的潮流，彰显农村多元价值，促进各类优质资源要素向乡村流动。特别是要找到产业发展的突破口，注重培育可持续发展的产业，多渠道促进农民增收致富，从整体上带动乡村的综合发展。

四是焕发内生活力，在宜居宜业上留住乡村的"人"。村民是乡村的主人，特色田园乡村建设要以村民为本，成为本地人居住的地，而不仅仅是供外人观赏的景。一方面，要立足原住地、原住房、原居民。乡村的环境、建筑、民风民俗等相互依存又相互影响，共同构成独特的人居生态。一村一落，有的已延续几百年甚至上千年，集聚的是乡土气息，传承的是亲情民俗，把人都搬走了，只把房子保护起来，见村不见人，见遗存不见生活，乡村发展就失去了支撑，也难以持续。另一方面，要融入时代感、现代性。乡村复兴既要传承传统乡村基因，又要解决现实发展的需求。要运用现代管理方式和手段，着力整治乡村环境，改善村民生产生活条件，让农民享受到更好的公共服务，过上更有品质的生活。同时，在特色田园乡村建设过程中，由于产业调整、规划变更，一些乡村生产生活环境可能会发生改变，要注意加强新社区建设，发展新的经济功能，提供新的就业机会和公共服务，增强乡村活力。

4. 以特色小镇为载体加快乡村振兴进程

乡村振兴需要一个强有力的龙头和载体，把乡村优美环境、人文风俗、历史文化、特色资源等在空间上进行集中和集聚，推动特色产业发展，打造独具特色小镇承载产业与人口，吸引城市资源要素的流入，承接城市消费的外溢，把小镇融合到乡村中，符合当前中央有关特色小镇发展理念，也从根本上增强了乡村的内生发展能力。

一要分类施策。特色小镇应主要聚焦于高端制造、新一代信息技术、创意创业、健康养老、现代农业、历史经典等特色优势产业，或聚力打造旅游资源独特、风情韵味浓郁、自然风光秀丽的旅游风情小镇。聚焦特色优势产业的小镇，要学习借鉴浙江创建特色小镇的经验做法，强化功能叠加、突出项目推动、集聚高端要素、创新运营机制，立足产业发展"特而精"、功能集成"聚而合"、建设形态"小而美"、运作机制"活而新"，做精做强本地最有基础、最具潜力、最能成长的主导特色产业，培育一批有竞争力的创新集群、有影响力的细分行业冠军，成为我省创新创业新高地、发展动能转换新样板。打造旅游风情小镇，要突出地域文化、乡土民俗、历史遗存等独特旅游资源，坚持精致打造、凸显"风情"，适应大众旅游时代特点，提供多元化旅游产品，满足差异性消费需求，做到形态、业态、生态相统一，注重生态环境和文化原真性保护，注重打造美誉度和影响力，培育江苏旅游品牌新亮点。

二要突出重点。首先，彰显特色，打造产业升级新平台。产业是小镇的生命力，特色是产业的竞争力。要立足资源禀赋、区位环境、产业集聚、历史文化等条件，按照加快形成现代产业体系要求，紧扣产业发展趋势，锁定产业主攻方向，加快发展特色优势主导产业，延伸产业链、提升价值链，促进产业跨界融合发展。每个细分产业原则上只培育创建一个特色小镇，构建小镇大产业，努力打造具有世界影响力的产业集群和知名品牌。旅游风情小镇要着力于促进旅游产业，特别是乡村旅游转型升级、提质增效。其次，突出创新，培育经济发展新动能。发挥小镇创业创新成本低、生态环境好等优势，集聚高端要素，促进产业链、创新链、人才链和资本链的紧密耦合，构建富有活力的创业创新生态圈。依托互联网拓宽市场资源、社会需求与创业创新对接通道，推进专业空间、网络平台和企业内部众创，推动新技术、新产业、新业态蓬勃发展。创新运营管理体制和投融资机制，鼓励企业、社会组织和市民积极参与小镇的投资建设和管理，成为特色小镇建设的主力军，让发展成果惠及广大群众。再次，完善功能，丰富公共服务新供给。注重功能叠加，着力于打造产业特色、文化特色、生态特色和交往空间，体现产城人文四位一体。按照适度超前、综合配套、集约利用的原则，加强小镇基础设施建设。创新布局公共服务优质资源，提升社区服务功能，建设智慧小镇。聚焦居民日常需求，构建便捷"生活圈"、完善"服务圈"、繁荣"商业圈"和共享"旅游圈"。合理界定人口、资源、环境承载力，严格划定小镇边界，规划面积一般控制在3平方千米左右，建设用地面积1平方千米左右。最后，绿色引领，建设美丽宜居新小镇。牢固树立"绿水青山就是金山银山"的发展理念，保护特色景观资源，构建生态网络，彰显生态特色，基本达到生态小镇要求，实现绿色低碳循环发展。严格控制开发强度，着力提高开发水平，要把节能、节地等理念贯穿特色小镇整个建设过程，推动生态保护与小镇发展互促共融。特色小镇原则上要按3A级以上景区服务功能标准规划建设，旅游风情小镇原则上要按5A级景区服务功能标准规划建设。

三要深化改革。特色小镇建设必须以改革创新为保障，尤其需要土地供给、资金扶持、生态补偿与差异化分类精准考核等方面的一系列政策保障，实施品牌战略镇村行动计划助推特色小镇建设。优先保障特色小镇土地供给。结合新一轮城乡规划、土地利用规划和镇村布局规划修编，将特色小镇建设用地有序纳入城镇建设用地扩展边界，推进现状低效用地重整，调剂出的用地指标与增减挂钩用地指标优先保障特色小镇建设。对列入全国、省、市级和辖市特色小镇创建名单且确需新增建设用地的特色小镇，给予倾斜保障，对转型升级项目优先安排用地指标。构建以财政资金为引导，补贴、贴息、税费减免、转移支付、奖励、投资基金、社会及民间资金等多元化资金扶持机制。借鉴浙江省特色小镇建设经验，设立特色小镇建设基金，对列入特色小镇创建或培育创建名单且考核合格的，给予专项资金扶持；对特色小镇规划范围内新增财政收入上交市财政统筹部分，五年内全额返还专项补助特色小镇建设。建立特色小镇PPP项目库，鼓励社会及民间资金全面参与特色小镇建设，选择特色鲜明、成长性高、收益稳定、风险适度的项目进行PPP试点。建立差别化分类精准考核机制。按照主体功能区和特色镇类别，并结合建制镇所在区域特点制定分类考核目标及考核标准，尽可能做到"因镇施策、一镇一考"。所有建制镇必须考核生态环境质量及其保护绩效，加大生态补偿投入，扩大生态补偿范围，提高生态补偿标准，探索构建市域范围内跨区生态补偿机制，特色小镇建设须全面纳入生态环境成本，确保生态特色。在此基础上，特色优势产业镇侧重考核经济发展、市场优势和技术创新能力等，历史文化名镇侧重考核社会发展、文化及创意产业、文物古迹保护和文化传承等，景观旅游名镇侧重考核生态环境保护、旅游产业、生物多样性和品牌知名度等，交通枢纽镇侧重考核交通设施、交通服务和物流产业等。

5. 借助城乡人口流动趋势，盘活乡村闲置建设用地

农村人口流入城市是一个基本趋势，在城镇化大趋势下，集体建设用地存在巨大可以利用政策空间，要鼓励各地提高存量集体建设用地利用效率，解决农村发展不充分的问题。按照田水路林村综合整治模式，对村庄整治节约的建设用地指标，允许在不占用基本农田的前提下，用于农村产业发展，土地指标可以通过公开市场交易，允许集体经济组织之外人员在农村使用。简化农村集体建设用地用于餐饮、住宿等乡村休闲服务业发展和休闲娱乐设施建设的审批程序。

参考文献：

[1] 费孝通. 小城镇大问题 [J]. 瞭望，1984（2）.

[2] 骆子成. 城乡经济结构战略 [M]. 北京：农村读物出版社，1989.

[3] 周叔莲，郭克莎. 江苏地区城乡经济关系研究 [M]. 北京：经济管理出版社，1994.

[4] 蔡昉，都阳，王美艳. 户籍制度与劳动力市场保护 [J]. 经济研究，2001（12）.

[5] 焦必方，林娣，彭婧妮. 城乡一体化评价体系的全新构建及其应用——"长三角"地区城乡一体化评价 [J]. 复旦大学学报（社会科学版），2011（4）.

[6] 朱善利. 论江苏城乡一体化的逻辑 [J]. 江苏市场，2013（7）.

[7] 魏后凯. 新常态下江苏城乡一体化格局及推进战略 [J]. 江苏农村经济，2016（1）.

[8] 韩俊. 加快破除城乡二元结构，推动城乡发展一体化 [J]. 理论视野，2013（1）.

[9] 洪银兴，陈雯. 城市化和城乡一体化 [J]. 经济理论与经济管理，2003（5）.

环太湖地区红色资源开发利用研究

中共湖州市委党校　刘宏伟

党的十八大以来,习近平总书记曾先后到河北阜平西柏坡、山东临沂、福建古田、陕西延安和铜川、贵州遵义等革命老区考察,并多次强调,我们要把红色资源利用好、把红色传统发扬好、把红色基因传承好,在新的起点上把革命先辈开创的伟大事业不断推向前进,努力实现中华民族伟大复兴的中国梦。红色资源作为中国共产党领导中国人民在新民主主义革命和社会主义现代化建设实践中创造和形成的,可以为我们今天开发利用,并具有当代价值的革命精神及其物质载体的总和,它鲜明地体现了社会主义意识形态的本质要求,是中国特色社会主义先进文化的重要思想资源。党的十九大报告指出,在全党开展"不忘初心、牢记使命"主题教育,用党的创新理论武装头脑,推动全党更加自觉地为实现新时代党的历史使命不懈奋斗。"不忘初心",就是要用党的光荣历史和革命传统来涵养党性。2017年10月31日,在党的十九大胜利闭幕一周之际,习近平总书记就带领中央政治局常委前往上海和浙江嘉兴,瞻仰上海中共一大会址和浙江嘉兴南湖红船,回顾建党历史,开启不忘初心、牢记使命之旅。这说明,红色资源从未在历史舞台中淡出,而是在经过革命战争年代的洗礼、和平建设时期的陶冶、改革发展时期的考验中,始终与中国共产党的先进性一样具有与时俱进的时代品质,显示出了强大生命力。

一、红色资源的当代价值

红色资源包含了物质和精神两个层面内容。从物质层面来看,其表现特征具体、形象直观,主要包括革命老区、红色根据地、名人故居、著名战争、革命事件等的活动遗址和陵园、纪念馆等相关纪念场所。从精神层面来看,红色资源不仅仅是红色记忆的展示,还在生命强度与生活厚度的融合中凝结为民族精神的内核,被赋予了时代精神的内涵。如:战争年代的红船精神、井冈山精神、长征精神、延安精神、西柏坡精神和建设时期形成的大庆精神、焦裕禄精神、"两弹一星"精神、九八抗洪精神等。因此，红色资源根植于中国革命和建设的实践沃土，在推进中华民族伟大复兴的道路上，更将彰显其时代价值。

一是历史镜鉴价值。红色，是日出的颜色，象征光明，凝聚力量，引领未来。红色也是中国的颜色，象征革命与胜利，不忘初心，接续奋斗，日子越来越红火。90多年来的革命与建设实践，为我们党留下了大量可资借鉴的经验与教训，并通过不同形式的载体加以体现。嘉兴、瑞金、井冈山、遵义、延安、西柏坡等红色资源是红色基因的发源地和成长地，是表征一个伟大时代及其精神的丰碑，也无一例外地因为"红色"而典藏了历史，穿越了时空，成为一代又一代中国人心中永久的向往和神圣的殿堂。以史为鉴，可以知兴替。90多年来的奋斗历程，凝结着坚定理想信念、优良革命传统、顽强战斗作风，这是我们宝贵的精神财富，必将成为实现民族复兴伟大中国梦的精神支柱。伟大的事业需要伟大的精神，在培育中国特色社会主义事业合格建设者和接班人、全面建成小康社会实现中华民族伟大复兴的历史征程中，深入挖掘红色资源，大力培育和弘扬红色精神，具有深远的战略意义。

二是资政育人价值。红色资源是在中国共产党自身诞生、发展及领导人民群众在长期革命、建设、改革实践中积淀起来的一种特殊文化资源，它包含了中国共产党丰富的政权建设经验。当前，改革开放与市场经济在深刻影响社会生活、经济形态和人们的思想情操与价值取向的同时，也深刻影响着红色资源的价值传播的形态与质态。精神文化消费越来越成为日常生活的主要需求，特别是当主流价值观念传播活动受到消费主义意识形态、大众文化形态的普遍影响时，人们普遍陷入一种精神的迷茫和困顿，如何从物化的"单向度追求"中回复人的均衡发展，体验人的本质的自由和美感，尤其是点燃人生的激情，需要弘扬文化理想和信仰以及人的奋斗精神，这是红色文化资源的价值独特性所在。在内容短缺稀薄的情形下，尤其能凸显红色文化资源的优势。红色文化倡导的崇高思想境界和革命道德情操，可激发人的精神意志，是当前抵御腐朽文化侵蚀、克服"四种危险"、筑牢精神堤坝的重要利器。它作为社会主义意识形态的重要支柱，有助于强化和巩固大众的价值观、人生观，激励青少年树立正确的世界观，有助于广大党员干部克服精神懈怠的危险、能力不足的危险、脱离群众的危险、消极腐败的危险，培养浩然正气。因此，开发红色资源，传播红色文化是一项政治工程，是新时期、新形势下进行思想政治教育工作的新方法、新途径，是教育人们特别是广大青少年的特殊课堂和鲜活教材，是新时期进行爱国主义教育的独特载体。如今，随着人们精神生活的不断提升，红色旅游也作为一种崭新的宣传形式，登上了爱国主义教育的舞台，担负起弘扬和培育民族精神的使命。

三是强党兴党价值。红色资源伴随着中国共产党登上历史舞台而产生形成，必然与中国共产党有着紧密的逻辑关联，是反映和体现中国共产党本质规定性的资源形态。习近平总书记说过，每到井冈山、延安、西柏坡等革命圣地，都是一种精神上、思想上的洗礼。"每来一次，都能受到一次党的性质和宗旨的生动教育，就更加坚定了我们的公仆意识和为民情怀。历史是最好的教科书。对我们共产党人来说，中国革命历史是最好的营养剂。多重温这些伟大历史，心中就会增加很多正能量。"在推进党的建设新的伟大工程的实践中，红色资源是传承和弘扬党的优良作风，推动党内先进文化创新，提高党的执政能力的宝贵精神文化财富，它不仅是红色记忆的展示，还在生命强度与生活厚度的融合中凝结为民族精神的内核，在地域性与全球化互动的框架下，被赋予了时代精神的内涵。习总书记在一系列重要讲话中要求讲好中国故事，而讲好中国故事，既离不开传承优秀传统文化，更离不开作为执政之基的有革命合法性的"红色故事"，故事的可信可闻源自深厚的价值底蕴。讲好"红色故事"，旨在激励斗志、鼓舞士气、提振精神、鼓足干劲，以红色精神指引未来。在当下理想信念淡薄、物欲之风盛行、精神普遍缺"钙"的境遇下，讲好"红色故事"极具现实意义。通过传承红色文化基因、发扬革命精神，为改革凝聚力量和思想共识——正如习总书记所讲改革只有进行时没有完成时，进而筑牢全面深化改革的精神基石。

■ 二、环太湖地区红色资源分布概况

环太湖地区五市，号称"江南"的核心地域。在晚清以后，受到战争和各种灾害的影响，这里的经济低迷，人民生活十分困苦。尤其是一些边缘县区，自然条件恶劣，交通不便，文化相对落后。20世纪20年代，在嘉兴的一条红船上，中国共产党成立。革命的星火从此开始燎原遍地。环太湖地区也成为中国革命火种遍撒的地方。环太湖地区较大城市里，出现了早期革命领袖如瞿秋白、张太雷、恽代英、秦邦宪、张闻天等。到三四十年代，环太湖边缘县份里出现了革命武装。如抗日队伍湖州郎玉麟、李泉生、朱希等部，也涌现了

很多如阿庆嫂一样的民间英雄。长兴新四军苏浙军区、常州新四军江南指挥部等,至今原址保存完好。可以说,环太湖地区拥有较为丰富的红色资源。以下略述环太湖五市的红色资源基本情况。

(一) 嘉兴的红色资源

嘉兴南湖是中国共产党的诞生地。南湖闻名世界,是从1921年开始的。这里成为中国革命的摇篮。那一年的7月,中国共产党第一次全国代表大会在这里的一艘红船上完成了最后的议程,宣告了中国共产党正式成立,中国革命从此开始了开天辟地的宏伟事业。中华人民共和国成立以后,嘉兴南湖开始建立革命纪念馆。建国十周年的时候,根据中共"一大"会议亲历者王会悟回忆,按照她的回忆仿造制作了一艘丝网船的模型样式,然后送到了北京请中共"一大"代表董必武审核。董必武同志审核认定后,嘉兴地方按照模型原样仿造了一艘红船,作为南湖革命纪念船,供前来瞻仰的各界群众参观。1964年,董必武同志也曾经来南湖参观这艘红船,并题诗写道:"革命声传画舫中,诞生共党庆工农。重来正值清明节,烟雨迷蒙访旧踪。"南湖的这艘红船附近的岸边,后人建立了一座"访踪亭"。亭内有董必武同志诗碑,"访踪亭"三字由杨尚昆同志题写。南湖还建有南湖革命纪念馆。扩建后的南湖革命纪念馆面积27 300平方米,总建筑面积19 633平方米,其中展厅面积7 794平方米,馆内陈列了中国共产党建党时期的大量文物,形象展示了中国革命在一个关键时期的伟大转折。

(二) 苏州的红色资源

苏州市的红色资源主要是沙家浜、柳亚子纪念馆、新四军太湖游击队纪念馆等。

1. 沙家浜

沙家浜在常熟市,位于昆承湖与阳澄湖之间,因戏曲《沙家浜》闻名全国。1939年5月,新四军叶飞部以"江南抗日义勇军"名义东进,最后集结在阳澄湖水网地区,以芦苇荡为掩护,开展游击战争。经过夜袭浒墅关日伪据点、奇袭上海虹桥机场以及徐市反击战等几次战斗,大振军威,打击了日寇的嚣张气焰,建立了以阳澄湖为中心的苏常太根据地,以及澄锡虞、嘉定、青浦根据地。9月,"江抗"奉命西撤,留下了36名伤病员和一所后方医院在阳澄湖附近。此后日伪军经常扫荡,搜捕新四军伤员。但是在党的地方组织以及群众的掩护和精心照料下,36名伤病员后来大多康复归队,参加了新的战斗。

群众在芦苇荡掩藏照料新四军伤病员的故事,开始是伤病员自己撰写了回忆录,后来有文艺创作者把故事改编成剧本演出。1964年,沪剧《芦荡星火》进京演出后,又改编为京剧。毛主席观剧后对此做了指示,建议改名为《沙家浜》。于是沙家浜从此名扬四海。沙家浜也成为生动体现军民鱼水情的代称。目前沙家浜隶属于常熟市,戏曲《沙家浜》中的很多地理名词和人物都被塑造和复制出来,如新春来茶馆影视基地、占地四千余亩的旅游观光园等。

2. 柳亚子纪念馆

柳亚子原名柳慰高,生于1887年,苏州市吴江黎里镇人。少年时期善读书,通熟古文辞,喜读诗,17岁至上海爱国学社随从蔡元培、章太炎读书,仰慕革命。1906年加入同盟会,又在蔡元培介绍下加入光复会。1909年与陈去病等创立南社,主持社务。南社是具有浓厚的反清色彩的文学社团,参加者多为同盟会员。南社在晚清民国时期每聚会一次就结集一次,共计22集汇为《南社丛刻》,会员有1 000多人。在第一次国共合作时期,柳亚子于1924年加入国民党,当选为国民党中央监委。1927年"四一二"反革命政变后他遭迫害被搜捕。抗日战争时期,他流亡重庆、桂林等地。1941年"皖南事变"爆发后,柳亚子致电蒋介石,斥责其倒行逆施、破坏团结和抗战大业。后被开除国民党党籍。1945年,毛泽东抵重庆参加国共谈判,柳亚子写诗赠毛:阔别羊城十九秋,重逢握手喜渝州。弥天大勇诚能格,遍地劳民乱倘休。霖雨苍生新建国,云雷青史旧同舟。中山卡儿双源合,一笑昆仑顶上头。同年10月毛主席致信给他,对他的诗给予很高的评价。1949年2月,柳亚子应邀参加了中国人民政治协商会议,并参加了中华人民共和国开国大典。1958年柳亚子病逝。1987年5月,柳亚子100周年诞辰之际,柳亚子纪念馆落成,位于苏州吴江区黎里镇。

3. 新四军太湖游击队纪念馆

1944年9月9日,新四军太湖游击队55名战士在太湖冲山岛遭到日伪军300余人的包围。在敌众我寡的情况下,新四军游击队员在当地百姓协助下,苦战20多天才安全脱离危险。为了纪念新四军太湖游击队冲山突围65周年,2010年2月苏州吴中区在光福镇美丽的太湖冲山,修建了新四军太湖游击队纪念馆。

(三) 无锡的红色资源

无锡有11处省级红色旅游景点。其中最重要的有无锡市革命烈士陵园、秦邦宪故居、张闻天旧居、新四军六师师部旧址纪念馆等。

1. 无锡革命烈士陵园

无锡革命烈士陵园主要安葬无锡历史上为革命做出贡献的无锡籍烈士。其中有1927年无锡总工会委员长秦起和1942年中共锡澄工委书记陈凤威等烈士灵柩。此外这里还建造了1927年无锡农民秋收暴动时曾任农民革命委员会委员长的严朴，1927年共青团无锡县委书记高文华，中共川东特委青委宣传部部长和重庆市新市区区委委员、著名小说《红岩》中许云峰形象原型齐晓轩等烈士的纪念性坟墓等。陵园烈士史料陈列馆展出了48位无锡籍烈士200余件文物资料，在纪念碑亭里镌刻了135位烈士的生平简历。陵园已成为无锡地区进行爱国主义和革命传统教育的一个重要基地。

2. 秦邦宪故居

秦邦宪字则民，又名博古，中国共产党早期领导人，党的新闻事业的重要奠基人和开拓者，24岁主持党中央工作，1946年4月8日，因飞机失事牺牲，享年39岁。秦邦宪故居位于无锡城中崇宁路112号。故居原是无锡地方名流、秦邦宪的族叔秦琢如的家宅"既翕堂"，建于清光绪末年。大门上方挂有原国家主席杨尚昆同志题写的"秦邦宪故居"匾额，进门后便是秦邦宪的铜像，背后刻有由老一辈无产阶级革命家薄一波题写的"秦邦宪生平事迹陈列展"。现故居完全保存着原状，面阔三间，硬山顶，面积约89平方米，呈晚清江南民居风格。1986中7月由无锡市人民政府公布为市级文物保护单位。

3. 张闻天故居

张闻天（1900—1976），江苏省南汇县人（现上海浦东）。中国无产阶级革命家、理论家，1925年加入中国共产党，1935年遵义会议上被选为中共中央政治局常委，负总责，主持中央日常工作。1945年被选为中央政治局委员。抗战胜利后，赴东北工作。中华人民共和国成立后，任驻苏联大使、外交部副部长。1956年在中共八届一中全会上当选中央政治局候补委员。1959年在中共八届八中全会上遭错误批判，被免职后任中国科学院经济研究所特约研究员。1976年7月1日逝世。无锡张闻天旧居是1975年张闻天最后的居所。1975年8月25日，张闻天从广东肇庆迁居无锡，9月1日搬进汤巷四十五号，在这里度过了最后一段坎坷的人生道路。旧居位于无锡城中幽静的汤巷内，是一幢西班牙式的红色两层三开间楼房，庭院植有白玉兰、石榴花、龙柏，把这里装点得格外葱茏。旧居辟有张闻天生平事迹陈列室。陈列室由序室和展室组成，计陈列七十三件珍贵实物、二百余幅照片。旧居还恢复了张闻天生前的卧室兼书房，陈列极为简朴。现已成为江苏省爱国主义教育基地。

4. 新四军六师师部旧址纪念馆

1939年，新四军一部遵照党中央指示，贯彻"东进北上"战略方针，由第六团团长叶飞率领，以江南抗日义勇军（简称"江抗"）番号东进无锡地区，开展了艰苦的敌后抗日游击战，歼灭日军一部，并击溃制造摩擦的国民党顽军，开创了敌后抗日斗争的新局面。1940年8月，谭震林（当时化名林俊）率领江南抗日救国军（简称"新江抗"）东路指挥部由苏常太西进无锡地区，进一步发动民众，壮大抗日武装力量，开展艰苦卓绝的游击战争。1941年1月，皖南事变后，新四军军部在盐城正式宣告重建，谭震林被任命为师长兼政委，师部一度设在锡北诸巷。在此期间，谭震林积极贯彻中共中央关于"扩军建政"的指示精神，大力推进抗日民主政权建设，广泛开展军事、统战、财经、文教、民运等各项工作，极大地焕发了广大民众的抗日热情，进一步发展和巩固了苏南东路地区的抗日游击根据地。新四军六师在无锡期间的旧址保存比较完好。1988年3月，新四军六师师部旧址被无锡县人民政府列为县级文物保护单位。2003年12月20日，新四军六师师部旧址纪念馆正式开馆。

（四）常州的红色资源

常州红色资源主要有常州"三杰"故居及纪念地，新四军江南指挥部纪念馆等。

1. 瞿秋白故居

瞿秋白（1899—1935），常州人。中国共产党早期主要领导人之一，伟大的马克思主义者，卓越的无产阶级革命家、理论家和宣传家，中国革命文学事业的重要奠基者之一。瞿秋白故居于1985年6月18日正式对外开放。1994年被国家文物局评为全国优秀社会教育基地。故居所在地原为清光绪年间瞿秋白的叔祖父瞿赓甫捐资修建的私家祠堂，是瞿氏大家族供奉和祭祀祖宗的宅院，共四进，坐北朝南，面积1 051平方米，前面垂檐下悬挂的"瞿秋白同志故居"的横匾，由茅盾题写。瞿秋白100周年诞辰前夕，瞿秋白纪念馆全面整修，纪念馆与故居既分开又融为一体，纪念馆用地面积2 282.19平方米。瞿秋白故居是国务院公布的全国重点文物保护单位。

2. 张太雷故居

张太雷（1898—1927）是杰出的无产阶级革命家，著名的政治活动家、宣传家，中国共产党早期的重要领导人之一，中国共产主义青年团的创始人之一和青年运动的卓越领导人，广州起义的主要领导人。他是第一个被派往共产国际工作的中国共产党的使者，也是中国社会主义青年团最早派往青年共产国际的使者之一，是党内著名的政治活动家、宣传家。1927年12月12日，他在广州起义战斗中被敌人枪击身亡，为探索中国革命道路献出了29岁年轻的生命，成为中共历史上第一个牺牲在战斗第一线的中央委员和政治局成员。张太雷故居位于江苏常州市清凉路子和里3号，为一座两进三开间木结构居民建筑。1918年到1925年间，张太雷一家曾借居于此，他的女儿西屏、西雷和儿子一阳都出生在这里。1982年被列为江苏省文物保护单位。1987年经常州市人民政府批准，修复开放，供人参观、瞻仰。张太雷故居自修复开放以来，每年都要接待大批前来参观、瞻仰的青少年学生和全国各地的人民群众，成为纪念和学习他伟大革命精神的重要场所。1994年后分别被江苏省、常州市命名为爱国主义教育和学校德育基地。

3. 恽代英故居

恽代英（1895—1931）是中国共产党早期重要领导人，无产阶级革命家、理论家和宣传家，中国青年运动的著名领袖。原籍江苏武进，生于湖北武昌。中华大学毕业。学生时代积极参加革命活动，是武汉地区五四运动主要领导人之一。1920年创办利群书社，后又创办共存社，传播新思想、新文化和马克思主义。1921年加入中国共产党，1923年任上海大学教授，同年8月被选为中国社会主义青年团中央委员、宣传部部长，创办和主编《中国青年》，培养和影响了整整一代青年。1927年在中共第五次全国代表大会上被选为中央委员。先后参加南昌起义和广州起义。1930年在上海被捕，1931年4月被国民党杀害。2015年恽代英诞辰120周年纪念日当天，恽代英纪念馆正式建成开馆。恽代英侄孙、中共早期领导人遗著收集整理研究课题组顾问恽铭庆先生向恽代英纪念馆赠送《恽代英全集》等书籍。恽代英纪念馆的建成，为常州增加了一处重要的爱国主义教育基地，也标志着"常州三杰"纪念场所基本完备。恽代英纪念馆修缮建设方案严格遵循"修旧如旧"原则，并采用常州地方江南民居建筑形式，保持传统格局。

4. 新四军江南指挥部纪念馆

1938年夏，新四军第一、第二支队先后挺进苏南敌后，开展抗日游击战争。次年11月，新四军江南指挥部在水西村成立，统一指挥第一、第二支队和地方抗日武装，巩固和发展了苏南抗日根据地。新四军江南指挥部旧址位于溧阳市前马镇水西村，1982年4月江苏省人民政府公布该旧址为省级文物保护单位。同年10月粟裕将军为"新四军江南指挥部旧址"题词。1984年11月，旧址恢复竣工并正式对外开放，粟裕将军的部分骨灰安放于此。原新四军秘书长、中顾委委员李一氓题词"威震江南，功在民族"。新四军江南指挥部纪念馆被列为省级爱国主义教育基地、全民国防教育基地和省级德育教育基地。

（五）湖州的红色资源

湖州红色资源主要有新四军苏浙军区纪念馆、湖州市烈士陵园、德清县公民道德教育馆等。

1. 新四军苏浙军区纪念馆

1943年12月，新四军6师16旅在旅长王必成、政委江渭清率领下，开辟敌后抗日根据地（郎溪、广德、长兴一带）。1945年1月粟裕率师南下，在长兴仰峰岕与16旅会合。1943年1月新四军军部根据中央军委电令成立苏浙军区，任命粟裕为司令员，谭震林为政委。1945年2月5日苏浙军区成立大会在长兴槐坎乡大操场召开，宣告苏浙军区司令部成立。新四军苏浙军区纪念馆位于浙江省长兴县城西北槐坎乡温塘村，2001年被列为全国重点文物保护单位。纪念馆原为清代咸丰年间民宅，距今约有150年历史。房屋建筑为砖木结构，正屋是一四面高墙前后两进五开间的走马楼，共有房屋46间，建筑面积2 000平方米。整个建筑规模宽敞，布局紧凑，构造精巧，雕饰华丽，错落有致，体现清代民宅建筑古朴、庄重典雅的艺术风格。

2. 湖州市烈士陵园

湖州革命烈士陵园始建于1986年，位于市区南郊岘山山麓，烈士陵园背靠碧浪湖畔，山清水秀、环境优美。烈士陵园包括革命烈士纪念碑、壮飞亭、落红亭、烈士陈列馆、纪念广场、半山亭等，总占地约35亩。在陈列室中，陈列了大革命时期、抗日战争、解放战争、抗美援朝、对越自卫反击战中英勇牺牲的12位湖州籍烈士生平事迹。其中著名的有钱壮飞烈士。钱壮飞湖州人，早年参加李大钊同志创办的"新民学会"，1925年入党，1929年受党的指示，打入国民党特务机关任秘书。他通过这个特殊的职务，截获了许多极为重要的情报，为红军反"围剿"斗争胜利，做出了重大贡献。1931年，当时任中央政治局候补委员的顾顺章被捕叛变，出卖党中央和中央领导人，向敌人邀功领赏，在这千钧一发之际，钱壮飞同志以惊人的智慧和胆略，将此情况及时送到党中央，使党中央和中央领导人安全转移。以后，他在长征途中，壮烈牺牲在金沙江畔。这里还陈列着在1985年对越自卫反击战中荣立一等功的王跃进烈士以及王文林、史之华、冷泉、张金祥、沈金泉、褚宝龙、蔡宝法、施桂荣等10名烈士的英雄事迹。

3. 德清县公民道德教育馆

德清县公民道德教育馆是全国首个展示道德典型人物事迹的教育馆，坐落于德清武康镇余英坊，占地面积800平方米。道德馆以"人有德行，如水至清"为主题，设有敬业之道、爱家之德、立人之品、乐善之行和道德建设、小城大爱、凡人义举、道德驿站等八个展区。敬业之道介绍了南丁格尔奖获得者、最美丽的护士潘美儿，钟管百姓的好书记赵来法，永远的蚕花姑娘沈月华，燃烧生命的人许勋，身残志坚的乡村医生李宏，以及全国优秀人民警察周福根、省十大慈善之星夏士林、全国优秀农民工张若良和全国五一劳动奖章获得者归毛头等人。爱家之德介绍了捐肾救夫的封丽娟、割肾救女的花甲老父张洪贵、代父孝祖的黄国强、用万片蛋皮治夫褥疮的徐月美以及文明五心的群体等。立人之品介绍了全国道德模范提名奖钱素春的舍命救人，感动湖州最具影响人物蒋引娣的守信还债，挺身而出抢救工友的王掌木，以及热心好长者许孙芳、关心下一代的姚书蕉、做好事不断的斯正良、环保志愿者周连海。乐善之行介绍了江南孝子马福建的敬老、拥军大姐钱立玲的十进西藏走边防、环保老人朱天荣的善举以及春百合志愿者团队、社区夜巡队的爱心奉献。道德建设展示了"千百读书""欢乐德清""游子文化""文明五心"等德清特色的公民道德建设成果。小城大爱展示了倾囊赠灾、情义感动中国的拉煤老人陆松芳，不负嘱托、社会责任大于一切的泰普森以及众志成城、足迹遍布灾区的众多德清人。凡人义举展示了24个民间奖项的设奖人以及获奖者，从马福建设立第一个民间奖项以来，有23位后来者传承着优良传统，兴起了一股"百姓设奖奖百姓"的社会新风，也成为德清公民道德建设的一大亮点。道德驿站展示了道德馆隆重的开馆仪式、众多的参观者与道德同行的掠影，媒体对全国首个道德馆的报道，以及名家书"德"主题墙。德清公民道德教育馆还设有观众宣誓、留言等互动内容，可以通过大屏幕举行入队、入团、入党等仪式，进行道德宣誓等活动，也可以通过PPT在这里上班队课、团课、党课等，现德清新闻网已开设网上道德馆，成为道德馆的延伸。

三、环太湖地区红色资源开发利用存在的问题与对策思考

功能是事物内部固有的效能。事物内部各要素的结构、与外部环境的互动，决定了其功能对外界作用的大小或者正负。环太湖地区近年来在红色资源开发利用上取得了很大成效，如嘉兴已经成为红船精神的宣传阵地，但是从总体来看，红色资源的开发利用上也存在一些问题。当前随着世情、国情、党情的变化，环太湖地区作为中国共产党的诞生地，全面深化改革的先行区，必须与时俱进，通过开发和利用红色资源，让红色资源在新时代中国特色社会主义建设中，释放其功能，焕发新光彩。

1. 环太湖地区红色资源开发利用存在的问题

一是红色资源的内涵挖掘不足。从调研来看，尽管普遍认为红色资源包括物质和精神两个层面的内容，但是在具体工作中，一些地区还是局限于对相关的历史遗迹保护和历史人物事件的挖掘，缺少对红色资源精神层面价值的提升和宣传。很多地区仅仅停留在对一些历史遗迹的保护上，甚至由于规划的不科学和建设的不规范，导致很多历史遗迹遭到破坏。一些商业开发的旅游景点，对红色资源所蕴含的精神内涵缺乏系统深入的挖掘，群众只能"走马观花"式地逛逛，带给人心灵的震撼不够强烈，思想政治教育的作用不太明显。

二是红色资源的利用手段单一。对于地方性的红色文化资源开发，环太湖地区还普遍存在局限于展示"片段化"的信息，对革命历史题材的系列化和深层挖掘不足，主题的时代性特征不明显。在展示形式上，主要采用简单的陈列和布展，缺少科学的内容模块设计，内容重复、宣传表现手法趋同，红色文化资源的吸引力和感染力无法得以充分展现，直接制约了资源开发的质量和社会效益。

三是红色资源的产权管理不统一。从产权归属来看，环太湖地区大多地方烈士陵园等纪念设施归民政部门管理，一些革命活动旧址、纪念馆等归文物部门管理，一些农村的遗址则多属村民个人使用。产权归属的复杂性增加了保护的难度，也成为引入市场和社会机制，形成多元主体参与开发的制度障碍。

2. 环太湖地区红色资源开发利用的几个着力点

一是坚持挖掘整理与推陈出新相结合，充分整合环太湖红色资源。挖掘、整合环太湖地区红色资源是开发利用其价值的前提和基础，而且挖掘整合的效果直接影响到红色资源价值运用的深入性、长远性和实效性。因此，其一要加

强资源整合的系统性。各地要加大实物、资料、图片等的收集、整理和修复，同时要深入挖掘在革命和建设中的生动故事、典型案例和优秀人物，深入开展推广宣传工作。其二要加强资源整合的联动性。不仅要加强环太湖地区红色资源整合优化，还要将环太湖红色资源整合纳入全国红色资源中，形成一个红色资源的大资源库，以便于人们能够从宏观视角对环太湖地区红色文化有更加深入的认知。其三要加强资源整合的互动性。红色资源的整合，还必须与时俱进，最大化释放其功能。可以把发展红色旅游与绿色旅游结合起来，把人文景观与自然景观结合起来，把文物景点与非文物景点结合起来，把革命传统教育与促进旅游产业发展结合起来，形成旅游区、旅游线、旅游点有机结合的红色旅游发展格局。让革命历史与环太湖地区的区域文化、地理环境、精神传承等结合起来，让游客通过参观、品味、感触、体验，使历史更有文化风采，更易于为人们接受。

　　二是坚持思想性与娱乐性相结合，创新环太湖红色文化传播途径。当前，红色文化在大众心中的地位不断下降，如果仅依靠传统媒体的宣传，它的发展和传播将受到极大的限制。随着互联网技术的迅速发展，新媒体正在改变我们获取信息的习惯，只有顺应时代潮流，充分利用新媒体，改变宣传方式，才能更好、更快、更广地发展和传播红色文化。其一要注重多元性。可以通过公众微信号、微博和网站等途径，向大众提供便捷的渠道，并以文字、图片、音频和视频等多种形式吸引大众主动去接受内容丰富、形式多样的红色文化，提升红色文化对大众的吸引力，引导大众积极表达自己的观点。其二要注重互动性。红色资源是革命年代留下的宝贵文化遗产，但与当下有一定的距离感，必须打破传统形式上以说教为主、活动为辅的红色文化传承。新媒体具有较强的互动性，要根据时代的需要而不断在内容、形式上创新，在第一时间吸引大众，实现信息交流和思想碰撞，为社会传播正能量。其三要注重实效性。要加强对红色资源的研究，激发红色资源的活力。可以通过组织红色文化学术研讨会、出版红色文化研究成果专刊等形式，充分发挥各类专家和学者、专业学会和研究会的作用，推出一批高水平的理论研究成果，形成红色文化研究、旅游产业和社会教育协同发展的格局，让红色文化资源全方位地融入社会生活。比如，嘉兴要加大对党的革命历史的研究，尤其是红船精神的研究，湖州要加大习近平同志主政浙江时期的思想研究，尤其是加大对"两山"理论的研究，并在此基础上，着力狠抓开发利用、传承与弘扬工作。

三是坚持社会效益与经济效益相结合,促进环太湖红色资源转化。将红色文化资源作为旅游内容进入产业链,既可以发挥红色文化的社会效应,还可以实现红色文化资源的经济效益,在市场竞争中提升红色文化的可人性和亲近感,进而提高主旋律创作的质量和市场占有率。习总书记在视察革命老区时也指出,"每一个红色旅游景点都是一个常学常新的生动课堂"。目前,从环太湖地区来看,对于红色资源的利用大多在红色教育培训方面,也在全国打响了知名度。下一步,还需要以塑造品牌为核心,进一步健全和拓展产业链,以创意驱动红色文化资源的产业开发。这就需要把丰富的红色文化资源转化为优质的文化产品,使之成为弘扬主流文化价值观的高地。要树立"红色经典、现代表述"的理念,借助现代技术以艺术的手段外化红色文化,用通俗的手法展现红色文化,对红色产品进行艺术包装,提高技术含量,积极推进红色产品内容形式、方法手段创新,努力增强红色产品的吸引力、感染力和影响力,提升对红色文化精神的认同感。

3. 环太湖地区红色资源开发利用的措施建议

一是加强区域联动。各地要树立全社会保护红色资源的共识,科学有序地推进保护工作和形成合力。要兼顾红色文化资源的多样性和地域性,科学编制红色文化资源保护开发规划,在统筹安排、因地制宜和合理利用的基础上,科学地发掘利用红色文化资源,努力开发出更多具有时代特色、区域特色、实践特色的红色文化产品。要搭建红色资源教育宣传的立体化平台,充分依托环太湖各市党校干部教育培训主阵地优势,打响环太湖红色教育、宣传和研究的品牌。要抓住旅游业态发展契机,旅游主管部门加强联系对接,将红色旅游融入环太湖各地特色旅游资源之中,精心设计环太湖区域旅游线路,推动环太湖区域全域旅游发展。

二是加大投入力度。红色资源的保护、修缮和开发所需要的资金量较大,各地要加大对老区红色旅游经典景区建设、革命纪念设施修缮改造和重要革命遗址文物保护布展方面的倾斜力度;积极整合各类资源,乡村道路建设资金优先安排红色景点通路;建设美丽乡村与红色景点开发利用有机结合;等等。落实差别化用地政策,对重要的、发展前景好的红色资源开发利用项目优先安排用地指标。公众和社会团体对于革命历史博物馆、纪念馆、烈士纪念设施和爱国主义教育基地等的捐赠支出,按规定享受税收抵扣政策。

三是创新体制机制。各地要加强制度建设和完善政策保障,努力改革文化资源的管理体制，科学地界定和厘清产权关系，对于涉及保护开发利用中的集体或私有产权问题，可以采取合作、入股、租赁、置换等方式解决，也可以由政府或经营者买断经营权或产权的方式解决，为红色文化资源开发提供法律依据和制度保障。要努力搭建社会参与平台，积极引入产业投融资PPP模式理念，多方筹集资金，鼓励和吸引社会各界投资，形成"政府引导、社会参与、市场运作"和"谁投资、谁保护、谁经营、谁受益"的投资运营新格局。要创新监管机制，各地可以依托第三方评估机制，对红色资源保护、开发、利用状况和投入运行所产生的社会效应、经济效应和生态效应等情况进行监测评估。

参考文献：

［1］郭晓平. 红色资源的主体是精神［J］. 中华魂，2015（2）.

［2］张泰城，刘浩林. 红色资源的时代价值论析［J］. 求实，2011（5）.

［3］张泰城，张玉莲. 红色资源研究综述［J］. 井冈山大学学报，2013（6）.

［4］杨燕群. 红船精神的物化设计及传播研究——以嘉兴红色文化创意产业为例［J］. 嘉兴学院学报，2016（3）.

经济篇

"一带一路"视角下环太湖地区知识产权贸易发展研究

中共苏州市委党校 王 涛

自加入WTO以来,我国外贸发展取得了举世瞩目的成就,从2014年开始就以超过4.3万亿美元的交易额稳居世界第一的位置。但随着经济增长速度放缓以及经济转型速度的逐渐加快,原来以劳动密集型为主的出口贸易结构已经逐渐不太适应新形势的发展,特别是美国新任总统特朗普在2017年1月27日签署行政命令,正式宣布退出TPP,新的国际贸易结构与格局正在悄然形成。未来我国能否利用创新驱动在核心技术、品牌等知识产权领域取得优势至关重要,知识产权贸易逐渐成为未来全球新兴的战略性贸易方向,也将会成为未来中美贸易战的主要内容。2015年国务院出台的《关于加快培育外贸竞争新优势的若干意见》指出,我国经济发展进入了新常态,外贸发展中机遇和挑战并存。未来需要提升外贸出口结构与质量,引导企业加强品牌建设,支持企业开展商标等专利的国外注册,加大中国品牌的海外推广,加快知识产权贸易的发展步伐。特别是要提升与"一带一路"沿线国家经贸水平,加快形成面向中亚、俄蒙、新欧亚大陆桥、东南亚、南亚等地区的国际大通道。基于此,如何利用好在"一带一路"框架下提升环太湖地区外贸发展水平,加快知识产权贸易发展,对我国产业结构转型、确保国民经济健康稳定增长具有重要的理论与实践意义。

一、知识产权贸易发展现状

(一)国内地区分布

近十年来,专利、商标等知识产权在我国增长迅速,WIPO(世界知识产权组织)的数据显示,自2011年我国发明专利数量跃居全球第一位以后,到2015年已经连续六年蝉联榜首,其中2016年国家知识产权局共受理133.9万件，同比增长21.5%，授权40.4万件，成功率达到30.17%。每万人口发明专利拥有量排名前十位的省（区、市）依次为：北京（76.8件）、上海（35.2件）、江苏（18.4件）、浙江（16.5件）、广东（15.5件）、天津（14.7件）、陕西（7.3件）、辽宁（6.4件）、安徽（6.4件）、山东（6.3件）。各大企业前十位的排名依次为：华为技术有限公司（4 906件）、中国石油化工股份有限公司（4 405件）、乐视控股（北京）有限公司（4 197件）、国家电网公司（4 146件）、中兴通讯股份有限公司（1 587件）、京东方科技集团股份有限公司（1 228件）、腾讯科技（深圳）有限公司（1 027件）、珠海格力电器股份有限公司（871件）、中国石油天然气股份有限公司（867件）、联想（北京）有限公司（763件）。这些大型企业都是开展知识产权贸易的主力军[1]。知识产权对外交流步伐也在逐年加快，2016年，我国在"一带一路"沿线国家公开的专利申请4 834件，同比增长47.1%，专利申请目的地国家为18个，较2015年增加3个，"一带一路"沿线国家在华提交专利申请3 697件，同比增长18.2%，这些都为我国知识产权贸易提供了重要的资源保障。

（二）国际竞争力

知识产权贸易是具有知识产权的产品，特别是附有高新技术的高附加值的高科技产品，如精密电子、计算机软件、现代精算、高铁技术、多媒体产品、视听产品等的贸易行为。中国自2001年加入WTO以来，虽然国际贸易商品进出口额连年顺差，即使2008年全球遭遇金融危机之时，表现依旧抢眼，但如果单看知识产权贸易的进出口额，我国在国际上的竞争力太低，贸易逆差明显。详见表1、表2。

表1 主要国家知识产权贸易差额比较　　　　单位：亿美元

年份	美国	英国	日本	韩国	印度	俄罗斯	巴西	中国
2005年	488.71	38.42	29.84	-26.52	-4.66	-13.33	-13.03	-51.64
2006年	585.11	49.97	46.07	-26.05	-7.85	-17.03	-15.13	-64.30
2007年	713.24	74.61	65.64	-33.99	-9.97	-24.10	-19.40	-78.49
2008年	725.02	41.09	73.96	-32.74	-13.81	-41.41	-22.32	-97.49
2009年	671.09	53.82	48.38	-39.89	-16.68	-36.06	-20.78	-106.36
2010年	737.31	56.76	79.09	-58.87	-23.10	-44.56	-24.53	-122.29

续表

年份	美国	英国	日本	韩国	印度	俄罗斯	巴西	中国
2011年	842.16	35.15	99.00	-29.59	-25.18	-52.75	-27.10	-139.63
2012年	823.11	32.17	119.27	-49.51	-36.82	-69.65	-31.56	-167.05
2013年	815.89	32.36	99.63	-36.15	-33.85	-75.10	-36.25	-180.58
2014年	878.36	31.06	102.65	-40.52	-39.21	-78.65	-38.51	-178.14

数据来源：根据商务部统计资料整理而得

表2 主要国家知识产权贸易 TC 指数[注]

年份	美国	英国	日本	韩国	印度	俄罗斯	巴西	中国
2005年	0.49	0.17	0.09	-0.41	-0.53	-0.72	-0.87	-0.94
2006年	0.54	0.21	0.13	-0.39	-0.87	-0.74	-0.83	-0.94
2007年	0.57	0.30	0.16	-0.49	-0.75	-0.75	-0.75	-0.92
2008年	0.55	0.16	0.17	-0.41	-0.82	-0.82	-0.71	-0.90
2009年	0.52	0.24	0.13	-0.38	-0.81	-0.83	-0.71	-0.93
2010年	0.52	0.25	0.17	-0.48	-0.90	-0.85	-0.76	-0.88
2011年	0.53	0.14	0.21	-0.25	-0.81	-0.83	-0.70	-0.90
2012年	0.49	0.16	0.23	-0.41	-0.85	-0.84	-0.76	-0.89
2013年	0.47	0.15	0.20	-0.36	-0.89	-0.86	-0.71	-0.88
2014年	0.51	0.17	0.21	-0.38	-0.84	-0.81	-0.73	-0.87

数据来源：根据商务部统计资料整理而得

从表中可以看出，过去十几年间，中国在知识产权贸易方面并不具备比较优势，美国、日本和英国牢牢占据前三位，其中美国的竞争优势地位明显。从亚洲来看，只有日本的排名还比较靠前，这与日本近十年来大力推广知识产权国家战略密不可分。

注：TC 指数是行业国际竞争力分析的一种有力工具，能够反映本国生产的一种产品相对世界市场上供应的他国同种产品来说是否具有竞争优势。TC 综合考虑了进口与出口两个因素，能够反映一国某一产业部门在国际市场竞争中是否具有竞争优势。TC 指数均在 [-1,1] 之间，当 TC＞0.4 时，表示该国的知识产权贸易具有极强国际竞争力；0.1＜TC＜0.4 时，表示具有较强国际竞争力；0＜TC＜0.1 时，表示具有中等国际竞争力；-0.4＜TC＜0，表示具有较弱国际竞争力；TC＜-0.4 时，表示不具有国际竞争力。

二、"一带一路"与知识产权贸易的关系

（一）"一带一路"将成为知识产权贸易全球化的引擎

由我国开启的"一带一路"对于国际贸易来说具有划时代的意义，特别是知识产权贸易更是迎来了全新的机会，成为知识贸易强国是我国构建新的国际贸易格局的伟大战略，"一带一路"将成为知识产权贸易全球化的引擎，必然会对知识产权贸易的发展开启新的篇章。目前，已有48个国家和12个世界经济组织对"一带一路"表示积极响应，这些国家总人口共有44亿，经济总量约21万亿元，这样庞大的数字足以让世界各国引起关注[2]。特别是"一带一路"沿线国家和地区在知识产权贸易发展过程中还有很大的上升空间，通过"一带一路"双边或多边知识产权贸易的发展，可以为这些国家带来新的经济增长点，"一带一路"势必会为沿线国家知识产权贸易的发展保驾护航。

（二）"一带一路"为我国知识产权贸易提供了政策保障

目前，在我国进行产业结构转型的过程中，科技创新将是未来经济发展的主旋律，知识产权贸易可以为我国经济增长注入新的动力。"一带一路"倡议的提出，为我国内地以科技创新为主的外向型企业提供了政策保障，特别是我国西部地区可以通过强大的地理优势，利用成本优势，将市场的力量推动产业西移，西部地区具有土地资源丰富、劳动力成本低廉等得天独厚的优势，一旦与大规模资本流入相结合，形成新的产业集群和经济增长极，西部地区将实现跨越式发展[3]。这有利于打破中国经济发展失衡的瓶颈，缩小东西部差距，为中国经济可持续发展提供新的动力。

（三）知识产权贸易为"一带一路"提供更多中国元素

我国"一带一路"倡议的提出，并不是想借此机会称霸全球，而是在平等互利的基础上与世界各国进行广泛的交流。中国大力发展知识产权贸易，有利于向"一带一路"沿线国家输出更多具有自主知识产权的技术。以中国高铁为例，借助于"一带一路"的影响，2016年是中国高铁"走出去"的爆发元年，版图已扩展至亚、欧、非。中泰铁路全长867公里，从云南昆明至泰国曼谷，中泰商定运行时速为180公里。而中国高铁成功拥有了自主知识产权，已经实现了国外高铁的中国标准，这为完全拥有自主知识产权的高铁提供了更多的中国元素。中国标准是中国产品的核心竞争力，随着越来越多的中国标准

诞生，中国在世界上的话语权将会更加强硬，以高铁为代表的中国自主知识产权产品必将在世界发芽开花，落地生根，走出去的步伐将会更加迅速[4]。

三、环太湖地区知识产权贸易发展路径分析

（一）完善配套政策

目前国际贸易格局正在悄然发生变化，知识产权贸易在国际贸易中的地位将日益上升。我国应结合各地区的经济发展水平，完善各项配套政策。环太湖地区由于发展水平远高于中西部地区，发展知识产权贸易过程中，可以向中西部地区相应靠拢，加大对少数民族知识产权的开发利用与转化率，例如藏医、纳西文化、植物遗传等，提升我国知识产权贸易的综合实力。通过资金、人力、信息等方式完善各项配套政策，坚持运用战略性贸易政策，加快产业结构转型升级，根据变幻莫测的国际市场行情，结合环太湖地区自身特点，细分国外市场，优化环太湖地区知识产权贸易的出口结构。

（二）鼓励对外专利申请，加快走出去的步伐

最近十年来，我国国内专利申请数量连年上升，但在国外专利申请上仍显得竞争力较为薄弱，特别是PCT申请数量更是少得可怜。未来，环太湖地区应该利用大量创新型企业"走出去"的机会，加大海外专利布局能力，利用创新型企业强大的科研实力，抢占国外发达国家专利申请的领域[5]。可以主要针对北线的美国、日本、英国等发达国家进行专利申请，进而在"一带一路"的其他中线、南线、中心线上进行布局，从而形成在"一带一路"六十多个国家中都能有来自中国的专利，为我国知识产权贸易的大力发展创造良好的前提，提升在国际贸易中的竞争力。

（三）培养专业人才

知识产权贸易的快速发展离不开对专业人才的培养，不管是专利还是我国的版税、许可费服务，都需要人才的大力支撑。首先，可以加强环太湖地区与国外人才的交流与合作。借鉴利用欧美发达国家的先进经验，未来应旨在培养具有创新精神、国际化经营管理能力的知识产权贸易人才，引进高水平的研发机构来中国建立科研机构，解决环太湖地区知识产权发展过程中遇到的问题。选派一批环太湖地区具有专业知识的人才前往发达国家进行访问学习，特别是学习美国在如何加强知识产权保护方面的先进经验。其次，扩大高校专业设

置。目前,全国开设知识产权贸易专业的高校仅仅只有41所,中国知识产权的发展眼下急需复合型人才。政府应该鼓励高校大力引进国内外优质师资力量,形成结构合理、层次衔接的知识产权专业人才培养体系[6]。在国际贸易专业连年出现毕业生就业难的情况下,知识产权贸易专业可以很好地作为国际贸易专业的补充与拓展,另外可以开设全校性的公选课,培养既懂知识产权专业内容,又具备国际贸易知识的专业人才。

（四）加大创新型经济的发展

目前,知识产权贸易的发展速度快得惊人,一项专利的申请或许需要较长的时间,但一旦推广实现产业化,就会很快将之前的技术淘汰。加快知识产权贸易的发展,必须对创造知识产权的各种专利等技术加大开发力度,特别是环太湖地区创新型经济对知识产权贸易具有强有力的促进作用,加快自主创新,建立企业核心竞争力,缩小与欧美知识产权贸易强国的差距。鼓励企业建立知识产权评价指标体系,加大投入运用知识产权,促进知识产权的创新、交易等行为,继续加大对环太湖地区内国家级创新型经济研发基地的支持力度,与国内各高校加强合作,发挥高校科研团队的研发作用,为创造知识产权降低成本,提高利用效率。

（五）积极应对国际争端

知识产权贸易作为未来国际贸易重要的发展方向,许多国家都把知识产权贸易当作国家战略来看待,作为国民经济重要的增长引擎,为了取得在国际上的重要贸易地位,知识产权贸易的各种摩擦也时有发生,为此,环太湖地区应在规则允许范围内积极应对,保障知识产权贸易的正常进行。首先,鼓励环太湖地区从事创新型经济的企业加快走出去的步伐,特别是可以考虑在欧美等发达国家直接投资建厂,聘用当地员工,熟悉本地法律,环太湖地区的知识产权产品出口至该国,一旦发生法律纠纷,可以利用当地资源进行维权。其次,如果遇到国外一些无端的指责应给予强有力的回击,在遭到欧美制裁的同时,给予反制裁反击,并合理利用国外华人在当地的影响力,特别是近年来出现的大量华商协会是积极应对国际贸易争端的重要力量。

参考文献:

[1] 周梅. 中美知识产权贸易摩擦问题分析 [D]. 东北财经大学, 2014.

[2] 山世英. 中国知识产权贸易竞争力的国际比较 [J]. 改革与战略, 2015 (1).

［3］张长立，高煜雄，等. "一带一路"背景下中国海外知识产权保护路径研究［J］. 科学管理研究，2015（5）.

［4］朱琴，姜彩楼. 知识产权贸易应对环境全要素生产率的影响研究——基于跨国样本的内生性检验［J］. 统计与信息论坛，2016（8）.

［5］陈天明. 后危机时代知识产权贸易壁垒对我国出口企业的影响及应对［D］. 武汉工程大学，2014.

［6］吴芳，曹情. 中国知识产权保护对出口贸易的影响及其地区差异——基于省级面板数据的实证研究［J］. 对外经济贸易大学学报，2016（5）.

环太湖企业规模异质性与创新行为差异分析
——以无锡为例

中共无锡市委党校　周及真

■ 引言

经历了多年的工业化进程后，环太湖地区已逐渐成为东部地区较早面临要素和环境压力的区域。面对复杂多变的国内外环境及其自身的阶段性发展瓶颈，作为全国经济发展和创新驱动战略的先行地区，无锡抓住苏南国家自主创新示范区建设机遇，提升自主创新能力，自 2005 年开始迈向探索创新驱动—转型升级之路。过去的十年，无锡在创新驱动方面进行了大量探索。党中央、国务院在 2006 年的第一次全国科技大会上明确提出"力争到 2020 年把我国建设成为创新型国家"。党的十九大强调，坚定实施创新驱动发展战略；到 2035 年要跻身创新型国家前列；创新是引领发展的第一动力，是建设现代化经济体系的战略支撑；加强国家创新体系建设，强化战略科技力量；深化科技体制改革，建立以企业为主体、市场为导向、产学研深度融合的技术创新体系，加强对中小企业创新的支持，促进科技成果转化。经验表明，创新驱动的主体是企业，企业对创新的认知和重视程度对实施创新驱动至关重要。企业的各类异质性对企业创新行为差异性的塑造具有决定性的作用，其中尤以企业规模大小布局和整体规模化经营水平对城市企业整体创新行为的影响最为显著，其中蕴含的规律性特质也最为明显。2014 年，国家统计局对无锡市 7 594 家企业的创新行为以及企业家的创新意识进行了全面调查，包括工业企业、服务业企业和建筑企业，共涉 100 多个行业、250 多项调查指标。本文即基于这些调查数据，选取其中制造业企业的数据指标，探寻不同规模制造业企业创新行为的差异性。

一、文献综述与分析框架

(一) 相关研究学术史梳理和研究动态

在古典和新古典经济学分析框架下,特别是李嘉图的比较优势理论、赫克歇尔和俄林的 H-O 定理等传统国际贸易理论、克鲁格曼的新贸易理论,为了研究便利都假定企业是同质的、无差异的,无论生产要素投入还是所提供的产品服务都不存在任何差异。20 世纪 80 年代以来,针对新古典经济学假设条件与经济现实不一致的缺陷,演化经济学家们将经济世界看作复杂的层级系统,开始把异质性作为分析问题的基本起点,认为经济体系中异质性的生成是经济过程的一个基本组成部分。对个体生产者而言,异质性意味着企业具有获取经济"租"的潜在可能性,为得到持续的竞争优势和超额利润,企业有动力不断积累核心知识并进行技术创新,从而促进产业创新能力的提升。

关于规模异质性企业的创新问题可以追溯到创新理论的奠基人熊彼特的"熊彼特假说"。其基本内涵包括,规模是企业异质性特征之一,规模越大的企业越可能创新;企业规模对创新决策有很大影响,大企业拥有较强的资金实力,掌握更多的创新资源,因而具有更强的优势和更好的条件进行创新。支持此观点的学者众多,如杰弗逊等人使用中国大中型制造业企业数据对 R&D 支出、新产品销售收入的决定因素进行了实证研究,认为企业规模越大,资本密集度越高,企业创新活动就越密集,即企业规模和资金密集度都促进了企业创新行为。Humphrey & Schmitz(2002)提出了 4 种产业升级方式,指出产业升级的实质是企业技术水平的普遍提升,其中大企业通常具有产业内最高的技术水平和创新能力,对产业升级的拉动作用最强。日韩学者 Lee & Kang(2007)、Inui(2008)、Jung & Lee(2010)等认为,后发国家通常依赖于大企业集团进行引进、模仿、消化吸收和追赶前沿技术,这是因为大企业存在规模经济和范围经济,为可持续的技术引进和提供足够的资金支持,大企业因此表现出产品创新倾向,小企业则为之产品配套,进行以工艺完善为主的创新。

但也有不少学者持不同意见,如 Scherer(1965)使用美国企业数据样本,用销售收入表示企业规模,用 R&D 人员数来衡量创新,而得出倒 U 型非线性关系。埃克斯和奥德斯认为,R&D 支出、发明专利数并不能直接衡量创新活动本身,它们只是将创新活动的不同方面体现出来而已,而新产品创造则更能体现企业创新活动的最终成果。Pavitt et al(1987)通过对英国企业数据研究发现，规模较大企业（雇员数大于10 000人）和规模较小企业（雇员数在100到2 000人之间）创新密集度要比中型企业大，也就是说企业规模和企业创新之间存在"U型"的非线性关系。而Boone（2000）等则认为企业规模扩张反而会使企业在创新激励、决策和管理等方面迟钝和僵化。

同样是用印度的数据，却得出迥异的研究结果。Kumar and Saqib（1996）通过对印度291家制造业企业的实证研究发现，企业研发经费和研发密集度随企业规模扩大而上升；Braga and Wilmore（1991）等学者也发现企业规模与企业创新之间存在正相关关系。而Katrak（1994）却认为规模小的企业占有的创新份额比大企业更大，Bound et al（1984）、Freeman & Soete（1997）也认为企业规模与企业创新之间存在负相关关系。而美国学者Acs & Audretsch（1998）、Cohen & Klepper（1996a, 1996b）、Akcigit & Kerr（2010）等的观点则相对辩证，认为小企业的创新通常是原始的新产品创新，应用最前沿的技术；当新技术成为主流技术时，产业组织呈现出以大企业主的结构，创新变成以工艺创新为主要特征。

综上所述，各国学者基于不同的基础数据样本、设置不同的分析变量、运用不同的实证方法，对企业规模与企业创新之间的关系进行各自的研究，得出的结论大相径庭，大致呈现出三类观点——正相关、负相关、U型相关。这说明，企业规模与企业创新之间到底呈何种相关关系尚存争议，两者之间的互动变化存在怎样的规律，因不同国度、不同历史时期、企业发展不同阶段而呈现不同的特征，因而其一般规律尚有待进一步探索。而国内学界针对这一领域的探索尚显不足，将"企业创新行为"作为一个独立的概念，将"异质性"整合进这一整体研究框架，从企业创新行为的控制因素、驱动因素、主体要素、目标成效等各个视角，全面分析规模异质性下制造业企业创新行为差异性的研究更是十分欠缺。

（二）本文分析框架

从机械唯物主义理论视角出发，可根据企业创新行为的内在逻辑关系，从控制因素、驱动因素、主体要素、目标成效这四大方面入手，构建"1—3—3（4）—1"研究分析框架。第一个"1"即吸收借鉴心理学"自律行为理论"（Theory of self-regulation, TSR）［由Bagozzizi在Fishbein与Ajzeen的"理性行为理论"（Theory of Reasoned Action, TRA）和Ajzen的"计划行为理论"（Theory of Planned Behavior, TPB）的基础上发展而来］，企业创新行为控制

（企业制度结构、管理架构、资金状况、技术水平、生产条件、市场情况等客观异质性）直接作用于企业创新行为动机和企业创新行为，从而将"异质性"作为企业创新行为控制因素，整合进"企业创新行为"分析框架，贯穿于企业创新行为的形成机制和运作全过程，对每个环节都产生影响作用。第一个"3"即企业创新行为的3大驱动因素——包括以企业家才能和创新意识作为创新行为的主导，以创新战略目标的设定作为创新行为的引领，以创新政策、各类其他因素和内部激励措施作为创新行为的支撑这3个层面。第二个"3"即企业创新行为内部的3大主体要素——创新的内容［第一个（4）包括知识产权获取和实施、品牌开发、新产品开发、新产品市场开拓这4项内容］、创新的形式［第二个（4）包括四种创新形式——产品创新、工艺创新、组织/管理创新、营销创新］、创新的程度［第三个（4）包括创新活跃度与开放度、产学研合作自主度、与合作伙伴密切度、创新信息来源广泛度这4项内容］。而第二个"1"则是企业创新行为的目标成效——创新绩效。而由此构成整个企业创新行为的逻辑分析框架体系（图1）。

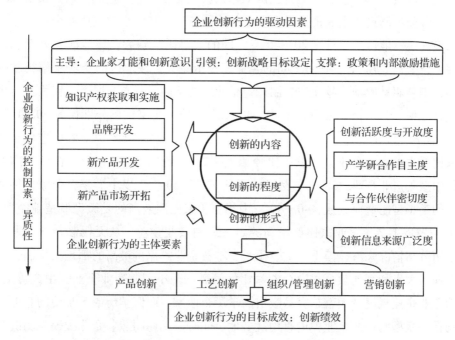

图1　企业创新行为的"1—3—3（4）—1"逻辑分析框架

二、环太湖规模异质性下制造业企业创新行为差异性分析——以无锡为例

基于国家统计局对无锡企业的全面调查数据,本文进行了初步统计分析,认为无锡市不同规模制造业企业的创新行为具有以下几种差异性[注]。

(一)企业家精神(才能和创新意识)主导企业创新行为

1. 无锡大型企业更容易吸引高学历企业家,而低学历或无学历的企业家则在小微型企业中更有用武之地,企业家总体年龄结构老化,小型企业中男企业家比例最高

从无锡制造业企业家性别、学历、创新意识来看,基本呈现这样一种规律。企业规模大小与女性企业家比例高低基本呈现反相关关系——即企业规模越大,女性企业家比例就越低。而企业规模大小与高学历(博士)企业家、企业家创新意识基本成正相关关系——即企业规模越大,高学历(博士)企业家比例就越高、企业家创新意识就越强。从无锡制造业企业性别分布情况来看,各类型制造业企业都是男企业家的比例更高,其中小型制造业企业这一比例最高。一般认为,处在 20—40 岁之间的人口比重越大,该地区的创新驱动潜力越大;处在 20—40 岁之间的企业家比重越大,该地区的企业家精神越旺盛,创新驱动的动力越充沛。制造业企业家的年龄段分布情况,无锡大型、中型、小型、微型企业家中处在 20—40 岁之间的企业家比例分别仅为 30.71%、37.64%、35.19%、35.85%,各类规模制造业企业中 40 岁以上的中老年企业家比例占大头,企业家的总体年龄偏大。29 岁及以下青年企业家比例最高的是中型制造业企业,30—39 岁中青年企业家和 50—59 岁中老年企业家比例最高的是小型制造业企业,40—49 岁中年企业家比例最高的是微型制造业企业,60 岁及以上老年企业家比例最高的是大型制造业企业。从无锡制造业企业家学历分布情况来看,博士以上、硕士、本科企业家比例最高的都是大型制造业企业;大专和其他教育程度企业家比例最高的是小型制造业企业。由此可见,制造业企业规模越大就越容易吸引高学历企业家,而低学历或无学历的企业家则在小微型制造业企业中更有用武之地。同时,无锡制造业企业规模与制造业

注:本文所用数据来自江苏省和无锡市 2014 年全国企业创新调查数据,因相关数据已经过统计部门的初步加工,本文省略了对调查数据的信度和效度分析。

企业创新受各类因素影响的程度成正相关关系，大型制造业企业创新受各类因素影响高的比例最大，且这种影响随着企业规模的减小而逐步降低。每一类型的制造业企业中，各类创新影响因素所起的作用相互比较，又以高素质人才对制造业企业的影响程度最大。

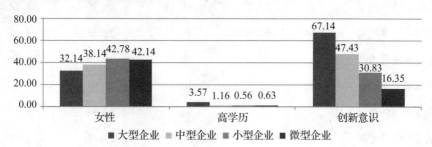

图 2　按工业企业规模分的女性、高学历、具有创新意识的企业家比例（%）

表 1　按规模划分无锡制造业企业家性别分布情况

企业类型	男企业家	女企业家
大型	57.18	42.82
中型	61.86	38.14
小型	67.86	32.14
微型	54.11	45.89

表 2　按规模划分无锡制造业企业家年龄和学历分布（%）

企业类型	29 岁及以下	30—39 岁	40—49 岁	50—59 岁	60 岁及以上
大型	5.71	25.00	35.71	24.29	9.29
中型	9.78	27.86	32.34	21.39	8.62
小型	6.50	28.69	34.75	23.57	6.39
微型	9.43	26.42	36.48	16.98	2.52
企业类型	博士以上	硕士	本科	大专	其他教育程度
大型	3.57	22.86	47.86	22.86	2.86
中型	1.16	10.95	40.30	35.82	11.77
小型	0.56	3.69	28.22	44.07	23.36
微型	0.63	0.63	26.42	40.88	23.27

表3 按规模划分无锡制造业创新受各类因素影响程度"高"的企业比例（%）

	大型	中型	小型	微型
高素质的人才	60.00	47.26	29.91	11.32
有创新精神企业家	59.29	43.45	28.76	11.32
有效的技术战略或计划	52.14	39.47	23.93	9.43
充足的经费支持	48.57	38.31	24.02	10.06
员工对企业的认同感	46.43	38.81	25.62	9.43
企业内部的激励措施	42.14	36.98	22.94	6.92
畅通的信息渠道	40.00	31.67	23.71	7.55
可信赖的创新合作伙伴	35.71	30.35	21.16	6.92
优惠政策的扶持	32.86	30.68	19.54	5.66

2. 无锡大型制造业企业的企业家创新意识最强

制造业企业家创新意识，从百分比来看，认为创新对企业生存和发展起了一定作用的企业家比例最高的是小型制造业企业，认为起了重要作用的企业家比例最高的是大型制造业企业，认为不起作用的企业家比例最高的是微型制造业企业。大型制造业企业的企业家认为创新起着重要作用的比例为67.14%，明显高于中小微制造业企业家的认识，其中微型制造业企业最低，只有15.72%。

表4 无锡不同规模制造业企业认为创新对生存发展起作用的企业家比例（%）

	大型	中型	小型	微型
起了一定作用	31.43	49.59	59.40	52.20
起了重要作用	67.14	47.43	30.78	15.72
不起作用	1.43	2.99	9.72	23.90

（二）企业创新战略目标的设定引领企业创新行为

无锡大型企业设定总体目标最为积极，各类企业都以设定"赶超同行业国际领先企业"这一目标为主。设定总体创新战略目标、设定"增加研发投入，提升创新实力""赶超同行业国内领先企业"的企业比例最高的是大型制造业企业；设定"保持现有的技术水平和生产经营状况""赶超同行业国际领先企业"的企业比例最高的是中型制造业企业；设定"保持本领域的国际领先地位"的企业比例最高的是微型制造业企业；设定其他目标的企业比例最高的是大型制造业企业。

表5 按规模划分的设定创新战略目标的制造业企业比例（%）

	大型	中型	小型	微型
设定创新战略目标	92.86	84.60	71.01	42.77
增加研发投入，提升创新实力	12.86	8.61	3.24	0.00
赶超同行业国内领先企业	17.86	9.27	4.37	1.26
保持现有的技术水平和生产经营状况	19.29	20.36	15.00	7.55
赶超同行业国际领先企业	34.29	39.57	35.96	18.87
保持本领域的国际领先地位	7.86	6.62	12.35	14.47
其他目标	0.71	0.17	0.09	0.63

（三）政府创新政策和企业内部激励措施支撑企业创新行为

1. 无锡大部分企业都能获得创新政策支持，其中微型和大型企业获得政策支持最有力

近十年来，无锡市出台了一系列政策推动制造业企业转型发展、创新发展，这些政策效果如何？从本次调查数据分析可以得出：创新政策很重要，但受益面还有待拓展。受各类创新政策影响最大的企业类型都是大型企业。除了微型企业受"鼓励企业吸引和培养人才"政策影响最大以外，其他类型企业都是受"创造和保护知识产权"政策影响最大。

表6 认为创新政策对各规模制造业企业有效的无锡企业家比例（%）

	大型	中型	小型	微型
创造和保护知识产权	83.57	75.17	72.86	84.28
鼓励企业吸引和培养人才	80.00	70.36	71.20	86.79
支持性金融	75.71	69.54	69.11	83.65
支持产业优先发展	74.29	68.87	69.18	84.91
企业研发费用加计扣除税收优惠	73.57	68.21	70.38	85.53
高新技术企业所得税减免	70.71	65.89	66.50	83.02

续表

	大型	中型	小型	微型
企业研发活动专用仪器设备加速折旧	64.29	63.41	65.85	84.91
科技开发用品免征进口税收	56.43	53.81	60.59	83.65
技术转让、技术开发收入免征增值税和技术转让减免所得税优惠	55.71	55.30	61.64	83.65

2. 无锡大型企业的内部激励措施效果最显著

无锡创新受内部激励措施影响"高"的企业比例则随企业规模而递增，即无锡制造业企业规模越大，创新受内部激励措施影响越大；但"企业住房等物质奖励"这项内部激励措施除外，创新受影响程度最大的是中型制造业企业。每一类型制造业企业的创新都受到"增加工资或奖金"这一内部激励措施的影响最大。

表7 按规模划分创新受内部激励措施影响"高"的无锡制造业企业比例（%）

	大型	中型	小型	微型
增加工资或奖金	53.57	44.44	32.61	13.84
岗位调整或升职机会	50.00	41.29	23.74	8.81
培训或深造机会	41.43	33.67	17.84	6.92
股权或期权	10.71	8.13	4.84	2.52
汽车住房等物质奖励	10.71	13.10	7.83	2.52

（四）企业创新行为的主要内容是企业创新活动和创新费用支出

1. 无锡制造业企业规模与创新活动呈现倒 U 型相关关系

无锡调查数据显示，在内部 R&D、培训、获得设备和软件、市场推介、设计、获取相关技术、外部 R&D 等创新活动中，企业更加重视内部 R&D 活动和培训，相关企业所占比重达到 40.36%、26.53%。相比而言，获取相关技术活动和外部 R&D 的企业所占比重最低，只有 5.46%、2.11%。上述特征表明，无锡企业的创新活动总体上还停留在封闭式创新阶段，有待向开放式、协作式创新转型。制造业企业规模与创新活动呈现倒 U 型相关关系，即小型制造业企业的创新最为活跃，而大型制造业企业与微型制造业企业在创新活动方面则较为沉闷。

表8 按规模划分有创新活动的无锡制造业企业比例（%）

	总计	大型	中型	小型	微型
总计	100	2.71	11.70	82.51	3.08
内部 R&D	100	4.80	19.10	75.14	0.96
培训	100	5.91	18.54	73.94	1.61
获得设备和软件	100	7.10	20.03	72.19	0.68
其他创新活动	100	7.57	19.32	71.46	1.65
市场推介	100	7.96	20.43	70.89	0.72
设计	100	6.18	18.34	74.90	0.58
获取相关技术	100	12.06	23.76	63.48	0.70
外部 R&D	100	19.27	28.44	52.29	0.00

工业企业为保持和提高竞争力采取各类措施，从企业规模来看，大型企业申请专利、形成国家或行业技术标准、时间上发挥先发优势、应用难以复制的复杂机制、申请版权登记和注册商标的比例在各企业类型中最高，中型企业则在对技术秘密进行内部保护方面独树一帜。

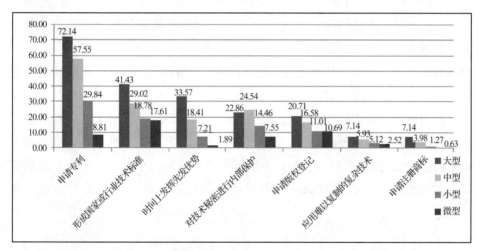

图3 按规模划分的工业企业中为保持和提高竞争力采取各类措施的企业百分比（%）

2. 无锡微型企业更注重封闭式创新，其他规模企业更注重开放式、协作式创新形式

调查数据显示，微型制造业企业更注重内部 R&D 活动，在这方面的创新费用支出比例最高；而大型制造业企业更关注获得机器设备和软件和从外部获

取相关技术,这两类创新费用支出更高;小型制造业企业则着重进行外部 R&D 活动,在这方面的创新费用支出比例最高。由此可知,微型制造业企业更注重封闭式创新形式,而其他规模制造业企业更注重开放式、协作式创新形式。总体来看,制造业企业规模与内部 R&D 活动这类封闭式创新费用支出比例基本呈反相关关系,与获得机器设备和软件费用支出比例、从外部获取相关技术费用支出比例基本呈正相关关系,与外部 R&D 活动费用支出比例则呈现倒 U 型关系。

表 9 按规模划分的无锡制造业企业创新费用支出比例(%)

	内部 R&D 活动	获得机器设备和软件	从外部获取相关技术	外部 R&D 活动
大型	67.36	29.11	2.35	1.18
中型	77.53	18.72	1.16	2.59
小型	77.34	15.75	1.51	5.39
微型	97.61	1.88	0.00	0.51

(五)企业创新行为的实现主要体现为四种创新形式及其影响

1. 无锡大中型制造业企业实现四种创新形式的比例较高

产品创新、工艺创新、组织(管理)创新和营销创新是制造业企业创新驱动的四大形式,对制造业企业发展质态提升起着重要作用。一般认为,大中型制造业企业在创新上具有集成创新、产业化、商品化、经营、品牌渠道、情报、研发、资金等方面的优势,在创新上具有更强的动力。无锡大中型制造业企业实现四种创新形式的比例较高,产品创新、工艺创新、组织(管理)创新和营销创新分别达到 80.71%、78.57%、69.29%、55.71%,同时实现四种创新的比例也高达 46.43%。与此形成鲜明对照的是,小微制造业企业成功实现四种创新形式的比例较低,说明无锡小微制造业企业的创新能力还非常薄弱。

表 10 按规模划分的实现四种创新形式的无锡制造业企业比例（%）

	产品创新	工艺创新	组织（管理）创新	营销创新	同时实现四种创新
大型	80.71	78.57	69.29	55.71	46.43
中型	63.41	69.54	55.30	39.57	24.67
小型	32.11	34.95	40.96	33.05	11.53
微型	3.77	12.58	32.08	25.16	1.26

2. 大型企业注重产品创新，中小型企业注重工艺创新，微型企业注重组织/营销创新

江苏和无锡的调查数据显示出一致的结果，从各类创新影响制造业企业百分比来看，产品创新对大型制造业企业影响最大，工艺创新对中型制造业企业影响最大，组织（管理）创新和营销创新对微型制造业企业影响最大。说明各类规模的制造业企业应着重于不同类型的创新形式，大型制造业企业应以产品创新为重点，中小型制造业企业应以工艺创新为重点，而微型制造业企业则应以组织（管理）创新和营销创新为重点。

表 11 按规模划分的各类创新形式对企业影响程度高的企业家百分比（%）

	创新形式	大型	中型	小型	微型
产品创新	扩大市场份额	54.29	36.48	21.25	3.14
	提高产品性能或质量	53.57	31.84	18.43	2.52
	开拓新市场	45.71	27.69	15.73	1.26
	取代过时产品	43.57	25.37	14.93	1.26
工艺创新	减少环境污染	50.71	35.82	19.77	5.66
	节约原材料	37.14	28.52	15.87	5.03
	提高生产效率	36.43	23.71	14.32	2.52
	提高生产灵活性	32.14	23.38	13.41	3.14
	降低人力成本	30.71	20.56	12.73	2.52
	降低能源消耗	30.00	22.89	14.75	5.03
	改善工作条件	27.14	20.23	13.05	3.77

续表

创新形式		大型	中型	小型	微型
组织（管理）创新	提升管理效率	42.14	24.38	16.37	8.81
	加快对客户或供应商响应速度	36.43	25.37	15.07	8.18
	降低单位成本	35.71	23.88	16.25	9.43
	改善员工工作条件	34.29	25.70	18.17	6.29
	提高新产品或工艺开发能力	31.43	18.57	12.77	6.92
	提高产品质量	27.86	18.41	12.37	3.77
	提高信息交换共享水平	20.71	15.59	11.74	6.29
营销创新	开拓新客户群体	32.14	17.74	12.80	6.92
	开拓新市场	31.43	16.58	11.74	6.29
	保持或提高市场份额	30.71	16.92	12.19	4.40

注：按每种创新形式的各类影响、企业规模这两个维度从高到低排序。

表12 按规模分的各类创新形式影响最大的无锡制造业企业比例（%）

	产品创新	工艺创新	组织（管理）创新	营销创新
大型	54.29	28.57	7.86	3.57
中型	43.62	34.83	8.79	4.98
小型	27.64	33.34	9.93	6.69
微型	4.40	27.04	11.32	6.92

注：按企业规模从大到小排序。

（六）企业创新行为的程度主要体现为创新强度、内部研发强度、创新合作活跃度

1. 无锡制造业企业规模与创新强度和内部研发强度呈正相关关系

从工业企业规模来看，有这样一种规律，创新强度大小呈现出与企业规模的正相关关系——即企业规模越大，创新强度也就越大。而内部研发强度则呈现出中型企业最大的态势。说明随着企业规模的增大，内部研发强度先增大后减小。

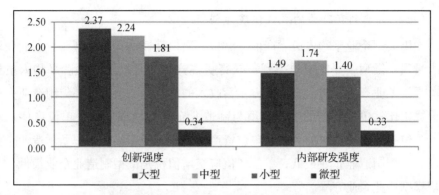

图 4　按规模分的工业企业创新强度和内部研发强度（%）

2. 无锡制造业企业规模与有效发明专利数呈倒 U 型关系

无锡制造业企业平均实施有效发明专利数与企业规模之间呈现倒 U 型关系，即小型企业的平均实施有效发明专利数最多，中型企业较多，而大型企业较少，微型企业最少。

表 13　按规模分的制造业企业平均实施有效发明专利数（个）

	企业平均实施有效发明专利
大型	8.96
中型	10.46
小型	12.84
微型	0.24

3. 无锡制造业企业规模与创新合作活跃度呈正相关关系

根据调查数据，从工业企业规模来看，呈现出这样一种规律，企业规模大小与开展创新合作的企业比重成正比——即企业规模越大，开展创新合作（不管是与高等学校还是与研究机构）就越频繁和活跃。

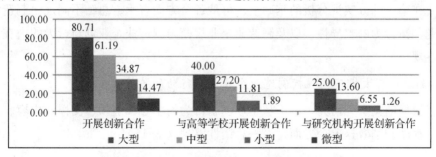

图 5　按规模划分的开展创新合作的工业企业百分比（%）

(七) 企业创新行为的成效体现为创新绩效

无锡大型企业平均人员、产值、缴税、出口规模最大,中型企业利润获取能力最强,微型企业既定单位资产获得更高产值规模能力最强。平均人员规模、平均工业产值、出口交货值占主营收入的比重这三项指标都与制造业企业规模成正比;单位资产的工业产值与制造业企业规模成反比;单位产值的利润、单位主营收入获得的利润、单位资产利润这三项指标,是中型制造业企业最高、微型制造业企业最低;单位产值应交增值税是微型制造业企业最低、其他规模制造业企业齐平。

表14 按规模分的无锡制造业企业创新绩效

	大型	中型	小型	微型
平均人员规模	3 633.09	521.43	109.51	11.20
平均工业产值	4 557 782.79	556 410.01	106 933.79	80 923.50
单位产值的利润	0.06	0.08	0.04	0.01
单位产值应交增值税	0.02	0.02	0.02	0.01
单位主营收入获得的利润	0.06	0.09	0.04	0.01
单位资产的工业产值	0.96	1.00	1.06	1.13
单位资产利润	0.06	0.08	0.04	0.01
出口交货值占主营收入的比重	28.69	15.48	9.50	4.78

注:表中字段从上到下的单位分别为:千人/个、千元/个、千元、千元、千元、千元、千元、%。

三、环太湖制造业企业规模与创新行为的相关性规律总结

在第一部分实证分析的基础上,可从各个方面着手,总结不同规模制造业企业创新行为的差异性,以及制造业企业规模与制造业企业创新行为的内在相关性规律。

(一) 环太湖不同规模制造业企业创新行为的差异性

根据前文实证研究,以下从企业创新行为的主导、引领、支撑、内容、形式、程度和绩效这七个方面,做一总结性整理(表15)。

表 15　不同规模制造业企业创新行为差异性的总结

类别	项目	大型	中型	小型	微型
主导引领	企业家才能	最容易吸引高学历企业家	企业家人数较少、男企业家比例较高	企业家人数最多、男企业家比例也最高	低学历或无学历企业家更有用武之地
主导引领	企业家创新意识	最强	较强	较弱	最弱
主导引领	创新战略目标设定	最积极、层次最高	较为积极、层次较高	不太积极、层次较低	积极性最差、层次最低
支撑	创新政策 有效性	最有力	较为乏力	较为乏力	最有力
支撑	创新政策 不明显的主要原因	吸引力不足、不知道优先发展产业的支持政策	不知道该项政策	不具备享受该政策的资格	—
支撑	创新受内部激励措施影响程度	最大	较大	较小	最小
支撑	创新活动的阻碍因素	缺乏人才或人才流失			
内容	知识产权获取和实施、品牌开发能力	最强	较强	较弱	最弱
内容	新产品开发	合作开发	直接采用、调整或适应性改进	独立开发	—
内容	新产品市场开拓	拥有更多优势，能力最强	优势较大，能力较强	优势较弱，能力较弱	优势最小，能力最弱
形式	实现各类创新形式和同时实现四种创新形式	更易实现，产品创新对其影响最大	较易实现，工艺创新对其影响最大	较难实现	最难实现，组织（管理）创新和营销创新对其影响最大
程度	创新活跃度	最为沉闷，以主体活动为主	较为沉闷	最为活跃，以辅助性活动为主	较为沉闷
程度	创新开放度	最注重开放式、协作式创新	较注重开放式、协作式创新	较注重封闭式创新	最注重封闭式创新

续表

		大型	中型	小型	微型
	产学研合作中的自主度和主导性	最强	较强	最差	—
	企业与合作伙伴密切度	与政产学研更密切	密切程度一般	与市场更密切	—
	创新信息来源专业化程度和广泛度	专业化程度最高，广泛度最低	专业化程度和广泛度一般	广泛度最高	
成效	创新的绩效	人员、产量、缴税、出口规模最大	规模较大、利润获取能力最强	规模较小	规模最小，但利用既定单位资产获得更高产值规模的能力最强

资料来源：根据第一部分实证分析总结绘制。

（二）简短结论

根据前文的实证研究，可得出制造业企业规模影响创新行为的基本结论。

• 与制造业企业规模基本呈正相关关系的创新行为变量有：人员、产量、缴税、出口等规模，企业家精神、学历层次、创新意识，创新战略目标设定的积极性和层次，各类创新形式实现和四种创新形式同时实现，新产品市场开拓能力，知识产权获取和实施能力，品牌开发能力，创新开放度，创新信息来源专业化程度，各类创新影响因素和内部激励措施影响程度。总体而言，规模大的企业在创新禀赋上要优于规模小的企业。

• 与制造业企业规模基本呈反相关关系的创新行为变量有：创新信息来源广泛度。

• 与制造业企业规模基本呈 U 型相关关系的创新行为变量有：相关创新政策支持的有效性。在相关创新政策支持的有效性上，大部分制造业企业都获得了相关创新政策支持。但从规模结构看，制造业企业规模与相关创新政策支持基本呈 U 型相关关系，大企业和小微企业更容易获得政策支持，创新政策效果也更好，中型企业则相对更难。

• 与制造业企业规模基本呈倒 U 型相关关系的创新行为变量有：男企业家比例、企业创新活跃度。

综上所述，制造业企业的规模大小与其创新行为、优势、能力、动力等都有很大的相关性。但只有在一定条件下、在一定区间内、在大部分创新行为要素上，制造业企业规模和创新行为才呈现出正向加强关系；制造业企业只有达到一定的临界规模，才有创新行为的优势、能力和动力；如果制造业企业规模过小，不利于其开展创新，其生存发展亦无须依靠创新；但制造业企业成长若跨越最优规模，其创新行为的优势、能力、动力则会递减；制造业企业规模若进一步扩大到一定水平后，无论规模再怎样扩大，也不会对其创新产生影响。所以，简单地夸大大型制造业企业创新能力，贬低中小微型制造业企业的创新作用，抑或反过来否认大型制造业企业的创新作用，夸大中小微型制造业企业创新的能力和作用，都是不全面的。

四、对策建议

制造业整体的创新转型发展依赖于各类规模的制造业企业的合理分工和协调配合。只有有效地协调大中小微型制造业企业在创新中的作用，制定合理、科学的产业创新政策，处理好大型制造业企业和中小微型制造业企业之间的关系，才能最有效地开展企业创新，推动我国制造业企业的创新驱动和转型升级，提高创新对我国经济增长的贡献率。

（一）整合各类规模制造业企业创新优势，构建协同创新的产业组织体系

1. "大小一起抓"，形成定向性与非定向性技术创新共存的产业组织形态

长期以来，政府在"抓大放小"和"做大做强"的政策框架下，把政策扶持的焦点主要集中于培育大企业和大企业集团上，而对科技型中小企业的支持严重缺失。根据发达国家经验，产业内部合理分工的专业化协作关系有利于技术创新的产生和溢出效应，使得单个企业以较低的强度就能获得较大创新回报。我国制造业正面临实现跨越式发展的关键性阶段，产业政策应坚持大、中、小、微并举——"大小一起抓"的原则，发展横向联合，鼓励大中小微型企业建立合理分工的专业化协作关系。以来源的可预测性为依据，可将技术创新分为"非定向性技术创新"和"定向性技术创新"，分别与小企业和大企业技术创新方式相对应；大企业"定向性技术创新"锁定原有技术轨道，而小企业"非定向性技术创新"则突破原有技术范式、开辟市场新空间；只有形成大中小微企业共存，定向与非定向性技术创新共存的产业组织形态，才能在企业规模不断扩张的同时保持技术创新活力，从而使该产业由大变强。

2. 构建有利于整体产业创新的适度企业规模结构和产业组织结构模式

引导各类企业发展适合自身特点的适度规模结构，形成大中小微型企业协同创新的产业组织结构模式。企业科技创新能力与其国际竞争能力直接挂钩，中国制造业各行业都达到了一定的总规模，但是具体到每个厂商，绝大多数还远未达到规模经济，因而在国际市场上缺乏竞争力。因此，要通过企业并购、资产重组、战略联盟等市场化途径，不断提高大企业科技创新能力。而小微企业的主要问题并非在于规模小，而在于"小而全"和非专业化。应积极鼓励发展专业化小型科技企业，逐步引导"全能型"小企业向"小而精""小而专""小而高""小而优"的专业化企业发展，鼓励生产"精、尖、特、优"产品，充分发挥小企业在科技创新中的重要作用。

3. 建立各类规模企业目标一致、利益共享、风险共担的协同创新机制

各类企业应以协同创新网络中各成员企业共同的技术需求为基础，达成创新目标一致，更好地弥补协同创新的一次性或短暂性缺陷。明确规定协同创新中投入产出的利益分配制度，针对各类型企业投入比例进行相应的利益分配，实现协同创新成果的公平分配，增强成员企业信心。协同创新网络中各类企业应通过资源共享平台加强资源整合与共享，提高效率，增强互信，共投资金，共担风险，降低成本，充分调动起协同创新的积极性。

4. 着力形成大企业为核心、中小微企业为外围分包商的制造业企业战略联盟

企业战略联盟的建立，有助于形成新型协作关系，重新配置资金、技术、设备、原材料和劳动力等生产要素，促进大中小微型制造业企业共同发展。大型制造业企业提高技术、人才和设备的利用程度，且通过辐射提高中小微型企业素质、改善其技术和设备、提高配套服务能力和工业组织水平。这种以大型企业为核心、中小微型企业为外围分包商的企业战略联盟，既可实现规模生产和经营，又可破除中小微企业低水平竞争的困境。

（二）实现大型制造业企业生产经营机制转换和优势资源业务协同创新

1. 形成以大型制造业企业为引爆点的创新驱动模式

一是形成一条"龙头企业—发展中国家—发达国家"大集团创新路径。大力支持龙头企业在科技资源密集的国家和地区并购、合资、参股国际研发企业或设立海外研发中心和产业化基地，优化全球研发体系布局，加快产业内分工和协作水平，实行紧密式的"抱团出海"，形成"基地技术支撑＋产业走出

去"开发模式。二是以龙头企业集聚创新所需的高级要素。通过构建龙头企业主导、国资参与、大量具有一技之长的企业参加无形资产集成平台,降低单个企业形成无形资产的成本,大大缩短无形资产形成过程中投入的回收周期,形成创新→成本回收→加大创新力度的"良性循环"。通过主导或参与国际、国内产业标准制定,掌握共性技术标准话语权,瞄准垄断性较强的市场,通过无形资本控股实体企业,进行"技术+问题"互动性研发,解决下游用户的关键性问题,形成较好的赢利模式,低成本地引入社会资本入股,实行"顶级技术+顶级市场"控制资本话语权的发展模式,使技术、市场和资本资源融合成本最低,实现向垄断部门和科研院所要利润。三是引导和支持有条件的行业领军企业将内部资源平台化。面向企业内部和外部创业者提供资金、技术和服务支撑,开拓新的业务领域和创新产品。

2. 依靠现代产业制度,实现生产经营机制转换

大型企业必须牢牢依靠现代企业制度,从根本上转换生产经营机制,设立研究开发机构,或激活、改造其原设科研机构,积极寻找市场着眼点、捕捉市场机会,创造独特的所有权特定优势和技术优势,提升其创新力和竞争力。政府既要给大型企业压力,又要给予其适当和必要的帮助,迫使其进行管理、组织创新,真正使其成为市场经济的平等参与单位。必须为大型企业确定必要的建制条件,在管理上、组织上、人事上激励加强企业制度改革,使得大型企业成为真正的创新主体。

3. 利用企业优势资源,实现资源——业务协同创新结合模式

大型企业资源协同是直接以优势资源为对象,整合厂房、设备、土地等生产要素有形资源、共享渠道资源、集成应用智力资源,通过交易性行为实现有形资源协同。共享优势供应商、大客户、战略合作伙伴及上级部门和社会关系资源,通过集中采购、综合销售、协同运营等方式实现渠道资源价值倍增。在成员企业间集中优势人才、研究研发机构等资源,通过建立项目组等形式,分享信息、知识技能和机构平台,实现智力集成,解决技术和管理难题、推动产品研发和技术创新。业务协同则包括业务的合并、整合、剥离以及横向多元化、纵向价值链一体化等。横向上,利用资源与其他业务活动中的某种关联,扩展应用到相关业务中,从而实现资源价值倍增。纵向上,依靠核心产品和上下游产业资源进行价值链分析、整合和再造,并以产品价值链为核心带动研发、生产、采购、销售和服务等企业运行活动价值增值,提升整体创新力和市

场竞争优势。

（三）提升小微型制造业企业创新能力，打造小微型制造业企业创新特色

1. 形成以"双创"为核心的小微型企业创新引领模式

积极培育"创业企业—生产者服务业—科技园区"小微企业创新路径。在总结无锡、苏州、南京、北京中关村、深圳等城市经验的基础上，更加关注以色列的创新经验。加大"招研引智""招校引人"的力度，大力实施高层次人才引进计划、科技人才和创新型企业家培育计划以及领军型留学人员归国创业计划，更加重视国内外知名企业高层创业，有经验的创业者创业成功概率更高，资源整合能力更强。通过建设一批低成本、便利化、全要素、开放式的创客孵化型、专业服务型、投资促进型、培训辅导型、媒体延伸型的创新载体，为创新者提供多元化的平台。积极推广"一家领军企业＋聚才社会平台＋一批关联企业"的集成创业模式、"本土企业＋高端人才＋创新项目"的企业创新模式、"一镇一院一产业"的产业提升模式。积极推进融科技创新、创业、创意为一体的"三创"——"创新、创业、创意"〔注〕载体建设，推动创新集群培育。

2. 摒弃家庭式管理模式，借鉴国内外先进创新管理经验

小微型企业普遍存在家庭式管理模式的多种弊端，包括所有权与经营权合一，导致产权界限不清；规章制度不严明，影响员工积极性；缺乏人才培训计划，员工素质不高；企业文化缺失，企业凝聚力不强；等等。这些弊端都严重阻碍着小微型企业的创新发展，因此必须摒弃家庭式管理模式，充分借鉴国内外先进企业管理经验，建立一套适应市场经济发展的现代企业制度。具体对策包括改革机制，明晰产权结构；坚持自我学习，转变管理理念；加大人才培育力度，储蓄后备力量；加强企业文化建设，营造良好氛围；等等。

3. 加强针对性财税金融创新，建立并完善多元融资体系

税收成本和融资成本过高是小微型企业发展中面临的首要瓶颈。应提高税

注：其中，创新载体是为科技创新提供服务的公共服务平台、各类专业技术服务平台和科研机构、企业研发中心、工程技术中心等研发机构的载体，包括企业的"一站两中心"、科研院所和科教园区等；创业载体是科技型创业企业以及促进成果转化、孵化的载体，如国际企业孵化器、科技创业园、留学生创业园等；创意载体是指以创意产业为支柱的现代科技服务业载体，如工业设计园区、文化创意园区和动漫基地等。结合旧城更新，在中心城区布局"小而精"的专业化创新创业载体；结合新城建设，在外围新城布局综合性创业创新载体。

收激励政策对小微型企业技术创新的针对性和普惠性,使各类企业都能从中受益,并根据各类企业的不同需求和实际问题制定更有针对性的税收激励政策。在创新政策制定中,应扩展对中小企业的资助范围,探索多渠道资金支持政策,加强中小企业的针对性金融服务创新。金融机构要深入研究小微型企业特点,根据其业务发展需要和核心优势,突破传统担保方式限制,研究、开发和创新适合小微型企业的特色化金融产品,更好地满足小微型企业需求。要重视构建良好的信息网络体系和对接展示平台,吸引更多社会和民间资本服务于小微型企业创新。

4. 加快推动集群化纵向发展,引导嵌入产业链配套体系

纵向上,整合产业链上下游,积极引入关联企业投资小微型企业,基于产业链纵向集聚效应形成小微型企业集群,促进投资主体与小微型企业形成利益共同体。横向上,在专业领域相近的区域建立一批专业化孵化器,使研发或经营方向相近的小微型企业形成横向集聚效应,共建共享市场网络和专业技术服务平台。通过资源共享、联手开发、联合攻关等方式,使得小微企业与大型龙头企业建立技术研发、合作、配套等协作关系,既有利于解决单个小微型企业研发力量有限的问题,又有利于形成技术集聚优势。进而逐步形成以产业链和创新链为纽带,大中小微型企业分工协作、合作共赢的集群发展态势。

参考文献:

[1] Humphrey, J. & H. Schmitz. How Does Insertion in Global Value Chains Affect Upgrading in Industrial Clusters？[J]. *Regional Studies*, 2002 (9).

[2] Scherer, F. M. Size of Firm Oligopoly and Research: A Comment [J]. *Canadian Journal of Economics and Political Science*, 1965, 31 (2).

[3] Pavitt, K., M. Robson & J. Townsend. The Size Distribution of Innovation Firms in the UK: 1945 - 1983 [J]. *The Journal of Industrial Economics*, 1987.

[4] Boone, Audra L. & J. Harold Mulherin. Comparing Acquisitons and Divestitures [J]. *Journal of Corporate Finance*, 2000, 6 (2).

[5] Kumar, N. S. & M. Firmsize, Opportunities for Adaptation and In-house R&D Activity in Developing Countries: the Case of Indian Manufacturing [J]. *Research Policy*, 1996 (25).

[6] Braga, H. & L. Wilmore. Technological Imports and Technological Effort: An Analysis of their Determinants in Brazilian Firms [J]. *The Journal of Industrial Economics*, 1991, 39 (4).

[7] Katrak, H. Imports of Technology, Enterprise Size and R&D-based Production in a Newly Industrializing Country: The Evidence from Indian Enterprises [J]. *World Development*, 1994 (10).

[8] Bound, J., et. al. *Who Does R&D and Who Patent?* [M]. Chicago: University of Chicago Press, 1984.

[9] Freeman, C. & L. Soete. *The Economics of Industrial Innovation* [M]. Cambridge: MIT Press, 1997.

[10] Bagozzi, R. P. The Self-regulation of Attitudes, Intentions and Behavior [J]. *Social Psychology Quarterly*, 1992, 55 (2): 178 - 204.

[11] Fishbein, M. & Ajzen, I. *Belief, Attitude, Intention and Behavior: And Introduction to Theory and Research* [M]. Reading, MA: Addison-Wesley, 1975.

[12] Ajzen, I. From Intentions to Actions: A Theory of Planned Behavior [A]. In Kuhl, J. & Beckinan, J. (Eds.) *Action Control: From Cognition to Behavior*. Heidelberg: Springer-Verlag, 1985.

[13] Scott, S. G. & Bruce, R. A. Determinants of Innovative Behavior: A Path Model of Individual Innovation in the Workplace [J]. *Academy of Management Journal*, 1994, 37 (3).

[14] Goolsbee, A. Does Government R & D Policy Mainly Benefit Scientist and Engineers? [J]. *American Economic Review*, 1998, 88 (2).

[15] Hsu, J. Y. The Silicon Valley-Hsinchu Connection: Technical Communities and Industrial Upgrading [J]. *Industrial and Corporate Change*, 2001, 10 (4).

[16] 吴延兵. 企业规模、市场力量与创新：一个文献综述 [J]. 经济研究, 2007 (5).

[17] 张伯伟, 朱春礼, 王立军. 产业特征、企业规模与技术创新策略选择 [J]. 天津社会科学, 2010 (5).

[18] 董晓庆, 赵坚, 袁朋伟. 企业规模与技术创新能力的关系研究 [J]. 北京交通大学学报（社会科学版）, 2013 (4).

[19] 戴西超, 谢守祥, 玉梅. 企业规模、所有制与技术创新——来自江苏省工业企业的调查与实证 [J]. 软科学, 2006 (6).

[20] 吴林海. 技术创新与企业规模：基于美国的实证分析与对中国的启示 [J]. 科学管理研究, 2009 (5).

[21] 高良谋, 李宇. 企业规模与技术创新倒 U 关系的形成机制与动态拓展 [J]. 管理世界, 2009 (8).

[22] 颜开荣, 张积永, 王犇. 大型企业集团优势资源业务协同模式创新研究 [J]. 中国机电工业, 2015 (2).

企业原始创新案例研究及对环太湖城市的启示

中共苏州市委党校 傅伟明

自2010年以来我国经济一直下行，为此习近平总书记提出了经济新常态的发展思想，为了认识新常态，适应新常态，引领新常态，政府提出了供给侧结构性改革从生产端激活企业创新势能，实现经济增长动力从要素驱动、投资驱动转向创新驱动。

江苏省委书记李强在2016年省党代会上参加苏州代表团审议时提出了创新四问："在全省创新格局中，苏州怎样发挥引领性作用？在推进自主创新中，苏州怎么追求原创性成果？在全面提升创新水平的基础上，苏州怎样打造标志性品牌？在创新生态系统的打造上，苏州怎样体现开放性和包容性？"其中原始创新是最关键的一问，也是苏州或其他城市经济发展动力转换乏力的原因。

目前对于原始创新的学术研究主要有理论研究、实证研究，本文立足单一案例，以期能够更深入地进行研究和分析，特选取影响较大、发展时间较长的福耀集团作为案例研究对象，分析辨析其性质，发掘其原始创新的影响因素，从而为我国企业的原始创新突破提供新的思考和研究路径。

一、福耀公司发展历程

福耀玻璃工业集团股份有限公司（以下简称福耀公司）创始人曹德旺，早年为了谋生种过银耳，当过水库工地炊事员、修理员、知青连农技员，还倒卖过果树苗，那段时期的创业为其积累了丰富的商业经验，了解从商之道。

1983年4月，曹德旺承包了福清市高山镇专门生产水表玻璃的乡办企业高山异形玻璃厂，凭借以前的创业和商业经验当年就盈利20余万元。

1984年，曹德旺因一件小事了解到汽车玻璃全球80%的市场被日本ASA-

HI、法国圣戈班等四大巨头垄断,且价格昂贵、利润丰厚。根据敏锐的市场嗅觉和"为中国人做一片属于自己的玻璃"的决心,1985年企业转产汽车玻璃并实现盈利70万元。1987年与上海耀华玻璃厂签订了技术合作协议,从芬兰引进最先进的生产设备,成立机械制造部从生产设备着手创新,引进和培养人才攻关、研究消化引进的先进技术与设备,再依据在生产实践过程总结出来的各种技术参数,对现有引进设备进行升级换代,经历了无数次失败考验,终于研制出汽车专用玻璃。1996年,福耀与法国圣戈班签约合资成立了万达汽车玻璃有限公司,3年的合作让福耀受益匪浅,尤其是技术人员的培养,员工直接到法国圣戈班的生产一线接受再培训,这不但从外在的生产流程、设计思路、工艺路线上让福耀的员工见识了先进的蓝本并得到实践,还通过与圣戈班技术人员在日常工作中的接触,潜移默化中从内在提升了福耀技术人员自身的专业素质和职业素养,这种技术溢出和精神溢出助推了福耀的快速成长。

2000年到2005年是福耀发展的第二个阶段,首先企业利用平台数据交换整车企业的图纸、数字模型和3D数字化数据进行产品开发、来样加工。其次2004年年底组建了设备研发中心和产品设计中心,先后从国内知名高校汽车系和海内外院所、企业里高薪聘请专业技术人员,在设备、工艺、产品、技术、设计、前沿技术研发等多个方面进行全面创新,并在中国、美国和德国都设立了产品设计中心,以更好地满足和对应当地市场客户对产品的要求。2005年,公司成为中国最大、世界第六的汽车玻璃生产商,同年与奥迪的成功签约标志着福耀品牌进入了世界知名品牌行列。2006年,福耀在技术中心的基础上成立了玻璃工程研究院,专职研究人员200多人,引进了基础材料研究和汽车玻璃功能化研究领军人才,如研究院院长曾在日本车艺研究中心工作多年,回国后任厦门大学教授;副院长毕业于日本早稻田大学自动化控制专业,在日本三菱供职多年。

2007年,公司提出了"以客户为导向,以市场为导向,以质量求生存,以创新求发展"的管理理念,开展精细化管理和反浪费行动启动QCC小组活动,设立"创新奖"实施一系列全员创新措施,大力促进产品向智能化转变,开发出防晒节能玻璃、调光玻璃、天线玻璃等高附加值产品。2008年,福耀成功完成了丰田要求其开发的一款准备在中国生产新车的玻璃天线设计任务,这是福耀自主创新取得市场肯定的里程碑事件。2008年8月,开始对靶材、工艺、工装等关键技术进行研究,经过一年零两个月的努力,福耀终于攻克了

"汽车前挡 Low-E 镀膜玻璃"技术，并开发出福耀 SUNLESS 节能防晒汽车玻璃，2009 年 10 月成功投产。

2010 年，公司成为全球第二大汽车玻璃专业供应商，再次实现飞跃。2013 年，福耀共生产 1 亿多片玻璃，产能位居行业第一。

二、福耀公司案例研究

分析研究福耀公司成功的发展历程有两点深刻启示：第一，福耀公司在汽车玻璃行业由小到大、由弱到强的成功本质就是持续的原始创新。企业的发展来自市场和技术变革力量的相互推动，福耀公司始终在技术、市场两个发展方向推进原始创新。第二，福耀公司构建了以市场、技术两个方向的原始创新链，其创新源点来自市场力量和企业家精神，创新基点是技术积累和市场知识，创新触点是发展的问题，创新支点是核心人才与研发人才，创新炸点是头脑风暴与开放协作。因此企业原始创新模式如图 1 所示。

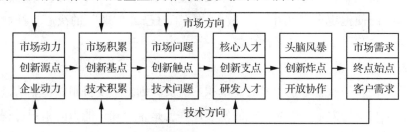

图 1　企业原始创新模式

1. 创新源点：内外合力

原始创新源点就是内外合力的创新动力机制。原始创新活动是企业为实现利润最大化而创新资源配置方式的活动，其动力包括外部动力和内部动力。

外部动力就是市场动力。包括市场需求拉动、经济社会发展等因素。一方面，市场需求是企业原始创新的动力源泉和主要外部动力。市场时刻引领着企业原始创新方向，企业不断调整原创战略、方式及产品类型以满足市场需求。这种面向市场的调整是长期的、动态的，企业必须实时关注需求变化，在旧原创产品的生命周期衰退期甚至是成熟期就开始新原创产品的研发试用。另一方面，社会需要是引发原始创新的根本力量。恩格斯指出，社会一旦有技术的需要，则这种需要就会比十所大学更能把科学推向前进。

内部动力就是企业家精神。企业家精神是企业原始创新内部的第一动力。

企业家是原始创新以及企业发展的生命力所在，推动了企业的不断进步和发展，企业家精神主要包括进取精神、冒险精神和宽容精神。原始创新是在现有基础上对新理论、新技术的不断探索，因而需要敢于不断向上的精神即进取精神，同时这种探索具有巨大投入的不确定性，因此必须有冒险意识即冒险精神，否则创新就会止步。正因为原始创新的风险性，企业家对于原始创新失败需要包容即宽容精神。因此，企业家精神实质上就是创新精神。

1984年，曹德旺赴武夷山旅游时给母亲买了一支拐杖，当带着它坐上出租车时司机提醒他别撞坏了汽车玻璃，一块原装玻璃几千元。本身做玻璃生意的曹德旺认为这块玻璃成本也就50块钱怎么会好几千。回来后他做了市场调查，却惊讶地发现一块原装玻璃确实需要几千元，这让曹德旺既难受又兴奋，难受是因为他清楚地知道一块玻璃的成本是多少，外国人却卖给我们如此之贵，这分明是在欺负中国人做不出高档的汽车玻璃；而兴奋是他与生俱来的对市场的敏锐嗅觉，执着、敢想、敢干的创业精神和冒险精神在这时显露无遗。随后曹德旺便抱定要"为中国人做一片属于自己的玻璃"的决心，开始筹划从水表玻璃到汽车玻璃的转产决策。

2. 创新基点：变量积累

原始创新基点就是企业发展变量积累引发的创新质变机制。企业的进步变量是技术与市场力量，因而企业的发展过程就是企业知识能力的累积过程，即市场知识和产品技术的日积月累。第一是市场知识积累。企业因市场而存在，市场因企业而有价值，企业就是不断地寻找和发现现实市场、潜在市场、未来市场，满足现实市场、挖掘潜在市场、开发未来市场，因此企业只有适应、引领市场才能进步，从而积累了丰富的市场判断经验、知识。第二是产品技术积累。企业发现了市场，就要通过开发产品来实现市场需求满足客户要求，而产品是技术的载体，技术是产品的灵魂，因此企业发展的历程就是产品不断推陈出新、层出不穷的过程，也是技术不断突破、不断进步的过程，因而累积了大量的产品知识和技术知识。福耀公司经过二十余年从模仿到OEM再到原始创新的发展，积累了强大的生产能力和设备自供能力，以及一批行业内的关键性技术人才和研发创新能力。

创新就是不满足于现状而追求更高目标，企业的现状就是企业市场知识、产品技术积累的厚度，因而企业厚实的原始积累有助于发现问题从而形成创新源。

一方面，企业积累厚实意味着创新时机领先。企业发展中多年积累的各种技术和知识，使企业的技术水平和市场判断达到一定的行业高度，此时企业遇到的是别的企业没有遇到的问题，或者说企业已经立于行业潮头，这时对企业发展中存在的问题进行突破，就能引领行业技术、产品的跨越式发展，立于不败之地。

另一方面，企业积累厚实意味着创新起点高远。随着企业不断发展，行业技术知识自然积累厚实，也因厚实而有技术高度，企业技术知识积累发展的高度越高，说明企业就越能把握行业发展趋势特别是技术和市场发展趋势。站得高看得远，企业就能把握行业未来客户需求的快速迭代产品技术，因而企业构建的市场导向的原始创新模式就会有正确的方向，从而克服企业"闭门造车"式、南辕北辙式的原始创新。

3. 创新触点：问题导向

原始创新触点就是问题导向的创新发现机制。问题是创新的源泉，企业在发展过程中面临的一切问题都是原始创新之源。以问题为导向的企业才能迎接困难和挑战从而实现华丽转身和提升，其实企业的发展就是企业不断解决问题的螺旋式进步的过程，当然企业在发展过程中始终面临着市场和技术两大问题。

市场问题，就是企业发展与市场发展相脱节的问题。企业的发展落后于市场的发展，二者之间有时序误差或时序差距。具体来说就是企业不能适应市场，或是企业不能引领市场的问题。由于当今社会的快速变化，市场的变化也日新月异，企业唯有跟随市场的变化或引领市场的变化，才能在行业中保持竞争优势。企业要保持竞争优势，唯一的方法就是不断创新，解决企业与市场相脱节的问题，不断推陈出新驱动企业前进，否则就会被时代淘汰，这也就是为什么企业不进则退的原因。

福耀公司始终把握了汽车玻璃的发展趋势，认为汽车玻璃的发展方向不单是在安全和透亮方面，而是要把附加功能加进汽车玻璃上，即在保障产品质量基础上实现产品功能的创新。因此公司自主开发生产了一系列可以防紫外线的汽车玻璃，这可以防止紫外线对人体、仪表板、真皮座椅造成的伤害，保护、延长室内装潢的使用寿命延缓褪色过程，减少人体患皮肤癌和皮肤病的概率。再如在玻璃上附加无线信号的接收和处理功能，在玻璃上做显影等功能，这些功能化的产品创新不但为企业带来丰厚的利润，也扩大了产品的市场。

技术问题，就是产品性能与客户需求相脱离的问题。企业的产品不能满足或完全满足客户需求，或不能满足客户个性化的需求，企业就会被客户丢弃、市场抛弃。因此任何成功的企业原始创新都建立在对潜在市场价值挖掘、未来市场价值探索的基础上，否则原始创新可能因为不符合消费者需求而失败。

福耀公司构建了问题导向的技术创新机制：（1）定期与客户和下游企业的高端技术人员、设计人员沟通交流，及时了解汽车厂在人体工学、地域气候和路况方面的研究现状和最新问题。（2）与上游材料行业保持及时交流，不断论证材料应用问题。（3）一线工人处在生产实践的最前线，能及时发现产品及生产问题。(4) 专利人员会定期跟踪行业内的产品专利申请和授权情况，为产品的开发创新提供参考和实用价值。

4. 创新支点：人才核心

原始创新支点就是人才引进和培养的创新人才机制。原始创新的实质就是知识创新，或者说原始创新的本质不仅是通过知识创新带动产品创新，而且是产生知识的源泉。人是知识的载体，人才在原始创新活动中起着至关重要的作用。因此创新人才是企业原始创新的掌舵者。

一方面，创新人才的创新精神是原始创新过程中最为关键的直接影响因素。创新精神具体来说就是永无止境的好奇心和永不满足的求知欲，以及坚忍不拔的意志和锲而不舍的精神。

另一方面，原始创新是一项知识的创造性活动。创新团队能否做出一流的业绩，一定需要一两个核心人才或学术权威。核心人才必定是行业杰出人才，善于正确把握行业的发展阶段和发展方向，从而做出正确的重大决策，引导研发人员进入学科的最前沿并迅速、有效地积累他们的学术优势。

5. 创新炸点：头脑风暴和开放协作

原始创新炸点就是头脑风暴和开放协作的创新研发机制。原始创新为一种根本性创新，因而需要创新思维。企业发展累积到一定高度后面临的问题，都是前所未有的问题，因而要找到解决这样的问题方案，老方法已经不能解决新问题了，必须要突破常规的、传统的方法，需要有灵感迸发的颠覆性的破坏。

一方面，由于一个人的经验、经历、能力有限，因此需要团队共同努力、集思广益，找到解决问题的钥匙、良策。如何让一个团队围绕同一个问题共同发挥智慧，需要有一个好的组织方式，头脑风暴法就是一种大胆假设小心求证的创新思维组织形式，围绕问题让每位无限制的自由联想和讨论，提出尽可能多的解决方案的群体参与讨论法，目的在于产生新观念、激发新设想。

另一方面，与产业链上下游企业开放协作研发，这不仅能拓宽公司自身创新的视野，也能弥补单个企业在产品创新人才等方面的局限，不仅分散了独自创新的风险、降低了企业自身的创新成本，也形成了产业创新生态圈。

福耀公司通过与上游供应商和下游整车制造商的定期沟通和合作形成了开放式协作创新的方式，公司与一家黏合剂生产加工商采用协作研制出的汽车胶，既保障了福耀汽车玻璃的质量，不影响玻璃的功能，又符合汽车的寿命试验二十年不变质，同时降低了生产成本。

三、企业原始创新突破启示

原始创新在现代企业的发展壮大过程中扮演着举足轻重的角色，可以使原创者在竞争中获得垄断地位、独占市场，进而获得高额利润和超额收益的回报。企业始终是原始创新的主体，原始创新也是企业发展的唯一动力，因此企业实现原始创新突破，需要在以下几个方面持续地不断发力。

1. 万众创新的深入化

根据创新理论人人都有创造潜力。传统企业的原始创新主要是由科研部门担负，不过由于原始创新的偶然性特性，再加上企业创新文化培育的需要，因此企业不能拘泥于传统的研发体制和机制，而是需要彻底地打破部门壁垒、岗位壁垒，推行全员创新活动，通过制度不断激励，通过活动深入促进，真正实现万众创新。正所谓一花独放不是春，百花齐放春满园。

福耀公司在自身技术发展和创新经验的统计中发现，创新从来不只是几百个科研技术人员的工作，而是集团万余员工共同的努力，尤其是来自一线车间的职工。因此福耀公司从思想鼓励、职业激励两个方面营造和推动万众创新。一方面是思想鼓励，充分发挥员工创新的激情。福耀公司上至董事长、总工程师，下到部门经理，在公司的各类会议和员工年会上不断表彰和鼓励各种形式的创新，鼓励员工发现并提出生产管理中存在的问题，随时把原来做得不够到位的地方做到位、做彻底，使管理水平和管理效益不断步上新的台阶，用全员的力量去实现技术的升级、设备的升级、工艺的升级和自动化水平的升级，这一创新文化使全体员工在自己的工作岗位上持续创新，比学赶帮、踊跃创新。另一方面是职业激励，通过职业晋升机会和评级来激励员工创新。公司设立了行政级别、技术级别两条评级晋升线路，行政级别主要分为普通员工、专员、经理、副总、总经理/总监、副总裁、总裁等，技术级别分成普通员工、工程师、副主任工程师、主任工程师、副总工程师、总工程师等 10 个级别。技术人员的晋升与其创新经验和成果有着密切的关系，如从工程师晋升副主任工程师，要求至少组织完成三个中级以上项目，项目要获得公司级三等奖以上，取得过国家使用新型专利授权。正是福耀的多渠道创新激励制度，促进了原始创新的全面和深入化。

2. 资金投入的持续化

原始创新需要大量资金投入，一是保证研发创新活动的开展；二是保障创新人才队伍的稳定，使之能够自由探索实验；三是保障研发创新活动所需的实验设备及条件。同时由于原始创新周期较长，因此必须保证研发投入的持续性，否则就会功亏一篑。

福耀研发创新资金投入有一套规范流程：第一，只要创新项目通过研发流程，会一次性按计划批准资金；第二，不设拨款上限，领导层一直重视原始创新，绝不给研究资金设上限，只要合理并通过研发流程控制就会支持；第三，按需供给资金，通过各个部门分工合作，合理利用企业资金。

3. 技术积累的规范化

创新不是凭空产生的而是有现实基础的，这就是技术积累。或者说任何一项原始创新都是建立在长期技术积累的基础上，所以企业一定要有技术积累意识和知识技术的建档制度，使无形的知识技术有形化、档案化特别是数字化、信息化，便于总结、学习、传承，当然这里的技术是广义的，包括研发技术、产品技术、制造技术、工艺技术、维修技术等。

4. 研发管理的科学化

企业的原始创新不仅是技术问题，也是制度和管理问题。原始创新尽管有偶然性，但偶然性中有必然性，研发创新毕竟是一项科学活动，需要遵循科学规律。

（1）规范创新项目的管理。第一，制订原始创新工作计划，包括原始创新项目的确立、创新团队的建设、研发经费的使用等。第二，评估原始创新活动，包括对创新项目、创新进度实时评估。

（2）创新研发管理模式。习近平 2016 年 5 月参加"三会"时指出，要尊重科学研究灵感瞬间性、方式随意性、路径不确定性的特点，允许科学家自由畅想、大胆假设、认真求证。因此一方面要创新研发方式。原始创新的工作主要是脑力劳动，也就是创新式思维的学习过程以及思考过程，因而必须创新研发工作模式，多开展学习交流、行业交流、专家交流活动。另一方面要创新人才管理方式。由英国电信公司和《今日管理》杂志所做的一项灵感产生的研究表明，2/3 的管理者表示他们最好的灵感是在工作之余产生的，如上班的路上、乘地铁或列车时，因此需要有完善合理的制度来支持和推动创新人才工作时间的灵活性，如 3M 公司打破常规允许员工有 15% 时间进行任何创意活动，以实现创新绩效。

5. 激励制度的远景化

每个人的创造潜力需要不断激发，而激励制度是企业原始创新的第二动力。好的制度可以使"羊"变成"狼"，可以使"庸才"变成"人才"。由于原始创新投入具有风险性，原始创新成果具有偶然性，原始创新效益具有滞后性，原始创新实践需要千年等一回的耐心、决心，因此企业对于创新人才的激励需要远景化。第一，建立与创新活动相一致的收入分配制度。要给创新者应有的待遇，支持他们做眼下做不出但从长远看是非常重要的事情。要给创新者营造坚持下去的环境，奢望一个创新者出于对科学的执着追求，接受低收入来长期保持知识创新和技术创新的热情是不切实际的。第二，建立原创成果分享制度。实现企业、团队、个人三级成果分享以及利益分享，包括知识产权的分享制度。第三，建立人才合理流动制度。由于创新人才的特殊性，不但需要一定的理论基础，更需要创新的思维方式，为了保持创新团队的活力，必须建立人才的内部合理流动机制。

参考文献：

[1] 李静，杨建君. 企业原始创新理论研究的现状与述评 [J]. 科技管理研究，2013 (14).

[2] 王猛，张永安，王燕妮. 企业原始创新影响因素解释结构模型研究 [J]. 科技进步与对策，2013 (6).

[3] 李海超，李美葳，陈雪静. 高科技产业原始创新驱动因素分析与实现路径设计 [J]. 科技进步与对策，2015 (6).

[4] 福耀玻璃产品创新三步走. http：//www. ebusinessreview [1] cn/articledetail-244598. html.

[5] 冠军之路——解读 25 年福耀性格. http：//www. daorong. org/fengmian/1044. shtml.

众创街区：空间转型、产业创新增创街区新优势

——荷花池打造"众创空间"升级版的经验与探索

中共常州市委党校　李卫平

荷花池众创街区位于常州历史底蕴深厚、人文荟萃的中心城区。这里曾经是常州最具活力的空间，也是城市经济生活的中心，然而，随着新商业模式的兴起、居民消费结构的升级、老城更新及新区建设等因素的多重叠加，中心城区的传统商业街面临发展停滞的困境和尴尬。国务院印发的《关于发展众创空间推进大众创新创业的指导意见》，将众创空间作为未来我国城市和产业发展的全新载体，"大众创业，万众创新"为中心城区的传统商业街的转型发展提供了契机。但大部分的"众创"局限于小微空间、单个企业或特定产业，呈现出空间平台有余、发展平台不足的问题，不能与街区转型的实践相衔接。荷花池街道以"人文"为引领，统筹规划中心城区的传统商业街，打造全市首个众创街区，对产业动力进行重构、对空间载体进行重建和对街区特色进行重塑，以"众创空间"升级版形态，增创城市中心街区新优势。

■ 一、困局与突破：传统商业街区的众创转型

（一）传统商业街区发展的困局

常州中心城区的传统商业街曾经是荷花池街道经济产出、生活服务及形象展示的中心。但互联网经济的发展，"互联网+"和"+互联网"等新商业模式兴起，传统商业街区的商业销售额下降、利润减少和商户少租、退租等现象日益凸显，街区发展出现瓶颈，陷入困局。

传统商业街区发展的困局主要表现在以下三个方面：第一，产业发展动力逐渐减弱。荷花池传统商业街区主要集中于零售、批发和贸易等商贸业，以批发市场、大卖场、沿街商店及专卖店等为主要业态。但随着经济的发展，人力

资本、房租等成本不断上升，多数商户已处于微利甚至亏本经营的状态，再加上居民消费升级、新商业模式兴起及互联网技术的快速发展，传统商业街区越来越难以适应城市商业发展的新要求。第二，空间载体更新滞后。荷花池传统商业街区具有街区建筑密集、商业与居住功能混杂的特点。街区空间界面不连续，商业、办公与居住建筑穿插混杂，街区沿线的空间载体功能落后、建筑普遍老化使得空间改造和更新的难度较大。第三，街区发展特色逐渐缺乏。商业街区均沿街自然布局，过于追求商业空间的最大化，导致街区商业空间与交通空间重叠，这在当前追求商业消费品质的时代已然成为传统商业街区的环境短板，街区发展特色逐渐缺乏。

（二）众创街区促传统商业街区转型创新发展

针对传统商业街区面临的三大困局，荷花池街道以"人文"为引领，规划引入众创理念对商业业态和空间载体进行重构，从产业动力的重构、空间载体的重建和街区特色的重塑三方面赋予新时期传统商业街区发展转型的三重驱动力。

1. 众创街区的立体转型发展思路

荷花池众创街区从创新创业的需求出发，对商业街区的楼宇、商业、人力资本等市场资源进行统筹和整合，从产业新动力、载体新空间和街区新特色三个方面对众创街区进行整体规划和设计，形成传统商业街区的立体转型思路（如图1所示）。

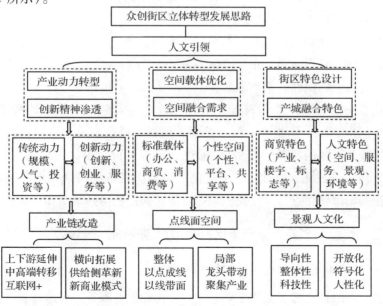

图1　众创街区主体转型发展思路

2. 人文引领，三重驱动力转型

（1）产业动力转型：从传统动力到创新动力。

众创并不是一个新的产业类型，而是一种精神，追求的是创新精神对传统产业的渗透和改造。对于传统商业街区而言，困境的根源在于传统商业未能与时俱进，而不在于商业本身。

荷花池众创街区产业动力的转型是在历史形成的商贸产业基础上，通过众创来实施"产业链改造"。一是突破街区在商品售卖环节的局限，通过商业产业链上下游的延伸，以众创推动商业模式的更新，将街区商业发展的重心向产业链的高价值端转移；二是突破街区商业服务层次的局限，通过商业产业链的横向拓宽，以众创加速产业层次的提升，将街区商业服务的内容向产业链的供给侧拓展。

（2）空间载体优化：从传统标准载体向创新个性空间重建。

以众创为主线串联各类载体，以众创为灵魂重建载体形态，这是众创时代背景下传统商业街区空间载体转型的基本要求和主导方向。

荷花池众创街区是在创客空间孵化模式的基础上，为创新企业成长和个人创业提供低成本、便利化、全要素的开放式综合服务平台。荷花池众创街区对入驻空间的个人和团队都有较为人性化的设计，通过建筑内外部空间的局部改造和街区整体空间环境的打造，使之适应创新要素、业态、功能入驻的要求。在局部上形成龙头企业带动、聚集特定产业的空间；在整体上形成以点成线、以线带面的街区整体空间新格局。

（3）街区特色设计：从商贸特色向人文特色融合。

众创实质上是不同观点相互碰撞、启发的过程，需要通过开放、半开放的环境和具有特色标识性的景观来激发。

荷花池众创街区注重"符号化"特色设计，大到街区景观体系的特质、广场的空间形态，小到路牌、街头雕塑、坐凳、亲水步道、垃圾箱及售卖亭等，均须成为街区的特色"符号"。通过"符号"设计由"封闭性、从属性、大众化"向"开放化、个性化、人性化"融合。在传统街区特色基础上进行嫁接并挖掘城市新亮点，从而使传统商业街区的特色得到重塑和延续。

■ 二、传承与创新：众创街区打造"众创空间"升级版

（一）众创街区是"众创空间"的升级版

众创空间的核心在于提供全要素、专业化的创业服务，打造开放式的创业

生态系统。

当前的大部分众创空间呈现出空间平台有余、发展平台不足的问题,具体表现为:众创项目零散,未能聚焦核心产业、专业技术平台缺乏、全流程创业服务能力弱、融资难等问题。荷花池众创街区具有空间、产业、资本、服务等优势禀赋,可以弥补大部分众创空间存在的问题,是专业的综合众创平台,是众创空间的升级版,成功挂牌"常州市众创空间活动基地"及"中国众创联盟常州分中心",在"中心城区传统商业+互联网"及"互联网+创新创业服务"上成效明显。

1. 科学系统规划,空间载体有机融合

荷花池众创街区总规划面积约3平方公里,首期核心区约1平方公里。北至沪宁铁路,南至延陵西路,西以大湾浜河—关河—西市河为界,东至化龙巷—北至街,其中:怀德路—通江南路、北大街—健身路两条城市主干道纵贯南北,形成了互联经济、总部经济和楼宇经济的集聚区。建成了一批具有鲜明特色的众创空间和主题园区,具备了专业化研发创新、科技成果转化和产业化条件。建成了好机会众创空间、赛伯乐幼发拉底孵化中心、西横街10号创意产业园及荷花池众创街区服务中心等特色鲜明的众创空间,形成众创总面积约4万平方米,工位数约400个,入驻团队约50个。好机会众创空间成为市级众创空间。

众创街区内建成了一批具有鲜明特色的众创空间和主题园区,产业鲜明的众创点,有机地组成了街区众创系统的面,通过将其市场化、专业化、集成化和网络化,从而实现创新与创业、线上与线下、孵化与投资相结合。这样以众创为主线串联各类载体,以众创为灵魂形成的空间载体形态,极大地提高了众创街区对资源的系统融合能力。

2. 产业优化整合,聚集特色新兴产业

荷花池众创街区具有较好的产业禀赋基础。总部经济、楼宇经济优势凸显。街道基本形成了商贸服务业、外贸业、物业总部、旅游业、互联网产业、金融业六大类产业总部。街道楼宇经济税收占全区楼宇总税收的近40%,税收千万元以上楼宇5幢,中亚大厦、恒远大厦被评为全市十大重点示范楼宇。

众创街区围绕中心城区特色优势及产业转型,以大数据、"互联网+"为特色产业,大力发展分享经济、体验经济和数字经济,加快催生新技术、新产品、新业态和新模式。每年特色产业建设项目投资占比不低于70%,高新技术产业年产值占比超过60%,社区新登记注册的初创企业数、吸纳从业人员数年均增长10%以上。

3. 集聚创新创业人才资源，形成协同创新网络

众创街区大力整合浙大等高等院校、科研院所，好机会、西横街10号互联网+创意特色园区等品牌众创空间，以及赛伯乐、华贸通、江苏赛迪等龙头骨干企业等优质资源要素，形成协同创新网络，扶持常州金店等传统企业互联网化转型升级，培育一批在产业细分领域科技含量高、盈利能力强的专业性企业。大力培育和引进知名专业机构、街区特色产业链上下游企业、平台型互联网企业和引领性创新性项目，集聚国家"千人计划"专家、省"双创人才"、留学归国人员、优秀大学生等创新创业人才。建立"飞地孵化"等灵活方式，合理整合和利用区域外创新资源。

4. 智慧化运营管理，形成创新创业服务生态圈

荷花池街道设立众创社区专业管理和运营机构，以众创街区服务中心，为创新创业者提供贴合产业特点的高水平、专业化、集成式服务。众创街区服务中心采取政府主导、企业主体、市场运作、社会参与的运营模式，通过组建专业的政务服务及市场运作机构管好平台，通过整合资源、共享资源、宣传推广资源用好平台。

众创街区以专业化研发创新、科技成果专业和专业化条件，形成"创业苗圃—孵化器—加速器"全过程孵化链条。依托浙大、钟楼区政府及赛伯乐、坤昀等民间投资机构力量，合作共建众创街区投资发展基金，用于项目投资孵化。引进和集聚科技咨询机构、会计师事务所、律师事务所、知识产权、技术教育等机构，优化创新创业中介服务；探索建立中国众创联盟胡杨学院、太湖学院等优质创业导师队伍的属地服务模式，提供标准化便利化的基础服务和"一对一"个性化服务。搭建创新创业交流平台，组织开展创业大赛、沙龙论坛、资智对接等活动。形成"资本+技术+人才+市场+服务"的多维、立体化创新创业服务生态圈。

（二）四大平台引领创新发展

荷花池众创街区以龙头企业、特色楼宇、主题园区为支撑，着力构建一个信息可以充分交换、人才可以充分汇聚、资本可以充分对接的四大专业型综合众创平台。

1. "传统企业+互联网"的转型升级平台

互联网时代，互联网思维已经成为最根本的商业思维，传统企业通过"+互联网"，最终都有可能成为与互联网融合发展的企业。众创街区的"传

统企业+互联网"的转型升级平台,可以让传统企业的信息诉求与网络时代的技术思维充分碰撞并擦出火花,在破解中心城区传统产业转型升级的困局上闯出一条新路,实现传统街区、创新发展。众创街区引导和帮助辖区企业充分把握先机,可以有效对接和运用互联网技术,重塑企业价值链。街区内的新世纪广场、常州金店等企业,在利用互联网实现线上线下融合发展方面开了好头、做了示范。

2. "互联网+服务"的资源集聚平台

众创街区是"互联网+服务"的资源集聚平台。可以充分发挥这些平台型企业的技术、信息、资本、人才、市场等优势,集聚并有效应用大数据资源,通过"互联网+营销服务+公共服务"等渠道,在更大范围、更广维度上为实体企业互联网化和产业链拓展提供增值服务、增量发展。众创街区集聚了赛伯乐投资、坤昀资本等一批投融资平台,集聚了中国众创联盟、太湖学院、钟楼区众创空间创业导师团等一批导师资源,集聚了江苏赛迪、好机会众创空间、商机旺旺汇等一批成长型众创企业。两年前只有一两家众创空间和10多家互联网企业,现在已经有近10家众创空间和30多家互联网企业。

3. "人才+众创"的交流互动平台

人才是发展第一资源,创客和企业家才是众创街区建设的核心。荷花池众创街区以市场性和实用性原则,形成"人才+众创"的交流互动平台。坚持不以"大小"论英雄,只以"做成"为目标,充分挖掘各类活力元素和智慧元素,加强各种层次的人才引进,并使之都能在街区找到发展机会,助力他们成长。建设创新企业成长俱乐部等活动载体,引入政府、高校、培训机构和社会组织等多方力量,完善配套功能,吸引人才汇聚,让创业创新人才与资本、政策等资源有效对接,切实保障不同人才都有发展。

4. "街区+X"的统筹发展平台

众创街区的总体定位是以众创街区为核心,构建起一个"街区+X"统筹发展的实验田和样板地。积极对接各级组织和各类资源,在组建成立众创党组织、众创商会的基础上,通过"街区+引资引智+商会协会+两新党建+人文历史"等,拓展经济发展、社会治理、党团建设等服务职能,打造中心城区综合性公共服务平台和城市转型发展新引擎,助力建设"人文荷花池",实现众创街区统筹发展。

(三)点线面形成街区创新有机布局

荷花池众创街区围绕"主题楼、创意园、特色街"三大类载体,在核心区形成"六点"、两横三纵"五线"的创新有机布局。

"六点"：西横街10号创意产业园，以江苏赛迪恒业、中吴电商为基础；众创大厦，以程咬金招商众包服务平台为基础；常州好机会众创空间，以众创孵化器、常州好机会瀚客咖啡为基础；赛伯乐常州双创云城，以赛伯乐为基础，打造国内顶尖的双创云城；大庙弄文化创意街区，挖掘历史文化底蕴，打造集文化艺术展示、创意设计、时尚餐饮为一体的文创街区；传统产业互联网化示范区，以新世纪、常州金店等为基础。

两横三纵"五线"：西横街和延陵西路形成两横众创线；邮电路、北大街和化龙巷形成三纵众创线（如图2所示）。

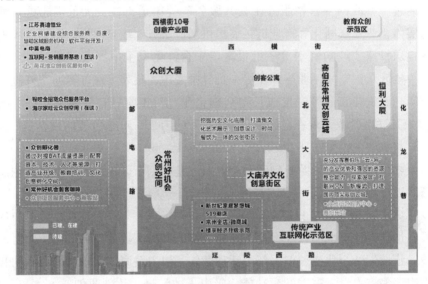

图2 两横三纵"立线"布局

1. 西横街10号互联网+创意园区

西横街10号"互联网+"创意园区定位为中心城区的电子商务创意产业园，集电子商务、企业孵化、综合办公、培训教育、文化艺术为一体的综合园区，意在推动城区业态转型升级，促进经济持续稳定发展，服务范围辐射整个常州市区及周边区域。

2. 赛伯乐双创云城

赛伯乐常州双创云城是致力于建设以"大数据+人工智能"为核心、服务于新兴产业引入和落地的专业化双创运营平台。项目将通过"科技+资本+国际化"的项目运作模式，整合中心城区人流、物流、信息流等资源集聚优势，构建云计算和大数据平台，推进城市高科技双创产业发展，推动智能制造、智慧城市、医疗健康等新兴产业的转型升级,全力打造"创新创业服务先导""先进科技体验领航""智慧健康文化倡导"的现代都市核心区。

3. 常州好机会众创空间

常州好机会众创空间秉承"服务与制造融合、创新与技术融合、科技与人才融合"的精神,自创"技术+运营+金融"的 TOF 发展模式,以招商、孵化、加速"互联网+"创新创业企业为途径,集中打造中心城区"互联网+教育""互联网+文创"以及"互联网+传统转型"的孵化器。该空间被评为 2016 年度常州市市级众创空间。

5. 新闻大厦萤火虫 E+主题楼宇

新闻大厦萤火虫 E+主题楼宇由常州萤火虫众创空间有限公司负责管理和运营服务。入驻了同程旅游、大众点评、美团网、美菜网、58 同城等在互联网商业领域有一定标杆地位的品牌企业,正着力打造利用互联网、电子商务促进中心城区楼宇经济转型升级的 E+众创空间。

三、蜕变与发展:借力、聚力和发力,增创街区新优势

荷花池众创街区现已初具规模,进一步蜕变发展,还需从借力、聚力和发力三个方面加强。

(一)多方协调探索合作,借力发展

众创街区不仅是荷花池的众创街区,也是钟楼区的众创街区,还是常州市的众创街区。当前,许多市区各部委办局都有支持众创的职能和基金,荷花池街道可以与相关部委办局探索合作渠道,共建众创街区,一方面可以获得资金的支持,另一方面可以获得政策支持。比如与团市(区)委、科技局、民政局、商务局等单位共建众创街区。

(二)加强管理与服务,聚力提升

第一,健全和完善创业服务平台和政策。逐步完善众创公寓、交通设施、教育医疗、文体娱乐、商贸商务等综合创业服务平台,实现公共无线网络和数字化管理全覆盖,配套服务设施能够较好满足创新创业者生产生活需求。出台覆盖众创社区创新创业全流程的扶持政策,如科技政策、人才政策、平台政策、产业政策、创投政策等,树立一批创新创业典型。建设智慧化管理服务平台,集社区数据统计、信息发布、政务服务、运营管理等功能于一体,实现众创社区服务体系的有效监管,实现创新活力竞相迸发,创业才智充分涌流。

第二,放宽引进人才限制条件,帮助众创空间留住高端人才。针对众创空间需要的部分高端人才和技术型人才不适用现有的人才引进政策,政府部门可考虑设置专门针对众创空间的人才引进扶持政策,适当放开引进人才的年龄、学历限制,让众创空间真正需要的高端人才能够切实享受优惠政策,帮助众创空间留住人才。

(三)创优环境,让众创可持续发力

第一,提升众创空间软实力。众创空间作为新型创新创业服务平台,相对于传统的产业孵化器而言,为创业团队提供场地、创业辅导、投资人对接、注册事务代办、技术支持等多种配套服务,需要完善创业经验的导师以及专业的投资人团队。建立和完善创业辅导体系、创业导师资格、投资人对接能力、注册事务代办能力、技术支持能力等软实力,引导众创空间切实提升创业服务能力,为创业人员提供更便捷、更专业、成本更低的创业服务。

第二,推进众创空间盈利模式市场化。尽管众创空间具有部分公益属性,但本质是商业运作平台,必须有市场化的盈利模式来支撑其发展壮大。一是探索符合条件的银行业金融机构在依法合规、风险可控前提下,与创业投资、股权投资机构等实现投贷联动,引入符合众创街区发展特点的创业投资、银行信贷、私募债券、融资路演等专业化金融服务。二是鼓励运营主体以自有场地进行众创空间建设并设立股权投资基金,进一步强化项目孵化服务,在减少短期资金压力的同时通过长期股权收益实现盈利。三是引导办公场地的提供方以股权的形式投入众创空间的管理中,从而降低众创空间物业成本。四是推动众创空间兼并重组,加快形成品牌辐射和规模效应,并鼓励传统孵化器将众创空间作为孵化链条的重要组成部分进行整合。

参考文献:

[1] 刘巍伟. 中国创客运动发展的现状、问题与对策 [J]. 浙江社会科学, 2017 (8).

[2] 贾天明, 雷良海, 王茂南. 众创空间生态系统:内涵、特点、结构及运行机制 [J]. 科技管理研究, 2017 (11).

[3] 郝君超, 张瑜. 国内外众创空间现状及模式分析 [J]. 科技管理研究, 2016 (18).

[4] 王国华. 互联网时代"众创空间"构建的理念与方法 [J]. 北京联合大学学报, 2016 (2).

互联网会展经济发展的区域效应研究
——基于乌镇会展经济发展的调查研究

中共桐乡市委党校　许　威

世界互联网大会在乌镇的高规格召开，带动了乌镇住宿、餐饮、商业等相关产业的蓬勃发展，乌镇会展经济规模初具，而要实现打造"东方达沃斯"的目标，乌镇必须大力发展会展经济。此外，会展经济作为一种无烟经济，有着"城市面包"和"触摸世界的窗口"的美誉，能够拉动经济、引领文化、塑造城市形象。因此，以乌镇为研究对象探讨会展经济发展的内在机理以及对县域经济发展的带动效应能够为会展经济与区域经济的协同发展研究提供借鉴，为城市经济的健康可持续发展积累经验。

一、文献综述

国内对会展经济的研究始于20世纪80年代，而会展经济的研究受到普遍关注则是在21世纪初。会展经济是市场经济的产物，是一国或某一地区服务业趋于高端化后所产生的一种综合带动性很强的经济形态。当前学界对会展经济研究的关注点主要有以下几个方面。

（一）会展经济的特征

会展经济是依靠会议或者是展览而带来直接或者间接的经济效应以及社会效应的，因此会展经济是一种绿色经济、无烟经济，能够给地方带来巨大的经济效益。会展经济作为市场经济的产物，会随着市场经济的活跃而愈加繁荣，同时会展经济的发展需要政府进行管理和调控，在会展经济发展的初期往往需要将政府放在主导地位。大型会展能够在短时间内汇聚大量人流物流和国内外关注度。此外，会展产业是关联性很强的产业，叶莉以湖南的会展业为研究对象的研究表明会展业与地方的产业基础之间存在互动关系，黄斌的研究亦表明会展经济与城市品牌的塑造之间存在联动效应。

(二) 会展经济发展的影响因素

林蔓以浙江省为例对城市会展经济的发展进行了相关研究,研究结果表明影响城市会展业发展能力的因素包括区域经济环境、地理区位条件、城市基础建设、会展业内部因素。而欧阳宇飞、李晓宇的研究则表明对会展业的经营管理策略与营销方式会在一定程度上影响会展经济的发展。王瑞君以上海市为例,对我国会展业存在的问题进行了分析,认为政府部门多头管理、行业协会组织匮乏、企业诚信度低和人才缺乏是制约会展经济发展的因素。

(三) 会展经济发展的趋势

陈锋仪的研究表明,中国的会展业自2007年以来以年均增幅20%的速度高速发展,会展专业化和规模化趋势明显,会展经济的发展得到进一步的提升,并在国内较发达地区逐步形成会展产业带。随着互联网技术的普及,国内有不少学者开始关注互联网技术下的会展经济发展,认为以"互联网+"会展的智慧会展将成为会展经济发展的必然趋势,而物联网、移动互联网和大数据相关技术的引入将促进会展经济转型升级,加快会展产业链融合,最终实现会展的智慧化。

总体而言,政府、学术界、产业界越来越清楚地认识到,会展经济对区域经济的发展具有强大的拉动作用和扩散效应。但多数研究以简要叙述为主,深入研究的较少,不少研究只是从理论层面对会展经济进行分析探讨,缺乏对会展经济发展内在机理的探讨,导致相关的对策建议研究不接地气与缺乏可操作性,而且针对性地对乌镇互联网大会这样的会展经济的实证研究相对匮乏,值得进一步深入研究。

■ 二、会展经济的带动效应解析——基于乌镇互联网大会的考察

(一) 会展经济的直接经济效应

会展经济作为区域经济的一种形式,其本身就具有较强的经济效益。会展的举办与进行能够为地方引入较高的消费和投资收入。以世界互联网大会为例,其在乌镇的成功召开直接拉动了乌镇旅游收入,2016年乌镇旅游游客接待量和旅游收入分别是五年前的1.8倍和2.3倍[注]。随着三届世界互联网大

注:数据来自盛勇军同志在中国共产党桐乡市第十四次代表大会上的讲话。

会的成功举办，昔日的旅游胜地乌镇得到了越来越多的关注，也为乌镇带来了更多会务、广告、旅游、交通、住宿、餐饮等方面的巨额消费收入，同时盘活了乌镇当地的传统手工业市场。在为地方带来消费收入的同时，会展业亦带动了地方投资收入。自首届世界互联网大会以来，神州量子通讯、腾讯众创空间、浙报传媒大数据交易中心、大数据产业园等140多个颇具发展潜力的互联网项目先后落户桐乡，"阿里巴巴桐乡产业带"也正式上线。会展投资的高回报性也带动社会投资转移到会展产业上来，使得众多企业利用会展较强的展示性把项目落户到地方。

（二）会展经济对城市产业转型升级的带动作用

会展经济作为一种无烟经济，其关联效应和扩散效应能够带动区域产业的转型升级和结构优化。一方面，会展经济的发展能够带动区域优势、先进产业的发展，这是因为会展业能够为区域优势产业提供更好的平台与展示窗口，刺激地方对相关优势产业的培育，提供更好的环境，如义乌的小商品博览会、驻马店市的农产品东西合作洽谈会等都与区域优势产业紧密结合，在会展上的交流与合作也更好地带动了区域优势产业的发展。另一方面，会展经济能够带动区域产业的转型升级和结构优化。亦以乌镇世界互联网大会为例，会展业和旅游业的发展使乌镇由传统的农桑种植、养殖业转向了服务业，产业结构得到了优化和提升，随之而来的互联网经济的发展推动了乌镇创业小镇的建设，推动了互联网金融等先进产业的发展，促进了地方产业结构的优化，使地方产业的产业结构向着更合理的方向发展，为地方经济发展提供了增长极。

（三）会展经济与城市品牌的联动效应

会展产业是一个关联性极强的朝阳产业，在带动区域消费经济和投资的同时也间接联动地优化了城市环境，改善了城市基础设施，对塑造和提升城市品牌具有极强的正向作用。乌镇成为世界互联网大会永久举办地以来，以"互联网+"为主题的会展经济正以前所未有的力量影响着乌镇的发展轨迹。桐乡市政府确立了"一业一网"的城市发展举措，不断深化环境整治，对乌镇进行全镇域、全方位、全空间的软硬件改造提升，大力开展"三改一拆""五水共治"、修建乌镇大道等城市基础设施建设，同时强化网络支持加快推进无线城市项目建设，以更好地为世界互联网大会服务。互联网会展经济的发展对桐乡的城市建设提出了更高的要求，同时亦造就了桐乡城市品牌的塑造，为城市发展确立了方向，提供了路径。桐乡得缘于乌镇世界互联网大会而知名度大升,同时在未来的城市发展中,桐乡将打造"网络智慧强市"作为长期发展战略,亦是对发展会展经济的一个长期规划。

三、乌镇互联网会展经济发展的区域效应及制约因素分析

(一) 乌镇互联网会展经济发展的区域效应

1. 互联网大会会展经济逐渐成为桐乡新的经济增长点

自乌镇成为世界互联网大会永久举办地之后,世界互联网大会的溢出效应就持续释放。乌镇、桐乡的会务经济、互联网经济、旅游经济、"人气经济"都得到了一定程度发展,使乌镇的发展"更上层楼"。首先在对乌镇、桐乡的消费带动方面,2016 年桐乡市各旅游景点全年共接待国内外游客 1 897.36 万人次,比上年增长 7.5%[注],实现旅游总收入 203.25 亿元,比上年增长 10.3%。旅游经济的持续向好除景区自身的吸引力外,因世界互联网大会所带来的影响不容小觑。此外世界互联网大会的落户使得乌镇成为众多国际(如中法文化遗产保护论坛、麦肯锡年会、IBM 全球总裁高峰论坛等)、国内会议选择的会址,目前乌镇西栅景区年接待各类会议近 2 000 个。同时乌镇名气的提升,也盘活了乌镇这座古镇的"土"特产经济,吸纳了大量的相关从业人员。

其次在对乌镇、桐乡的投资带动方面,得益于世界互联网大会,乌镇互联网医院、浙江大数据交易中心等 130 多个项目落户桐乡,省级互联网创新发展试验区、大数据高新技术产业园成功获批,仅 2016 年的国际经贸洽谈会在开幕式上,就有 116 个项目集中签约,一大批智造项目落户桐乡。目前,桐乡市共有互联网相关各类企业近 560 家,涉及信息服务、软件开发、文化传播、电子信息等方面,信息产业结构正不断优化,逐步向宽带移动通信终端设备、汽车电子、特种扬声器和专业音响器材等高端信息产业方向发展。世界互联网大会的永久落户,使乌镇成为互联网及先进智造企业的展示平台和窗口,带动互联网及相关企业投资落户桐乡。

2. 互联网会展经济推动桐乡产业结构优化升级步伐

传统特色产业一直是桐乡经济的支柱,就桐乡的工业经济结构来看,全市规模以上企业中,70% 是从事毛衫、皮草、皮鞋等传统特色产业,规模以上工

注:数据引自桐乡市统计局 2016 年桐乡市国民经济和社会发展统计公报。

业产值70%也来自传统特色产业[注]。因此，如何推动桐乡产业机构优化、升级一直是桐乡经济发展的难题。而世界互联网大会永久落户乌镇为桐乡产业转型升级创造了机遇，提供了条件。一方面，世界互联网大会的召开为桐乡带来了大量投资，促进了互联网经济发展，众多先进智造业项目落户桐乡（如神州量子通讯、腾讯众创空间、浙报传媒大数据交易中心、大数据产业园等140多个颇具发展潜力的互联网项目先后落户桐乡），仅在2016年的桐乡国际经贸洽谈会上就获得境外投资9.2亿美元，内资及基金等项目近300亿元。优越的区位条件，因世界互联网大会带来的产业集聚效应，是投资落户桐乡的主要原因。

另一方面，互联相关产业项目的引入，推动了互联网与二、三产的融合与创新，使桐乡毛衫、皮革、皮鞋、皮草、化纤等传统产业走上了与互联网融合发展的路径，促进毛衫、服饰、皮草、皮鞋、化纤、纺织等传统产业转型升级，同时加快了桐乡旅游业及现代服务业发展。2016年桐乡传统产业通过省级电子商务示范县创建评审，濮院羊毛衫跨境电商产业园成功入围省级试点园区，还被列为毛衫、皮革、蚕丝产业集群发展跨境电商的试点县市，桐乡电子商务蓬勃发展。同时，根据"一核一带多点"的产业布局，搭建互联网产业承载平台，高桥科创园智慧产业社区、开发区乌镇互联网产业园、乌镇核心区乌镇街等相继投入运行。桐乡会展经济的发展正在带动桐乡产业结构的转型升级，"一业一网"的发展战略正在使桐乡的产业机构逐步优化，当前桐乡三产的比重比之五年前已提升了近10个百分点。

3. 乌镇互联网会展经济推动了桐乡城市品牌塑造

城市品牌是城市消费者对城市独特个性的综合印象和心理感知，城市特有优势的体现。城市品牌的塑造与推广能够有效利用会展活动（产业）这一媒介，同时会展经济的联动与扩散效应亦能够促进城市品牌的建设。世界互联网大会落户桐乡以后，会展经济的溢出效应持续释放，习近平总书记亦殷切嘱托要"建设好乌镇，发展好桐乡"。桐乡市积极顺应会展经济发展的机遇，确立了"一业一网"的发展战略，明确了"网络智慧强市"的城市品牌建设定位。乌镇会展经济的发展给桐乡市带来了知名度和美誉度，拉动了桐乡经济发展，推动了桐乡城市品牌建设。

首先，政府在相关政策上支持互联网大会会展经济发展，并以此来树立城

注：数据引自2017年桐乡市人民政府工作报告。

市自身形象。桐乡市相继出台《桐乡市智慧城市发展规划》《关于促进互联网经济加快发展的意见》等支持互联网经济、会展经济发展的专项政策,并依托于世界互联网大会的溢出效应,明确建设智慧乌镇、网络智慧城市的发展战略规划。其次,会展经济发展促进了城市相关配套设施的建设。乌镇因世界互联网大会落户而致力于打造"东方达沃斯",政府亦顺势大力发展会展经济,而与之相应的是桐乡正努力改善自身软、硬环境,不断深化环境整治,强化网络支持,提升城市人文素养。目前,桐乡高铁站至乌镇的乌镇大道建成通车;桐乡"三网融合""光网成市""无线城市"等网络基础设施建设项目在逐步推进,网络信息基础设施全省领先;绿化造林4.8万亩,林木覆盖率从20%提高到25%等,城市软、硬环境的提升显示了乌镇会展经济发展对城市建设的促进作用。再次,乌镇互联网会展经济的发展促使政府更加注重培育互联网会展经济为主题的相关产业和项目。自世界互联网大会以来,桐乡市努力搭建互联网产业承载平台,专门组建互联网相关项目招商组,加大招商力度,全面推动"互联网+"行动计划,鼓励引导现有企业的互联网化转型,鼓励企业"机器换人"、设备投资和"两化"融合,优化了城市产业结构,改善了城市形象,推动了城市品质建设。

(二)乌镇互联网会展经济发展的制约因素分析

1. 缺乏规模效应,品牌效应不明显

从会展经济的国际运行来看,会展产业是一个规模经济效应明显的产业,只有会展产业在区域内形成一定的规模之后,其经济效应才能够较好地显现。但就目前乌镇互联网会展产业的发展来看,其规模效应尚未建立。每届互联网大会的重要影响只在开会期间的三天较为明显。虽然桐乡市正力争举办各类互联网相关会议和论坛,主办互联网创新创业大赛等会议和赛事,但其带来的经济效应受其规模影响仍有较大的提升空间。此外,产业的品牌效应上,乌镇互联网会展产业的品牌效应尚未形成。乌镇作为全国乃至世界知名旅游景点被世人所知已是无可非议,但就乌镇互联网产业而言,其闻名度则要借助于乌镇的旅游业发展,世界互联网大会影响的持续效应的缺乏一定程度上是其品牌效应的缺失,乌镇互联网会展经济发展今后需重视增量引进,加大招商力度,使更多的互联网相关项目落户乌镇,提升互联网会展产业的规模,塑造互联网会展产业品牌。

2. 会展产业及互联网产业基础薄弱

就桐乡而言,毛衫、皮草、皮鞋等传统特色产业一直是桐乡经济的支柱。自世界互联网大会落户乌镇以来,虽然桐乡的互联网经济、会展产业发展取得了一定进步,但自身产业基础的孱弱导致相关资源的不足与匮乏,会展产业及互联产业基础设施建设不足,人力资源、前期资金投入不足等因素一定程度上制约了互联网会展经济的发展。政府相关政策的倾斜与支持,城市软、硬环境的建设与提升将是促进互联网会展经济发展的前提与基础。

3. 互联网会展产业受周边大城市"虹吸效应"明显

桐乡的地理区域特点使得乌镇会展经济的发展必然受到上海、杭州等大城市"虹吸效应"的影响。相较于上海、杭州,桐乡发展互联网会展产业的基础设施建设、相关的平台建设、智慧项目建设等方面都相对薄弱,虽然桐乡已在采取多项措施不断加强对互联网会展产业项目的招商力度,但软硬条件的不足使得桐乡的互联网会展产业受上海、杭州"虹吸效应"影响较大。世界互联网大会在乌镇的落户使乌镇成为互联网信息产业创新的一个"窗口",相关互联网信息产业项目目前也只是把乌镇作为一个展示窗口,在产业项目的落地上,相关企业更乐于选择综合条件更好的上海、杭州。在人力资源方面,桐乡自身本已薄弱,同时又因桐乡的地理区位使得互联网会展相关产业人才难引进,却易流失。

4. 互联网会展产业人才匮乏,尚未建立合理的人才培养机制

互联网会展产业对于桐乡而言是新兴产业,其产业基础相对薄弱,相关专业人才亦相对匮乏,人才的培养机制尚未建立。目前桐乡的互联网会展产业的人才主要以引进为主,在积极推进乌镇街、平安创客小镇等众创空间、开发区乌镇互联网产业园、高桥科创园智慧产业社区等主平台建设的基础上,筑巢引凤。但是桐乡的地理区域及软硬条件限制,导致互联网及会展产业人才引进难,而流失又比较严重,上海、杭州对桐乡的虹吸效应在人才引留方面表现得较为突出。未来针对人才匮乏的情况,桐乡要创设好大平台,为互联网会展产业的相关企业落户创造好条件,同时要积极完善相关人才的培养及引留机制,要让人才引得进,留得住。

四、进一步推动互联网会展经济发展的对策建议

(一)提升互联网会展经济的品牌效应和专业化程度

经济全球化背景下,品牌化和专业化已经成为市场竞争的焦点,会展产业

的发展已不能完全靠数量规模来获取效益，塑造产业的品牌效应，追求精品和质量才是互联网会展产业该有的发展方向。乌镇互联网会展经济要依托乌镇互联网创新发展试验区、乌镇互联网特色小镇建设，着重引进发展高精尖互联网产业项目，不断提升互联网会展产业的质量和专业化程度，使会展产业在人才的组织配置、会展活动的组织以及会展活动项目本身专业化、系统化、精品化。会展产业专业化的提升将为会展产业的品牌塑造奠定良好的基础和条件。就乌镇互联网会展产业而言，要利用互联网大会的溢出效应，扩大互联网会展产业的规模，但同时要为互联网会展产业发展明确主题，走精品化路线，如以目前的智慧应用项目为主题塑造品牌，做出特色。鉴于乌镇互联网大会的自身特色，政府应出台相关政策，完善机制，如大力引进和培育互联网会展产业专业人才等来支持和促进互联网会展产业向品牌化和专业化方向发展。

（二）重视增量引进，加大互联网会展产业招商招才力度，夯实互联网会展产业基础

互联网和会展产业基础的薄弱在一定程度上限制了乌镇互联网会展经济的发展和壮大。针对此种现状，应努力补足短板，进一步提升城市网络基础设施建设水平，加大平台建设。在打造网络智慧强市的发展战略下推进城市智慧应用项目建设，提升城市的整体智慧化建设水平和服务互联网会展产业的能力。围绕"一核一带多点"的空间布局，突出乌镇核心区和高桥科创园、开发区两个重要节点，积极推进乌镇街、平安创客小镇等众创空间、开发区乌镇互联网产业园、高桥科创园智慧产业社区等主平台建设，为互联网企业入驻创造好基础条件。积极推进乌镇"互联网小镇"等特色小镇建设，为互联网会展产业集聚打牢基础。同时应重视对互联网会展产业的增量引进，出台相关招商政策，完善招商管理办法，可选择在重点城市、重点区域开展互联网产业主题招商，通过路演推介等多种方式，招人才、招项目、招平台，在互联网项目引进上量质并举。

（三）积极为互联网会展产业发展营造良好的发展环境和氛围

一是积极向上争取并修订完善内部政策。争取上级政策支持，争取国家和省级层面的互联网领域的相关示范试点建设；修订完善桐乡互联网会展产业发展政策，使现有政策更加符合桐乡互联网会展经济发展的实际，更加满足互联网产业发展的需求，支持互联网企业发展。二是加强企业服务工作。随着互联网类项目落户的逐渐增多，后续企业服务工作面广量大，做好落户企业的服务

工作关系到后续招商和互联网会展产业的可持续发展。三是要加强宣传和氛围营造。加大对互联网产业发展环境以及互联网创新创业、传统产业互联网化转型等示范典型的宣传力度，开展规模以上企业互联网专题培训覆盖。四是积极引进和举办各类互联网相关论坛等活动。协办好世界移动互联网大会、全球互联网医疗大会、全国创新创业大赛、互联网和移动互联网行业总决赛、中国车联网大会等活动，变3天的大会为365天不落幕的互联网大会。

（四）促进互联网会展经济与城市经济协同发展

作为一种经济形式，互联网会展经济并不是孤立的，它的发展与区域经济的发展是密不可分的。一方面互联网会展经济是区域经济的一种形态，区域经济的发展状态直接关系到互联网会展经济的发展和壮大，是会展经济取得良好发展的前提与基础。另一方面互联网会展经济发展的带动和扩散效应能够促进区域经济的发展。因此，发展互联网会展经济一定要将其放入地方经济发展的大环境中去考虑，处理好局部和整体的关系，统筹互联网会展经济与城市经济协调可持续发展。乌镇互联网会展经济的发展就要充分考虑到桐乡经济发展的大环境，结合桐乡大力发展旅游经济和传统产业基础雄厚的现状，乌镇互联网会展经济要充分考虑与旅游经济的融合发展，增强二者的联动效应，以促进协同发展。同时，互联网会展经济的发展要从当前的点状发展逐渐发展过渡到带状、片状发展，带动桐乡传统产业的升级，如充分借助互联网会展经济的带动效应促进濮院毛衫时尚产业向国际化、品质化发展。唯有互联网会展经济与城市经济协同发展，方是乌镇互联网会展经济的可持续发展之道。

参考文献：

［1］张翠娟. 会展产业对区域经济发展的影响研究［J］. 学术交流，2014（5）.

［2］曲宏坤，徐遥君. 大型会展对于区域经济发展的战略分析［J］. 区域经济，2013（10）.

［3］黄珍珍. 国内外会展经济研究综述［J］. 河北企业，2015（12）.

［4］武文赟，邰佳桦. 会展经济的发展和城市竞争力的提升［J］. 特区经济，2014（5）.

［5］魏晓莉. 会展经济：转型城市新的发展助推器——对大同市会展业发展状况和绩效的思考［J］. 沧桑，2013（3）.

［6］曾捷. 互联网经济与传统产业的融合与互动［J］. 管理观察，2015（22）.

［7］何军. 互联网化助力产业转型升级［J］. 信息化建议，2015（1）.

［8］王鹏，陈莎. 政策红利释放，乌镇进入创业快车道［N］. 新京报，2016–11–10.

[9] 黄彬. 会展经济与城市品牌联动效应研究[J]. 现代城市, 2011 (1).
[10] 蝶变桐乡引来一群"金凤凰", 从制造到智造116个项目昨天集中签约落户[N]. 嘉兴在线新闻网, 2016-9-25.
[11] 周玥. 桐乡互联网产业迎来"黄金时代"[J]. 钱江晚报, 2016-11-17.
[12] 曾武佳. 现代会展与区域经济发展[M]. 成都: 四川大学出版社, 2008.

社会篇

沿海较发达地区流动人口基本公共服务均等化研究

——以嘉兴为例

中共嘉兴市委党校 余 剑

新型城镇化的核心在于不以牺牲农业和粮食、生态和环境为代价，着眼农民，涵盖农村，实现城乡基础设施一体化和公共服务均等化，促进经济社会发展，实现共同富裕。随着政府着眼于共享城镇化成果力度的不断加大，人口流动性也随之增大，大量的流动人口推动了我国城市化水平的不断提高，加快了地区经济的发展和城乡要素流动，但由于受传统户籍、社保等制度制约，在发展过程中缺乏涵盖流动人口基本公共服务的统一规划，造成流动人口特别是农村流入城市的人口融入困难，带来了一些社会问题，为城市治理提出了一系列新的挑战。沿海地区的嘉兴市作为全国统筹城乡发展示范区，研究如何将基本公共服务涵盖到为本地经济社会发展做出重大贡献的流动人口层面，对促进沿海城市新型城市化有序、高效的推进具有重要意义。

■ 一、问题的提出

流动人口进入流入地后面临的首要问题之一是适应、融入问题。社会融入是个体之间、群体之间、文化之间互相接触、相互竞争、相互冲突、互相适应的过程。在进入流入地伊始，初来乍到的流动人口（尤其是农村户籍流动人口）在一个陌生环境中，原有的社会资本大多失去，经济资本相对贫乏，人力资本比较低下，且其语言文化、价值观念、生活习惯、言行举止等方面均与流入地社会存在明显差异。再加上流入地社会的制度障碍或主观歧视，他们中的绝大多数人都会经历一个隔离（segregation）的过程，需要经过较长时间才能逐步融入流入地主流社会。经验表明，由于流动人口本身的特点和流入地方方面面的制约，只有少数第一代流动人口能够融入流入地主流社会；绝大部分人将沦为弱势群体，被边缘化，产生无所归依的心理，感到困扰、不安、矛盾、愤怒、忧伤或退缩、思乡。边缘化现象也就是隔离现象，它既阻碍着流动人口的社会融入，又暗示着他们缺乏融入的机会。

流动人口进入城市后如何融入城市社会生活，国家、流入地政府和公民社会如何帮助有融入意愿的外来人顺利地融入流入地社会，不仅是社会学家一直关注的经典学术命题，也是相关政府部门极为重视的现实问题。国内外的研究表明，融入的内涵是复杂的，涵盖多个维度，覆盖客观和主观指标；融入的概念是相对的，有融入就会有排斥，而没有排斥也不意味着就能融入；融入的过程是漫长的，往往需要两三代人才能实现；融入的途径是复杂的、多向的、互动的，既要自己愿意融入，也要他人接纳自己，事关流动的主体和流入地的主体，也涉及融入的客体，是利益攸关方互动的结果；融入的影响是多要素的，是制度性、结构性等宏观要素，个体自身发展能力、流入地居民的包容接纳等微观要素综合作用的结果。

流动人口在流入地的融入意愿、过程和结果折射出他们的生存环境，昭示着在社会转型过程中不同人群能否享受公正待遇，体现了国家和地区以人为本的管理服务理念是否落实到位。因此，社会融合不仅是单纯的个人问题或人口问题，更是复杂的群体现象和综合性的社会问题；不仅牵涉个体和群体之间的利益关系，更反映出社会资源配置的规则和秩序；不仅关涉流动者自身的发展能力，更透视出流入地的经济结构及方方面面的公共政策、宏观制度；不仅关系到流动人口本身的融入意愿和努力行为，更事关流入地居民的态度和行为。而目前学术和政策研究主要探讨流动人口的总量、结构、个体特征，他们从何处来、往何处去，他们的流动对流出地和流入地的人口、经济、社会结构的影响等宏观问题。较少的关注流动人口的社会融入意愿和流入地的基本公共服务的享有，使流动人口的认同度不高，影响到社会的整合，因此研究如何使基本公共服务均等化，让每一个居住在当地的人都能公平、公开、公正地享受到基本公共服务显得具有非常重要的意义。

二、国内外流动人口理论研究

国外关于人口流动理论的研究主要有两大类：一类是从社会学、人口学的角度研究人口流动本身所具有的规律、人口流动的模式、人口流动的特点、人口流动的影响因素等；另一类是从经济学的角度研究人口流动和经济发展的关系。

从社会学的角度进行的研究,如莱文斯坦(E. G. Ravenstein)的人口迁移规律、李(E. S. Lee)的人口迁移理论、沃尔波特的人口迁移决策理论、马波昆杰的人口流动系统理论、泽林斯基的人口流动五阶段论等。这些理论在人口流动研究方面都有较大的影响,但放之于中国则不一定都有效,也不一定都正确。从经济学的角度刘易斯在《劳动力无限供给条件下的经济发展》中提出了他的人口流动模式。刘易斯的二元经济理论认为,工业部门工资水平高于农业劳动者收入水平是促使农业剩余劳动力向工业部门流动的动因。托达罗提出了著名的"托达罗人口流动模型",认为城乡预期收益的差异是决定人口流动决策的关键变量,而影响城乡预期收益的主要因素是现代部门的工资水平和就业概率。

在国内,系统完整的人口流动理论,尚不多见,就人们研究问题所涉及的范围而言,归结起来,主要有以下几个方面:人口流动与城市化的关系,人口流动与社会经济发展的关系,人口流动与人口发展战略,人口流动调控与管理,以及引起我国人口流动的原因、人口流动对流出地和流入地的影响、人口流动的影响因素、人口流动的特点和趋势、影响人口流动的推—拉因素等。所有研究概括起来有两个共同特点:一是将关注的焦点放在城市,也就是放在了人口的流入地,虽然各类研究中也都涉及农村(即流出地),但远不如人们对城市关注的热情高;二是以一个省或者自治区为研究对象的很少。

人们在研究人口流动与社会经济发展的关系时,或者进行一般的数量描述,或者通过计量模型对人口流动的影响因素及影响程度进行分因素的定量分析。但是,决定人口流动方向和规模的不是少数几个因素,更加不是单个因素,而是所有因素共同影响。因此,研究地区间人口流动的方向,应该和各地区社会经济发展的总体水平结合起来,寻找二者之间的"结合点",以便为社会管理决策提供服务。

综上所述,作者认为,国内外的研究还有以下几个方面的局限尤其值得关注。

其一,理论与数据相脱节。在现存研究中,虽然有些尝试在理论的指导下进行数据分析,也有些尝试利用数据的分析结果来验证理论,但为数不多;相反,多数研究的理论和数据往往是脱节的:要么是纯粹的理论性论述,要么是纯粹的数据描述,要么是虽有理论和数据,但二者未能有机地整合在一起。因此，我们对流动人口的关注一直停留在现在有多少人，未来还会有多少人；他们主要来自哪里，又去了哪里；他们都是哪样的人，在干什么，带来了怎样的宏观影响；等等。理论不清和概念不明一方面影响了我们对流动人口社会融入现状、特点、后果及原因的认识，使我们在相关的社会调查实践中缺乏统一的理论指导；另一方面也不利于相关政策的制定和落实。如果说在早期研究中，必须重点摸清流动人口的总量及变动趋势、特征要素、宏观后果等问题，那么，在对这些问题有了相对准确的把握后，加强对包括融入在内、强调理论与数据有机结合的科学研究势在必行。只有这样，才能更好地服务于流动人口的民生需求。

其二，相对视角的缺失。经济融入是与本地市民相对应的一个概念，故只有与本地市民进行比较，才能准确把握其融入水平与特点。但是，除了极少数文献外，目前的绝大多数研究只是考察流动人口的绝对状况。这样不仅存在方法问题，而且将忽视流动人口与本地市民之间的差异：流动人口的绝对经济状况可能不尽如人意，但若本地市民的相应情况同样不佳，则其相对融入水平可能较高；反之，流动人口在拥有较好的绝对经济状况的同时，未必拥有相匹配的相对水准。前一种情形可能夸大流动人口与本地市民的差异，低估其融入水平；后一种情况则可能缩小他们之间的差异，夸大流动人口的融入水平。因此，虽然把握流动人口的绝对经济社会地位可考量流动人口的生存发展现况，但融入研究还必须比较流动人口相对于本地市民的经济社会状况。

同时，上述不足也阻碍了我们对流动人口融入不足潜在后果的深入了解和全面把握，使某些政府官员、学者、民众对该问题的严重性认识不清，使政府决策部门在制定相关政策时缺乏必要的科学理论和实证依据，从而不能及时采取必要和可行的措施促进流动人口在流入地的社会融入过程、步伐，不利于甚至可能阻碍流动人口福利的改善。大量的流动人口对社会的各组织、各单元，对政府部门的管理和服务工作都提出了全新的巨大挑战，没有现成的历史经验可资参照，国内也没有公认的理论予以说明和阐释，如何加强和创新社会管理必须在实践中摸索前行。该局面也对学界提出挑战，呼唤学者全方位地对该问题进行深入的理论和实证探讨，这不仅是中国社会现实和未来发展的迫切需要，还将对整个人类做出贡献。该现象还对（流入地）社会提出挑战，呼唤社会各人群以更为包容、接纳的态度和行为对待流动人口，帮助他们更快更好地适应流入地的生产和生活。

三、流动人口基本公共服务普遍存在的问题

大量的流动人口推动了我国城市化水平的不断提高,加快了地区经济的发展和城乡要素流动,但由于目前大部分城市对流动人口问题重视不够,以及受传统户籍、社保等制度制约,在发展过程中缺乏涵盖流动人口公共服务的统一规划,造成流动人口特别是农村流入城市的人口融入困难,带来了一些社会问题,为城市管理提出了一系列新的挑战。

1. 流动人口的治安、住房问题

除少部分学历较高、经济实力较强的流动人口居住在城市中心区外,大部分远离户口所在地的流动人口居住在租金相对低廉的城乡接合部。城乡接合部作为流动人口的聚集地,一方面在推动城市经济发展、提升城市人口集聚功能、加速城市化进程等方面发挥着重要作用;另一方面由于监督机制不健全、居民的法制意识比较薄弱等,各种违法乱纪行为时有发生,对城市文明造成极大破坏。同时,由于治理理念及管理方式滞后,城乡接合部也逐步成为城市化进程中矛盾最为集中的区域,突出表现为刑事案件多发、未成年人及流动人口犯罪问题突出、社会丑恶现象泛滥、"地下经济"滋生。以北京市为例,其城乡接合部及环城乡接合部的发案数曾经占到全市发案总数的七成以上。城乡接合部成了"犯罪人员的安乐窝,社会治安的死角"。

同时,城乡接合部流动人口和户籍人口居住区域相互混杂,居住环境的卫生条件较差,且缺乏良好的卫生设施,流行病一旦爆发,流动人口集聚地区必然成为重灾区。根据北京等地的有关调查显示,流动人口两周患病率高达124.7%,且流动儿童贫血发生率、孕产妇死亡率、职业病发病统计明显高于城市户籍人口。

2. 流动人口的教育培训问题

2017年,我国流动人口中初中以下受教育程度人口有14 816.7万人,占流动人口的比重接近60%。流动人口多为中青年劳动力,其劳动力素质长期难以提高,这一方面不能满足新型工业化发展的需求,致使我国城市制造业技术进步和结构升级步履维艰,产业效率提高缓慢,各城市长期处于低水平重复建设和竞争的状态;另一方面,由于受教育程度不高,决定了这部分流动人口收入水平有限,且在融入城市生活的过程中会遇到种种困难。

3. 人口流动使部分地区出现"未富先老"趋势

将"六普"与"五普"期间各地区人口老龄化状况进行对比可以发现

"五普"时我国人口老龄化地区分布表现为经济发达地区的人口老龄化程度高,经济欠发达地区的人口老龄化程度低。而"六普"数据则显示,这一状况已经发生了改变。"五普"时,65岁及以上人口占总人口的比重排在前5位的均为经济发达省份,分别是上海11.5%、浙江8.9%、江苏8.8%、北京8.4%、天津8.4%。而"六普"时排在前5位的则变为重庆11.7%、四川11.0%、江苏10.9%、辽宁10.3%、安徽10.2%,其中,重庆、四川、安徽都是人口流出大省,除江苏省外,其他"五普"时的4个省市都退出了前5位。

欠发达地区的青壮年劳动力涌入经济发达地区,一方面促进了流入地的经济发展,另一方面也延缓了流入地的人口老龄化进程。如上海市10年间65岁及以上人口占总人口的比重由11.5%下降至10.1%。而欠发达地区由于大量青壮年劳动力的流出,则加剧了其人口老龄化程度,如安徽省10年间65岁及以上人口占总人口的比重由7.6%增加到10.2%,呈现出"未富先老"的趋势。

农民工是改革开放和工业化、城市化进程中涌现的一支新型劳动大军,已成为我国产业工人的重要组成部分,同时也是我国流动人口的主体。长期以来,农民工市民化问题被严重忽视,农民工被排除在城市公共服务的范围之外,这种状况导致城市产业结构升级困难、社会冲突加剧、农村土地规模经营难以推进、农民收入长期难以提高、留守儿童增加等一系列严重的社会问题。现阶段,解决农民工基本公共服务市民化就要积极采取措施把农民工纳入所在城市的公共就业服务体系,全面解决农民工子女的义务教育问题,抓紧建立包括基本医疗保险在内的农民工基本社会保障制度,制定具体措施,把具有一定工作年限、收入稳定的农民工纳入城镇住房保障体系之中。

■ 四、嘉兴样本的分析

嘉兴作为沿海较发达地区,流入本地区的外来人员相对较多,截至2017年占常住人口的46%,如何增强他们的城市认同感,提高他们的工作积极性和工作效率,不论在社会层面,还是经济层面都有潜在的巨大效益。而增强认同感的核心问题在于是否能够公平地享受各类基本公共服务。为此本课题开展了流动人口(因本文研究的流动人口主要为外来务工人员,不包括人才引领计划中的引进人才,故简称为"新居民",下文同)生活状况专项调查,调查对象为户口登记地在嘉兴市外、调查时居住在嘉兴市内、年龄在 16 周岁及以上（1993 年 12 月以前出生）已办理各类居住证的新居民（不包括在校学生）。全市样本总量在 3.5 万份，其中有效样本 31 648 个。

（一）基本情况

1. 新居民就业比例高

31 648 名新居民中，在调查时点上有工作单位或从事个体经营的有 29 216 人，占 92.3%，目前没有工作的有 2 432 人，占 7.7%。

2. 新居民行业分布广，以第二产业为主

被调查的新居民中，从事第一产业的占 0.7%，从事第二产业的占 57.4%，从事第三产业的占 41.9%。在第二产业中，从事工业的为 48.1%，从事建筑业的为 9.3%。在第三产业中，从事商业的为 12.7%，从事住宿餐饮业的为 7.1%，从事居民服务的为 3.2%，从事交通运输、仓储、邮电业的为 2.8%，从事教育、卫生业的为 2.2%（见表1）。

表1 新居民就业人员行业分布

指标	就业人数（人）	构成（%）	指标	就业人数（人）	构成（%）
合计	29 216	100	商业	3 719	12.7
第一产业（农林牧渔业）	213	0.7	住宿餐饮业	2 071	7.1
第二产业	16 764	57.4	金融保险业、房地产业	62	0.2
工业	14 053	48.1	教育、卫生业	145	0.5
建筑业	2 711	9.3	文化、体育和娱乐业	647	2.2
第三产业	12 239	41.9	机关事业、社会团体	33	0.1
交通运输、仓储、邮电业	831	2.8	居民服务业	925	3.2
电信、计算机服务和软件业	259	0.9	其他行业	3 547	12.2

3. 新居民职业呈多样化，以一线操作和服务岗位为主

从新居民的个人工作性质看，企业业主占 0.7%，个体业主占 22.6%，各类专业技术人员占 2.7%，管理人员、办事员占 4.5%，工人占 50.5%，商业服务人员占 7.4%，废旧物品回收占 1.3%，家政人员、家庭保姆占 0.2%，保安、保洁员占 1.3%，运输、搬运、装卸工占 2.7%，农业生产人员占 0.2%，其他占 5.9%（见表2）。

表2　新居民人员的职业构成

	人数	比重（%）		人数	比重（%）
总计	29 214	100	废旧物品回收	388	1.3
企业业主	207	0.7	家政人员、家庭保姆	54	0.2
个体业主	6 600	22.6	保安、保洁员	379	1.3
各类专业技术人员	794	2.7	运输、搬运、装卸工	776	2.7
管理人员、办事员	1 318	4.5	农业生产人员	70	0.2
工人	14 743	50.5	其他	1 715	5.9
商业服务人员	2 170	7.4			

4. 新居民以非公经济就业为主

从新居民工作的单位类型看，机关事业单位社会团体占0.4%；国有、集体企业占2.4%；私营企业占53.3%；港澳台或外商投资企业占5.9%；其他类型企业占3.5%；个体经营户（土地承包者）占34.5%。

5. 新居民收入水平与受教育程度成正比

申报收入的就业新居民平均每月收入为1 808元。初中及以下就业人员月均收入略低于平均水平，为1 752元；高中（职高）就业人员收入高于平均水平，为1 959元；大学本科及以上学历就业人员收入水平较高，超过2 500元。

6. 生活保障明显提高

调查结果显示，新居民参加基本养老保险的人数为4 888人，占15.4%；参加医疗保险的有6 844人，占21.6%；参加失业保险的有2 569人，占8.1%，参加工伤保险的有6 453人，占20.4%；参加生育保险的有1 862人，占5.9%。住房公积金缴纳率低，许多务工的新居民没有意识到可利用公积金政策来解决住房问题。但从此次调查的结果看，4.1%的新居民已缴纳过住房公积金，其中近3年缴纳住房公积金的新居民为2.8%，缴纳5年以上的为0.8%。

（二）新居民变化特点

1. 新居民受教育程度有所提高，具有专业劳动技能的新居民占比提高

被调查新居民平均受教育年限比2006年提高1.03年，更接近初中毕业的文化水平，其中具有初中文化程度的新居民占63.3%，比2006年的调查提高

8.9个百分点；具有高中（中专）学历的占13.3%，提高5.4个百分点；具有大专及以上学历的占3.9%，提高2.2个百分点。新居民中具有劳动等有关部门颁发的职业资格证书的占8.9%，比2006年时提高2.3个百分点，其中初中级工为主，占6.7%，比三年前提高了1.2百分点，高级工及以上占2.2%，相应提高1.2个百分点。

2. 居住5年以上"老新居民"比重明显增加

调查对象中，来嘉兴5年及以上的新居民占31.6%，比2006年调查时提高9.7个百分点。这表明近年来随着嘉兴经济发展的转型升级，经济发展的产业层次提高，劳动力需求增幅在下降，而稳定性在提高。

3. 参保率呈逐年上升趋势

在抽样调查的新居民就业人员中，自己或单位购买基本养老保险的比重为15.4%，比2006年的6.7%提高了8.7个百分点，比2008年12.8%提高2.6个百分点；购买各类医疗保险的比重为21.6%，比2006年的6.3%提高15.3个百分点，比2008年的19.4%提高2.2个百分点；购买失业保险的比重为8.1%，比2006年的2.4%提高5.7个百分点，比2008年的5.7%提高2.4个百分点；购买工伤保险的比重为20.4%，比2006年的12.4%提高8个百分点，比2008年的15.2%提高5.2个百分点。

4. 改善居住条件的愿望比较强烈

调查数据显示，18.9%的新居民有在嘉兴市域内购买住房的意愿，同时居住需求呈多样化。意愿购买普通商品房的占53.6%，意愿购买拆迁安置转让新房的占9.9%，意愿购买政府建造经济适用房（包含货币补贴）的占32.5%。

5. 新居民对嘉兴的工作生活适应度提高

调查显示：81.9%的新居民对本地的工作和生活选择"适应"和"比较适应"，与2006年相比提高了16.9个百分点。从调查结果看，31%的新居民在嘉兴市域内有长期居住生活的意愿，表示"目前没有、以后再说"的占41.7%，没有意愿的只占27.3%。在有长期居住生活的意愿的新居民中，有意愿将父母等亲属接来嘉兴生活的占15.5%。

6. 落户意愿增强

长期的城市生活，使得新居民对流入地的归属感、认同感增强，要求在流入地落户、融入当地社会的愿望比较强烈。但是由于长期以来形成的城乡分割的二元文化、二元社会管理制度，特别是城市昂贵的居住、生活成本和较高的户口迁移门槛，又使得他们要求落户意愿的实现难度很大，有时候又显得很无奈。据调查，选择"有意愿将户口迁入现住地"的占18.4%，表示"目前没有，以后再说"的占38.8%，没有意愿的占42.8%。

从嘉兴市流动人口的抽样调查可以看出，流动人口对流入地的认同和其对文化、教育、住房、社会保障、医疗等基本公共服务的需求成正比，如何让他们能顺利而快速地融入当地社会，为当地经济社会做出更大的贡献，让他们享受与本地市民一样的基本公共服务是唯一的选择。

五、流动人口基本公共服务均等化的对策建议

（一）着力提升流出地农业转移人口素质

农业人口流出地是农业转移人口的来源地。农业转移人口的流出，有利于改善流出地的人均资源占有水平，拓宽发展空间。因此，政策着力点应放在如何提升农业转移人口的生存和发展能力上，使其能够流得出、留得住、活得好。一要突出加大公共教育投入，从幼、小抓起，切实提升人口素质，提高人口流动的能力。二要突出加大就业技能培养，推进职业继续教育，增强劳动力转移的动力和能力。三要注重增加农业转移人口的财产性收益，使其从承包地、宅基地的流转中获益，为其市民化提供经济支持。国家要根据流出地财力有限、发展压力大的实际情况，加大资金倾斜力度。逐步研究降低或取消地市以下的配套投入。中央财政转移支付要重点支持流出地教育事业发展和人力资源培养。

（二）切实改善流入地基本公共服务均等化水平

作为农业人口流入地，要把重点放在如何改善农业转移人口的生活条件上，努力使其能够留得住、过得好，为流入地发展建设做出持续贡献。一要突出抓好农业转移人口随迁子女义务教育，加大人口密集地区公共教育资源投入，保障农二代享受和城镇儿童相同水平的教育，使其能够在城镇扎根。二要加大投入，改善农业转移人口住房条件，改变以户籍为主的保障房建设和分配机制，向符合条件的农民工开放保障房申请，使其能够在城镇安居乐业。三要努力提高公共卫生服务统筹水平，研究跨省统筹机制，健全针对农业转移人口的救助机制。国家要根据流入地任务较重、承受压力大、财力较雄厚的客观条件，减少中央政府直接补贴的金额，扩大财税自主权。建议在试点基础上，逐

步允许流入地区通过发行市县级的地方债券扩大城镇化的资金来源，地方债发行规模要与吸纳外来人口数量挂钩。

（三）探索构建流入地与流出地的互动机制

农业转移人口从某种意义上说，一方面使流入地的公共服务体系受到冲击，公共服务供给数量紧张，质量下降，流入地的基础教育和人力资源素质提升投资流失；另一方面给流入地带来低成本的"人口红利"，提升了流出地人均资源占有水平，改善了其发展空间。因此，应当建立流入地与流出地之间双向或多向联系互动机制，加强两地政府间交流沟通，流出地应当根据流入地经济发展需要，有针对性地加大教育和就业技能培训等投入。两地要积极推进社会保障关系异地转移接续等方面的制度创新，为农业转移人口流动提供更加便利的条件，支持政府与企业间、政府与社会组织间的多元互动，共同研究解决农业转移人口跨区域流动和市民化过程中出现的新情况和新问题，要制定社会资本进入基本公共服务领域的鼓励政策，取消社会资本进入基本公共服务领域的限制，尽量通过市场的渠道来提供更多的基本公共服务产品。

（四）促进形成推进基本公共服务均等化的合力

推进基本公共服务均等化涉及教育、医疗、就业、社保等多个方面，且其内涵还会随着经济社会的发展而不断延伸。目前，一些职能分散在多个政府部门，财力保障则由各级政府分摊，形成了条块壁垒。这种状况不仅使农业转移人口难以全面了解自己享有的基本公共服务，争取和维护自己的合法权益，而且也不利于从总体上摸清情况，进行相关政策的制定和创新。因此，必须加强顶层设计，形成推进基本公共服务均等化的合力。一是应建立自上而下解决农业转移人口市民化为核心的基本公共服务均等化委员会或联席会议制度，各有关部门作为成员，主要负责统筹协调推进基本公共服务均等化政策问题，加强顶层设计，提升改革创新的系统性，增强各部门政策之间的联系配合，完善农业转移人口社会参与机制，形成工作合力，共同推进基本公共服务均等化进程。二是要进行财税体制改革，基本公共服务由中央统筹，事权与财力相匹配，收缴部分地方财源归中央，在统一框架下，由中央政府负责基本公共服务均等化的财力保障、标准设置等，形成覆盖全民、全国流转的基本公共服务保障体系。三是要推动建立覆盖全国人口的国家人口基础信息库，健全实有人口动态管理机制，有效整合各部门信息资源，推动户籍、社保、流动人口等信息资源共享。实现对流动人口的信息化管理，为研究制定推进农业转移人口基本公共服务均等化的政策措施提供依据。四是加快立法进程，推进《基本公共服务法》的研究和制定，确保政府及多种社会力量在公共产品提供上责权分明，平等参与，共谋发展。

参考文献：

［1］段成荣，等. 改革开放以来我国流动人口变动的九大趋势［J］. 人口研究，2008（6）.

［2］中国人口出版社. 中国流动人口发展报告2013［M］. 北京：中国人口出版社，2013.

［3］赵晔琴，孟兆敏. 流动人口的社会分层与居住质量［J］. 人口与发展，2012（5）.

［4］李强. 试析社会分层的十种标准［J］. 学海，2006（4）.

［5］冯婷婷. 城镇居民不同收入阶层的基本需求及边际消费倾向研究［J］. 中国人口·资源与环境，2012（8）.

［6］皮埃尔·布迪厄，著. 武锡申，译. 资本的形式［M］//薛晓源，曹荣湘. 全球化与文化资本. 北京：社会科学文献出版社，2005.

［7］赵德余，彭希哲. 居住证对外来流动人口的制度后果及激励效应——制度导入与阶层内的再分化［J］. 人口研究，2010（6）.

［8］李骏，顾燕峰. 中国城市劳动力市场的户籍分层［J］. 社会学研究，2011（2）.

［9］姜胜洪. 当前我国新生代农民工存在的问题及对策研究［J］. 兰州学刊，2011（3）.

［10］王同信，翟玉娟. 深圳新生代农民工调查报告［M］. 北京：中国法制出版社，2013.

［11］国家人口计生委流动人口服务管理司. 中国流动人口生存发展状况报告——基于重点地区流动人口监测试点调查［J］. 人口研究，2010（1）.

［12］仇立平. 职业地位：社会分层的指示器［J］. 社会学研究，2001（3）.

［13］戚本超，周达. 北京城乡结合部的发展演变及启示［J］. 城市问题，2007（1）.

［14］叶裕民，陈宇. 惠及流动人口的城市公共卫生服务研究——以北京市为例［J］. 农村经济，2012（2）.

［15］叶裕民. 农民工迁移与统筹城乡发展［J］. 中国城市经济，2010（3）.

接轨常州主城区 加快常金同城化现实路径的思考

中共常州市金坛区委党校 陈 建

2015年5月金坛撤市设区，标志着金坛从行政体制上正式融入常州主城区，揭开了常金同城的序幕。2013年12月，常州为加快县域经济发展，提出"产业、科技、项目、基础设施"的西进战略，为了响应"四个"西进，金坛市委十二届四次全委扩大会议提出"常金一体、东扩南移、苦干三年、强基进位"的发展战略，短短三年金坛发展经历了"四个西进""常金一体""接轨主城区"进而迈步常州同城化时代。1983年，常州实施"市管县"体制，金坛成为其下辖的一个县，随着做大大城市、打造城市圈战略的推动，昔日不少的郊区、乡下已变成繁华的都市，但郊区变城区、农村变城市、农民变市民需要一个很长且复杂的对接融合过程。如何缩短金坛与常州主城区存在的差距？如何加快发展填平"沟壑"、熨平"褶皱"？如何快速融入实现同城化？如何分享常州同城化效应？是我们必须面对的现实课题。2016年8—12月区委党校组成"接轨常州主城区"课题组开展专题调研，课题组分基础设施、工业、交通、民生等四个小组，深入区委办、区政府办、区政协办、发改局、经信局、住建局、交通局、规划局、旅游局、教育局、卫计局、民政局、人社局、城管局、宣传部等20多个部门开展调研，组织座谈会30多场次，参加座谈人员上百人次，收集各类意见建议500多条，为加速接轨全面融合献计献策。

■ 一、接轨常州主城区是城市化必由之路

由于新型工业化城镇化加速的际遇，撤市设区成为行政推动城市化进程的"加速器"。以周边地区为例，2000年12月江宁撤市设区，2002年4月武进并入常州，10多年时间两地都进入工业化城市化快速发展的轨道，江宁成为南

京产城融合、配套高端的主城南部中心,武进则成为常州主城南部发展高地。金坛撤县设区,虽然晚了一步慢了一拍,只要我们认清大势,抓住机遇,发挥优势,精准发力,定能后发崛起,迎头赶上。

(一)"县"到"区"的发展机遇

撤市设区,城市的等级会更高、发展的能力会更强、平台会更大、挑战会更多,关键要将机遇优势真正转化为发展优势:一是长三角一体化效应。主动开放开发,投身融入长三角一体化进程中去,接受大城市、中心城市的集聚辐射带动。二是辐射效应。利用金坛的发展空间、资源优势,吸纳承接大城市特别是常州产业、人才、资金等生产要素、基础设施和公共服务资源的转移。三是同城效应。撤市倒逼金坛加快融合长三角城市群、苏锡常都市圈,提升城市综合承载能力,发展城市经济,分享城市红利。四是鲶鱼效应。原来高速发展县域经济的各项利好政策、巧妙手段、灵活方法已走到尽头,政策红利难以显现,"升格"用"地市级"政策激发发展潜力,释放新政策红利,增加金坛百姓福祉。

(二)破除同城化的认识误区

撤市设区一年多来,金坛基层干群的"注意力""执行力"迅速凝聚到"怎么接轨""如何融入"等发展主题上。经济发展势头强劲,社会各业稳定祥和,百姓幸福乐居勤业。但突破"市管县"行政体制、打破财政"省管县"体制是场改革,行政区划调整的背后是利益的博弈,也是对自己将来发展的关注和担当,当前对接轨主城区在认识上有一定的误区和偏见。

一是以为接轨就是待遇接轨。长期以来经济发展的落差造成薪金待遇的落差是不争的事实,以常金公职人员为例,2012年3月规范津补贴前,机关在职人员工资收入,金坛比常州每年少1.75万元,事业职工每年少1.85万元,退休人员每年相差1万元左右;2015年7月,金坛设区后,常州市委市政府、金坛区委区政府出台了"最大含金量"的政策——公务员事业单位工资水平"同城待遇两年接轨三年同步";到2018年年底可完全兑现,此外还有住房、交通等补贴逐步缩小差距,表象的收入补贴差距,实质是金坛与常州主城区的发展差距。"同城待遇"仅仅是接轨的破题,而不是接轨的终极,发展战略、产业集聚、交通对接、城市建设、民生保障、公共服务等接轨任重而道远。

二是担心愈加严重的虹吸效应。人往高处走,水往低处流,担心交通打开后,生产要素如资本、人才、资源向高能级城市转移,出现"虹吸现象",造成"大树底下不长草"的现象，金坛生产要素流失，"失血"过多，发展缺乏活力。

三是"等要靠"大常州红利。期盼常州发展改革红利能给金坛带来多少？主城区政策支持有多大？常州中心城区集聚、辐射和带动能力有多强？幻想一夜间金坛"靠福"常州短期内发生实质变化。

从"西进战略"到"常金一体"再到"接轨主城区"实现"同城化"，从金坛现实基础出发，审时度势，既要看到发展战略的改变，还要看到大常州规划格局的调整，更要看到低能级小城市嵌入高能级大城市的差距，实事求是，从实际出发，谋划金坛发展战略、发展路径和发展办法。

二、接轨常州主城区的现实差距

金坛千年县治，历史悠久，人文荟萃，长期的农耕时代，发展农业经济优势明显，工业社会发展工业经济短板突现。2013—2014年通过转变理念、规划引领、优化区位、集中拆迁、建设园区、项目引进夯实发展基础，2013—2016年工业经济逆势突破，全区GDP 600亿元，一般公共预算收入43.3亿元，工业开票收入880亿元，三项指标增幅位居常州一市五区首位。但金坛经济总量均量质量在苏南全省甚至常州还是"小块头""矮个子"，市不强民不富。以2015年工业经济发展为例，全区GDP仅525.5亿元，人均GDP 95 885元，在苏南11个县市排位第九，规模以上工业企业436个，规模以上工业总值1 002亿元，位居11位，一般公共预算收入36亿元，全省排位靠后，勉强超苏南最小的县扬中，是苏南的"小弟弟"，城镇常住居民人均可支配收入40 002万元，比苏南地区低6 222元，不敌苏中发达县区。金坛在常州五区一市中经济总量、公共预算收入也最小，2015年工业开票刚赶超天宁区、钟楼区，由于金坛经济发展不充分发育不健全，在苏南地域不小的金坛，常住人口长期徘徊在55万—56万，城市、产业集聚人口能力极其弱小。接轨常州主城区是一个全面持续系统的过程，县域经济演变为城市经济，内涵需拓宽，功能要完善，优势待激活，短板亟提升，核心是塑造城市竞争力、可持续发展力、城市魅力。前五年的实践表明：金坛发展工业经济大有可为，强区富民只有自己苦干实干。功夫在"城"外，城市经济的"枝繁叶茂"，关键在工业、产业的"参天大树"，常金现实对照，紧紧扭住提升内生动能这架"发动机"，当前金坛与主城区的差距表现在以下几方面。

(一) 经济发展水平差距

经济发展水平决定区域发展水平，工业发展水平决定城市发展水平，工业经济是牵动一个城市经济社会发展大局的"定星盘""牛鼻子"。长期以来工业基础薄弱、创业创新氛围不浓、企业家资源稀缺、生产要素资源沉淀、思想封闭保守知足、良好机遇失之交臂。造成工业经济发展不充分，工业化带动城市化实力弱，城市化进程极其缓慢，2015年城市化率仅60%多一点，低于省66.5%，比苏南75%低15个百分点，比常州70%低10个百分点。2002—2015年全区城区常住人口，从28万增长到33.5万人，14年间只增长了5.5万人，其中大部人还是2013—2015年集中拆迁"农转居"对象。2014年全区GDP仅为百强县市的65%～70%，地区生产总值、地方公共预算收入和农民纯收入增速比百强县市分别低4%、9%、3%。2015年一般公共预算收入、工业开票销售收入只占常州主城区的11.6%、8.8%、10.4%，平均低于3%～5%。2016年金坛人均GDP 1.6万美元，比常州主城区1.9万美元少3 000美元。经济发展的滞后带来的蝴蝶效应是地方财政的薄弱和居民财富收入积累的减少，城市基础设施差，公共服务脆弱，百姓财富积累少。

(二) 区位交通条件差距

金坛地理位置在长三角中心腹地，处宁沪杭最发达都市圈，距常州主城区也只30多公里，区位好交通差是制约发展的瓶颈。交通决定区位，交通的关键是看出行便捷程度和时差，谁也不会认为一个不通地铁、高速、高铁的中心城市是个好地方。按"空陆水道"四种主要交通方式来判断，金坛作为常州西部新城交通依然相对封闭，是个备受一二线大城市挤压的"边缘"城市板块，尽管有沿江、扬溧两条高速在境内通过，在苏南板块还是最后一个通高速公路的县城。目前有常溧高速、延政西路西延、金武快速、华城中路东延、常金路五条道路通达主城区，按同城打造"20分钟交通圈"的要求，公共交通、通勤通联与主城区对接，仍然十分滞后，特别是轨道交通决定城市的核心区和接轨发展方向，要想方设法打破丹阳皇塘一带的制约瓶颈。面对新一轮苏南城市交通提档升级的机遇，着力解决没有高铁没有机场的问题。常州西北部西南部对接镇江、南京、宜兴，总体"有路无速"、等级低、通道窄，金坛南部片区、茅山老区各镇"15分钟进高速、入城区"的交通圈仍然十分落后，儒林与宜兴、指前与溧阳、薛埠与句容、金城镇与丹阳的交通对接也十分滞后。最近南京提出宁镇扬一体化战略、南通借助上海自贸区设立和沪通铁路修建的机遇，积极对接南京、上海产业转移，对常州发展又带来新的挑战，打开常州西部快速对接南京、镇江、杭州交通十分必要。

(三) 产城融合发展差距

产业是城镇形成和发展的基础，强大的产业支撑是城市稳定健康可持续发展的保证，城市化与产业化高度匹配，城市核心竞争力方能行稳致远。金坛没有突出的区位优势，也没有产业技术人才和明显的资本优势，工业化中期初级阶段城镇化加速阶段，常州西部新城不可能一下子"高大上"，只能走先进制造业集聚带动的新型城镇化发展路子。"一区一地一城"的定位关键在产业集聚和制造业基地的业态能否做大做强。产城融合主要看下一步能否有效突破三大制约瓶颈：一是开发区能否建成高水平的新城区。金坛开发区是西部新城的龙头，是金坛产业发展高地，到目前为止规划 78 平方公里已建成城区面积 28 平方公里，占全区面积的 8%，工业开票 500 亿元，一般公共预算收入达 17 亿元，是全区工业的半壁江山，千亿产业园、千亿级产业以及国家级开发的打造成败在此一举。二是园区能否建成人产城高度匹配的特色产业小镇。金城工业园、金东工业园、金西工业园、薛埠工业园、直溪工业园、儒林工业园、指前工业园已建成园区面积 36.3 平方公里，占全区面积的 4%，基础设施、产业载体建设基本形成，处于形态完善配套建设中，产业新区、制造之城最关键看今后几年项目引进、企业入驻能否成就园区。三是能否形成中高端产业集群。有企业，无产业，有不多的大企业，无真正的大品牌，有企业集聚，无产业集群，有金坛制造，没有"金坛智造"。光伏新能源、汽车及零部件、装备制造、纺织服装、化工新材料等支柱产业，有的企业单体优势明显，但上下游产业没有产业集群，也没有产业配套。经济新常态、实质性"三去一降一补"的供给侧结构、产业结构转型升级加快，不少企业高端产业低端化，实体经济空心化趋势明显，企业效益滑坡。汽车产业竞争白热化，重新洗牌转型势不可当。四是能否形成与产业匹配的生产性服务业。金融服务业、现代物流业、高技术服务业和商务服务业一直是金坛城市的短板。没有先进制造业与"金坛智造"时代的到来，便没有高端生产性服务业相匹配，中国制造 2025、常州智造和十大产业链的建设要求更快打造金坛工业 4.0 版，加快西部新城建设，更快促进产业转型升级。

(四) 城市基础设施差距

城市建设是经济社会全面发展的重要支撑和综合实力的具体体现。囿于经济发展水平，金坛城市建设发展模式和路径不可能跳出"城市综合功能较弱、基础设施落后、公共服务缺失"的怪圈，小城市的天然属性——没有充足的资源，也没有自我积累城市建设所需的财力，更没有人才发展所需要的配套，导致发展能力不足。金坛主城区由老城区、滨湖新城、开发区三部分组成，建成区面积约22平方公里，常住人口约30万人。老城区"破归破旧归旧"，社会配套较全，80%以上的大中型零售商业设施、70%以上的优质中小学、所有二级医院集中在老城区周边。老城区历史欠账较多，基础设施老化，布局散乱，容积率高，建筑密度低，改造成本大，牵涉矛盾多。近年来高起点规划高标准建设高强度投入，开发区、滨湖新城正由"拉框架筑形态"向"快开发优品质"转化，空间布局打开，形成了不少城市经济生活新地带，经济新引擎。由于社会配套、生活配套以及大量"拆转居"安置房尚未竣工，人口尚未随之转移，约40%的人口仍主要集中在5.77平方公里的老城区，造成老城区拥堵，新城区冷清，加之部分城区、园区开发粗放，产业没有及时跟进，人口密度较低。城市基础设施不配套带来了功能不完善、功能区域不明显。金坛作为西部新城，缺城市活力，缺城市形象，缺地标建筑，缺城市客厅，缺城市品质，缺城市文化，财富效应尚未显现。强化城市基础设施项目，增强城市功能，建设精致、人文、生态特色城市，任务十分艰巨。

（五）公共服务水平差距

同是常州城，共为常州人，老百姓其实就关注两个标志：一是城市中心交通半小时通达；二是以改善民生为重点的优质生活圈，实现同城公共服务同等待遇。相比常州主城区，特别是在就业、教育、医疗、社保、保障性住房、养老、公共文化共享等方面金坛城区有较大落差。一是缺乏优质教育资源，城区学校布局不合理，学校办学水平不高，优质教育资源稀缺，远远不能满足家长让孩子接受良好教育的愿望，特别是金坛缺乏大学、科研院所。二是缺乏优质医疗资源，千人拥有医生数、护士数、床位数比主城区少1~1.2个百分点，全区医疗机构数不少，但只有两家二级医院，没有一家三级医院，难以满足患者日益增长的高端医疗需求，金坛异地就诊率达20%，比其他地区高出十个百分点。三是社会保障力度小，城镇退休职工养老、医保、低保、"五保"、城市"三无"老人等保障力度比主城区每人每月低一百到三百元，接轨尚需时日。四是缺少城市公共文化。缺城市氛围，缺城市文化、缺城市精神、鲜有发挥专长就业的岗位，少有丰富多彩的市民文化活动，没有高层次城市生活配套，缺少城市广场、城市地标、商业品牌、城市综合体以及高品位的休闲娱乐场所，没有真正体现金坛的文化底蕴、文化魅力。由于工资待遇、城市环境、公共服务的缺失和低档次，造成人才引不进，来了留不住，财富往外走，人才往外流。

三、接轨常州主城区路径选择

常金同城是相邻城市通过相应的制度安排和协同合作，逐步突破城际之间要素流动障碍，实现基础设施、产业、公共服务、居民生活等经济社会各方面高度融合发展的过程，是优化资源配置、完善城市功能、提升区域竞争力的重要途径，"一体""接轨"是同城的前奏和探索，"同城"是"一体""接轨"的深化。由于各个区域板块的基础不同、资源禀赋差异、形态多姿多彩，不能单纯地按一条道路、一种模式去选择。常金同城既不是新北区国家级开发区崛起模式，也不是武进县域经济特别发达融合模式，更不可能是江宁受南京副省级城市带动辐射模式，而是经济薄弱郊区嵌入发达地级市合成发展模式。常金同城必须走因地制宜发挥独具优势和特色的统筹发展之路，既要看"天"也要量"咱"，更要看"路"。

（一）顺应发展大势，把握发展机遇

面对增速、结构、动力调整的经济新常态和新一轮科技产业革命蓬勃兴起、发达地区制造业加速梯度转移、长三角城市群崛起、苏锡常都市圈建设、苏南自主创新示范区建设、区域交通提档升级、常州产城融合试点、常金同城效应、大城市综合商务成本提高的"挤出效应"、产业升级的"外溢效应"等，顺应新大势，适应新要求，准确把脉，苦干实干，真正把战略机遇转化为发展优势。

（二）依据发展特点，厚植发展优势

工业化促进城市化，城市化提升工业化。金坛已进入新型工业化城镇化的加速期。对照主城区，民生事业、城市建设、公共服务是三块最大的短板，接轨常州主城区存在的差距从根本上来说经济发展的差距，尤其是工业作为第一驱动力不强，工业总量仍偏小，大企业不多，产业集聚度不高，产业链处于中低端、产品附加值不高、生产性服务业发展水平较低，工业的主体地位不强，产业人口不旺，对经济的拉动力较小，从根本上影响了城市人口集聚、空间拓展、基础设施、居民收入、民生改善。金坛最大资本是生态资源，最大潜力是发展空间,最大引力是宜业宜居,最大优势是后发优势,内部靠创造条件加快发展,外部靠抢抓机遇推动发展。

(三)找准发展路径,加快发展步子

知己知彼,方能百战不殆。常金同城意味着金坛发展进入"相容共生、竞合发展"的新阶段,但仍要保持清醒的认识:工业经济爬坡过坎,新城建设破茧而出,民生实事方兴未艾,持续发展缺乏后劲。要接轨主城区不仅体现在"高指标值"上,还体现在"可比性"上,更体现在"获得感"上。立足当前,谋划长远,金坛要始终把发展经济作为第一要务,改善民生作为第一要事,主攻工业经济,发展实体经济,招引大项目,推进产城融合,始终以加快发展为主题、以改善民生为主线,走新型工业化城镇化融合发展后发赶超路子,让金坛干群充分享有接轨常州红利,更快更多获得幸福感。

■ 四、接轨常州实现同城化的对策建议

接轨常州主城区实现同城化,就是要做到社会经济一体化、基础设施互通互联、生产要素资源优化、交通一体化、公共服务均等化、民生福祉同质化、城市建设品质化、产业布局匹配化、城市文化大常州化。在更高层次统筹区域发展,是金坛在常州发展大局中的地位作用的提升,是加快发展的条件更具体,环境更有利,抓住机遇,勇对挑战,以"变"的气势、"敢"的气魄、"融"的气概、"容"的气度,主动担当,围绕金坛作为常州西部城区副中心的战略定位,加快区域经济向综合型城市经济转型,争取在常州有更大份额、更大作为。

(一)加快接轨融合,超前谋划规划升级行动

主城区是"龙城""龙头",金坛是"龙身""龙尾",这块"小家碧玉""江东福地"是龙的有机组成部分,顺应全新的发展形势和同城化要求,常州要注重金坛的"顶层设计",金坛要注重"具体设计",加快出台规划升级行动。高水平规划高标准建设西部新区,加快构建大常州市区格局。一是全域规划。要把金坛纳入大常州规划,强化空间战略规划,统筹人口、经济、城市、产业、土地、交通、城镇等规划,共同研究交通基础设施、产业转移对接、产业协同发展、市场一体化、公共服务一体化、生态环境保护等重大问题,加快形成梯次衔接、功能配套、深度融合,实行组团式区域城乡联动发展。二是政策释放。冲破体制机制障碍,让金坛充分享受如基本农田保护红线、城市建

设、商业开发、工业项目的土地指标等地级市的各项有利政策。三是均衡发展。要将基础设施、交通、教育、医疗、文化、生产性服务业、研发、人才等资金资源有序向金坛辐射，加快常金规划基础设施、交通、产业、旅游、市场、创新资源的有形或"无形"对接。四是文化融合。根植吴文化，地缘相通，情缘相亲，同根同生，30多年金坛"乡下人"一朝变成常州人，价值认同、文化相同、心理融合需要一个社会经济融合过程。

(二) 持续改善交通，实施交通提档升级行动

交通一体化是经济社会一体化的基础，建设"同城交通生活网"日益迫切。要打造"常金交通圈"，一是抓好苏南城市交通提档升级的机遇，加快建设好沿江城际高铁、连镇高铁南延、金坛通用机场，按照"零距离换乘，无缝化衔接"要求，建设西部新区的城市综合交通枢纽。二是规划建设常州地铁6号线西延以及常州—华城中路快速通道建设，加快实施常金公交一体化。三是抓好外联内通环网建设，在建设"八纵八横"各镇"15分钟进高速、入城区"交通圈的基础上，按城市标准建设镇域道路，特别是儒林与宜兴、指前与溧阳、薛埠与句容、金城镇与丹阳的交通对接。加快推进常溧北延金坛段、扬溧高速茅麓指前互通，以及一大批国省地方干线建设。四是建好金坛港、指前港，畅通丹金溧—大运河水路交通，发展金城港、城东、盐道、长荡湖水产冷链等物流中心。

(三) 完善基础设施，加快推进城市升级行动

城市是经济的主载体，实施全域城镇化，加快提升城市形象。产城融合推进城市发展，文化旅游塑造城市特色。顺应金坛民众对改善城市环境，完善基础设施的期盼，加大重大基础设施的精准布局。抓住新一轮城市规划、城市交通提能升级、建设高新技术产业园、滨湖新城开发、重大公共服务设施调整布局的际遇，高起点精心规划高标准精心建设精心管理，形成更多中心性元支撑，全面提升城市能级和首位度。一是常州布局一批重大项目，填补西部新城城市建设、民生事业的短板，针对性地将一些政府性民生实事公共服务项目放在金坛。二是将常州优势特色产业、丰富的科教文化科研高等教育人才等创新资源基地逐步西移，弥补西部新城经济相对薄弱、文化氛围不浓、创新资源不足、城市品位不高的问题。三是塑造精致品质新城。按照"东联南扩、两城融合、区区联动"的城市发展战略，再造一个金坛主城区，将新城区作为城市建设的主攻方向，城市化率再提高10%，城市人口集聚吸纳到50万。四是

完善城市功能，精准做好"双核""双眼"，加快建设城市中心的功能区，先进制造业的集聚区、商业金融区、文化旅游产业的特色区、枢纽经济的承载区、历史文化街区。五是打造精致山水城市。依据茅山、长荡湖、钱资湖等山水资源，展示江南水乡特色，传承金坛历史文脉，发挥金坛生态优势，放大常州城市特色，塑造城市的竞争力、可持续发展力、城市魅力。

（四）夯实产业基础，加快实施产业升级行动

产业是城市的生命和根基，产业持续发展是产城融合的"发动机"，是城市建设的"加速器"，是城市人口集聚的"蓄水池"，常州产城融合示范区建设、"一城一中心一区"战略定位、打造十大产业链是解决金坛"跑的快""耐力足"的有效路径，五年内经济要实现"2180"的战略目标成败在工业，加快产业转型升级行动，全面带动城市转型升级。一是完善工业载体建设，开发区、金城科技产业园区创建成国家级园区、省级经济开发区，加快直溪、朱林、儒林、指前、薛埠等工业园区提档升级、社会配套、功能完善。二是厚植优势产业，立足于光伏新能源、纺织服装、装备制造、化工新材料、汽车及零部件等五大支柱产业，推进规模效益、技术三提升，深化华科园、汽车产业园、服装产业园、光伏产业园、化工新材料产业园等特色园区建设，加速制造业由要素驱动、成本竞争、价值链低端向创新驱动、质量品牌、中高端转化，在"常州智造""常州装备"中更有作为。三是发展特色小镇，依托茅山长荡湖的山水资源、各镇产业特色、历史文化打造"精小特"的产业小镇。四是深度开发"山水"板块，抓住建设全域旅游示范区和常州旅游品牌影响力，整合优化资源，招引高端服务业项目，推进旅游业+业态，提升旅游经济在常州更大份额，将潜在资源优势、生态优势转变成后发优势、发展优势。五是加快产业集聚，抓住当前产业链整齐转、协同转、高新技术快转、服务业转快的特点，深化金坛在长三角常州产业分工的定位，加快资本、技术型产业集群，推进旅游产业品牌、服装产业升级、光伏产业延伸、汽车产业规模、化工新材补链行动计划。

（五）坚定招商引资，持续开展项目建设行动

项目是金坛经济持续增长的发动机，是产业结构调整的主战场，是创新驱动发展的主领域，是加快生产要素集聚的主手段。新项目引领新产业，项目引擎产城融合新功能。加快招商引资转型升级，实现以工业重大项目为主向工业、旅游、生产性服务业转变，城市综合体多元招商、全员招商向专业招商转

变,粗放招商向精准招商转变。一是将工业项目持续引进建设突破作为一切工作的重中之重,一切围绕项目转,一切围绕项目干,咬定重大项目,瞄准产业中高端环节,招引投资强度大、产业链条长、经济效益好、带动作用强的内外资大项目。二是利用发展空间集聚制造业项目,抓住"金坛智造"这个"牛鼻子",强化各类保障和要素支撑,在招商引资和项目建设上实现重大突破。三是利用独特的长荡湖、茅山度假区生态资源和滨湖新城平台,引进现代服务业、城建项目,加快引进一批产城融合、旅游、生产性、生活性服务业项目。四是利用五大优势产业招引产业链项目,围绕金坛现有产业企业,开展技术合作、跨国、跨区、跨界、跨行并购,培育更多的成长型、效益型、技术型企业,挖掘汽车及零部件、光伏新能源、化工新材、服装、高端装备等上下游产业链,招引一批符合产业趋势、改善产业结构、促进产业链建设、城市功能完善具有良好投资预期和较强引领带动效应的项目。五是利用华罗庚科技园、国家级孵化器、各类专项扶持资金等平台和要素招引科技型创新型企业,提升金坛企业的核心竞争力。六是利用各类政策招引项目,围绕产城融合试点、中心镇建设、小城镇改革试点、分布式光伏电站等中央省市重大项目政策,出台针对性政策,充分利用好省市各类专项资金、土地指标、产业配额等政策资源,积极优化服务生态,提升城市吸附能力。

(六)共享同城红利,努力增进民生福祉行动

同城化不单单是城市能级的提升,更要让金坛民众摘到同城化的果实,实施居民财富增长、幸福指数提高行动。一是增加百姓收入。通过经济发展、产城融合、工业强市、产业升级、发展旅游等手段扩大就业岗位,增加就业,千方百计鼓起百姓"钱袋子",实现经济增长和居民收入同步、劳动报酬提高和生产效率提高同步。二是共享公共服务。除金坛正在加紧推进"十三五"期间一批重大民生实事外,要更均衡更全面更高水平提高统筹公共交通、教育科技、卫生医疗、社保养老、社会救助、住房保障等公共服务,实现公共服务与常州无缝对接。三是实现财富增长。长期的"经济洼地"带来的是资产财产增加缓慢,聚力发展的目的是聚焦富民,盘活百姓的财产资源,提高财产性收入和经营性收入在居民收入中的比重,真正让金坛百姓实现现金收入和财产收入双增长。四是提高城市幸福指数。增加金坛老百姓对常州的认同感、归属感、满足感,需要常金双方共同朝着"殷实的家庭收入、优厚的社会保障、优质的公共服务、良好的生态环境、便捷的公共交通、浓厚的城市文化"的

方向不懈努力。

接轨主城区实现同城化并不止于简单行政区划合并,也不是"等要靠"常州红利,而是一个城市经济社会文化心理充分融合,是整个城市均衡发展、城市精神塑造、城市形象展示,这一切需要大常州人共同实干。

转型中的苏州美丽乡村建设

——以苏州西山岛上的秉常村为例

中共苏州市委党校 杨征征

苏州的农村，是一片富饶的土地。从改革开放初期就地农转工，苏州的城乡发展的融合度一直比较高，农民的收入和生活水平，转移性、财产性收入增长都比较快，在城镇化、现代化过程中暴露出来的问题也比其他地区更早。目前，苏州正处在一个新的转型时期，深入研究苏州的"美丽乡村"建设实践，探索培育符合未来发展方向的、百姓期望热爱的美丽乡村，是一项具有较大意义的工作。本文将通过对苏州西山岛上的秉常村的调查研究，总结归纳苏州一种较为特殊形态的美丽乡村建设的转型发展实践经验，以期对其他地区同类型乡村建设提供理论和实践参考。

■ 一、苏州美丽乡村建设的基本情况

苏州在改革开放过程中一直坚持城乡统筹发展的基本思路，积极探索农村建设发展的新路径，形成了一套城乡一体化发展政策体系，有效地促进了城乡互动协调发展，涌现出一大批全国、省级新农村建设、村庄整治先进村、示范村。诸如梦兰村、蒋巷村、和甸村、康博村等通过农村现代化发展，成为经济强的中心村，辐射带动了周边乡村发展。农村土地股份合作制度、农村专业合作制度、农村社区股份合作制度三大制度有效实现了农村土地集约化、农业资本现代化发展。农民基本养老保险体系、农民最低生活保障体系、农村新型合作医疗体系的全覆盖构建了农民生活的安全网。在这个过程中，乡镇工业化拉动、城市化带动、市场化推动这些形式的发展也给农业和农村发展带来了一些隐忧，部分村庄的规划建设对乡村自身优势认知不足，过速城镇化、商业化、工业化，一方面使得拆迁补偿安置变得难以符合村民意愿，另一方面也使得村庄基础设施建设和维护资金吃紧。与此同时新农村建设过程中强调村民居住的

集中，也让农民生活方式发生重大改变，而新农村建设规划上的不缜密，更让许多乡村民居枕河、小桥流水的风貌发生改变，让乡村失掉自身精髓。

2013年中央一号文件提出美丽乡村建设，要让百姓"望得见山，看得见水，记得住乡愁"。美丽乡村建设是社会主义新农村建设延续和发展，并为社会主义新农村建设要求注入了生态文明内涵。按照中央精神和省委省政府部署要求，苏州美丽乡村建设在"生产发展、生活富裕、乡风文明、村容整洁、管理民主"五项基础指标上，以基层党建建设为抓手，持续推进农村基层治理现代化，通过"规划引领、政府引导、产业支撑、社会参与"四大路径，致力于实现新农村建设的转型升级。2013年苏州全市选择了71个有一定条件和基础的村开展美丽村庄建设试点；2014年将美丽乡村示范点增加为100个，全面实施"百村示范千村整治提升"三年行动计划，计划提升1 000个基础设施配套的星级康居乡村；2015年出台《关于切实加强全市农村生活污水治理工作的意见》，要求以每年不少于1 000个村庄10万农户的速度推进农村生活污水治理，切实改善农村村居环境。美丽乡村建设作为新农村建设的升级版要求在强调尊重乡村自然生态之美的基础上实现村庄的可持续发展。与城市相比，农村发展系统的生活、生产过程与生态环境联系紧密。因此，苏州的美丽乡村建设把实现村庄发展与更加注重村庄与自然的融合共生放在了更高位置，要求整治村庄环境，一村一品挖掘本村优势资源，实现社会经济效益与生态环境效益的协调统一，实现村庄环境美、村民生活美。

苏州首批美丽乡村示范点建设的71个乡村遍布苏州全市大小乡镇，包含了产业发展型、生态保护型、城郊集约型、文化传承型、休闲旅游型、高效农业型等多种模式[1]。但是金庭镇所在的西山岛上的村庄都不在首批美丽乡村示范点建设名单之中，分析其原因，一是农业发展不够集中，二是工业发展没有龙头，三是旅游经济尚未形成气候。苏州的美丽乡村建设从形式来看，包括了农村社区、自然村居、旅游型乡村、特色小镇等各种形式；从类型来看有工业带动型、农业发展型、城市化带动型等多种类型。苏州西山岛上的美丽乡村的建构需要从理念发展、产业发展、景观构造等方面将产业发展空间、现实空间和消费空间进行新的融合，构建出符合自身发展的新模式，在避免乡村发展同质化的同时，呈现出自身的基础性活力和生机。

二、苏州西山岛上秉常村的乡建探索

苏州吴中区金庭镇镇区所在的西山岛曾经是苏州农村发展中的薄弱区域，这个拥有一个社区和11个行政村的镇区常住人口4.5万，早期以农业生产为主，到2007年农业生产总值只有1.65亿元，农民人均收入8 150元，远远低于苏州其他乡镇。为了尽快改变金庭镇乡村的落后状况，苏州市委市政府着力于通过行之有效的工作有效提升农村基层党组织建设的水平和能力，使得其在全面建设小康社会，实现农业农村发展进程中有所作为，成为新时期凝聚农村人心、提振农村精神、开展农村工作的中流砥柱。金庭镇秉常村这个在金庭镇中落后的乡村，更是通过新生代领导班子带领、新的思想理念引领、新的实践路径开拓让村级经济收入呈几何倍数增长，绘出了苏州经济薄弱农村转型升级发展的漂亮答卷。

（一）搭建有力的基层村领导班子

火车跑得快，全靠车头带，这个火车头就是村基层党组织。改革开放三十多年来，苏州农村政治、经济、社会事业有了质的发展，有效地带动了基层党组织建设的进程，但是在社会由传统向现代的转型过程中，苏州农村人口的非农化趋势也十分明显，对远离中心城区的农村而言，青壮年"离农化"现象更是普遍存在。亨廷顿曾指出发展中国家在现代化转型过程中"社会中政治参与的总量也许会增加，但政治无效感与疏离感同样也可能增大"[2]。对农村基层发展而言，领导班子选配就显得尤为关键。苏州很早就意识到这个问题，在城乡统筹发展中形成了新型的"党找人才"理念，党组织通过不断加强与基层的联系，把农村基层中那些发展能力强、工作思路广、致富能力大的优秀基层农民吸收、培养和选拔入基层党组织工作人才队伍，不断充实着农村村级领导班子和村级支部班子。秉常村位于西山中心地带，辖区面积6.495平方公里，下辖16个自然村，21个村民小组，总人口4 231人。村党总支2003年成立，现有党员159人。这个村庄到2010年村级经济收入才只有10多万元，远远低于苏州乡村发展的平均水平。为了改变村庄面貌，各级领导部门也十分关心，把选准配强村党支部书记作为农村发展的一个关键环节，尝试按照跨区域、跨层次、跨行业采取"两推一选""公推公选""公推直选"、组织聘任等方法让一批素质高、作风踏实、不谋私利、文化高、品质好、能力强、会管理、懂经营、有奉献和创业精神的人脱颖而出，担任村支部领导成员，以优化结构，增强农村基层党组织的活力，以班子建设推动村级的整体发展。

（二）找准村庄发展方向

面对村级贫困状况，苏州金庭镇青年干部郑志勤在2011年被推选为新一任村党总支书记后，首先思考的就是如何做好村班子集体建设，以党建促村建。农村党总支是农村基层党组织的战斗堡垒，抓党建、促经济、惠民生是村党总支的主要任务。怎么抓党建、促经济、惠民生，必须要有统一的认识，定下发展的基调。在郑志勤的带领下，村领导班子成员认真学习中央和省市关于农村发展的要求，研究分析本村状况，定好村级发展方向。与苏州其他富裕乡村相比，秉常村是一个纯农业村庄，这是村级经济羸弱的原因，也是村庄转型发展的优势，绿水青山就是金山银山，村庄要发展必须要在保护村农业生态的基础上进行，不能以破坏生态的方式谋求经济发展。"美丽秉常、幸福秉常、生态秉常"是几代秉常人的秉常梦，"农业、旅游、生态"就是秉常村未来发展的方向。

基础不牢，地动山摇。因此农村基层党组织建设必须首先要解放思想。随着苏州经济社会改革的深入进行，社会管理形式和组织形式不断更新融合，新经济社会组织不断地涌现发展，原来那种陈旧的、单一的农村基层党组织管理形式和体制已经不能与社会发展、农村发展的现实相对应。新时期加强农村基层党组织建设工作，只能从适应社会发展的需要、适应形势发展的需要入手，改变方式方法，利用新的科技和信息手段，积极探索党建发展和村级经济、文化、生态发展相融合的新路径。秉常村的新发展找到了以党建为引领，搭建电子互联网，让果农得实惠；编制民情信息网，让村民受尊重；打造为民服务网，让乡亲享幸福。通过打造互联网、信息网、服务网三张惠民网，创新工作思路和方式；找准班子建设的切入点，夯实发展建设的根基；找准服务民生工作的着力点，多为群众办实事、做好事；找准村级发展新路子，实现长远发展。

（三）打响村级产品品牌

秉常村自然资源丰富，风景秀美，环境宜人，四季有花，常年有果。但是，这也是苏州众多村庄共有的特点，秉常村自身独特之处是什么呢？只有找准本村特点，才能充分发挥本村资源优势，形成聚合力，从而大幅度提高村经济整体实力和竞争力。在秉常的"一村一品"建设中，村党总支抓住秉常村是青种枇杷发源地这一特点，围绕青种枇杷来做文章，发展农村经济活动。总结秉常村的发展经验，可以归纳为二十个字，即"党建固村、生态立村、农业富村、旅游强村、电商兴村"。党支部围绕服务果农、服务村民开展各项工作，在工作过程中，党支部通过民情民意走访收集，了解到果农丰产不丰收这个问题后，开始积极寻求突破，思考让西山秉常青种枇杷走出去的问题。要让村民丰产丰收，必须要解决的就是枇杷销路问题，也就是要突破水果销售的地域限制。近年来在政府政策支持下，西山岛一直在积极进行村庄环境治理，打造美丽村庄，保障了游客数量的增长，但是仅靠入村游客的消费，并不能满足丰年枇杷的销量。在这个过程中，村领导班子在2012年开始带领全村村民触网开发网上销路，逐步探索利用网络空间进行时令水果销售的有效办法。百度推广平台、app移动网络、微信公众号、第三方平台（本来生活网、食行生鲜、姑苏网）等各种形式的线上销售模式探索让秉常村民不断了解网络空间变化；村集体通过邀请高校电商老师、网络电商大V来村授课，培养出了本村电商达人；通过线上和线下相结合，邀请今日头条等网络媒体助力开展采摘节等系列活动，打开了秉常新的知名度，让村民具有了多元化的销售渠道和稳定的线上和线下客户，实现了丰产丰收。

村庄环境生态化、枇杷销售品牌化，再加上宣传推广网络化，来秉常的游客也更多了。村党总支在这个过程中发现了新的机遇，积极将"吃住行游购娱"六要素融合，推进一产加三产。党员干部求贤拜贤，主动向上级部门请求市旅游局干部挂村，近距离指导村庄生态旅游发展。在强有力的智力和技术指导下，秉常村一方面充分发挥村民自主性，打造各具特色的精品民宿；另一方面积极盘活村级存量资产，进一步让村庄提档升级。目前，精品民宿如"香樟小院""林屋小筑"等已经在社会上具有很好口碑，形成集聚效应。而村级存量资产通过梅文化、禅文化打造，定向招租，也让村级固定资产实现了更高效的利用。

■ 三、秉常美丽乡村建设的启示

美丽乡村建设不仅需要外在环境的美，更是需要内在气质的美，生态、自然、富裕的美丽村庄不仅是农村人口、资金和土地的高效利用，更是生态功能、生活功能、生产功能的有机统一。当前苏州正处于高度城镇化、工业化的发展阶段，乡村空间不断受到外来要素的冲击，要保持偏远乡村的活力，必须要使得乡村自身具有吸引力，这种吸引力，不仅是对外，更是要对内。因此在美丽乡村建设中必须使村民能在享受农业特色之美的同时也体会到现代化文明成果之美。秉常美丽乡村建设就很好地发现了乡村持续动能，用好了新兴技术，并不断挖掘满足消费结构升级新需求。

（一）发现美丽乡村建设新动能

乡村要发展，首先要使乡村经济得到发展。要使乡村经济发展，必须调动人的动能。一个乡村的经济往往是由少数几个特别能干的农民带动起来的，这些农村能人一般具有较高的文化水平和良好的经营素质，拥有积极向上、敢于创新的魄力，善于在市场、政策中抓住机遇，并乐于带动周围群众共同致富，是美丽乡村建设发展中的重要力量。他们不仅自己创办新兴经济形式发家致富，而且吸引其他农民从事相同产业，刺激村级内部的社会分工转型，最终推动着农业生产形成产业链，实现村庄的良性发展。伴随着苏州乡镇企业的发展，苏州农村原有资源所有权、使用权以及生产力要素配置都发生了巨大变化，有学者将中国农民分为"农业劳动者阶层、农民工阶层、雇工阶层、农民知识分子阶层、私营企业主阶层、个体劳动者和个体工商户阶层、乡镇企业管理者阶层、农村管理者阶层"[3]八个职业，这些职业在秉常村都存在，但是由于秉常村远离中心城镇，妇女、老人依然是农业生产劳动力的主体，要保证村庄发展"既要经济发展，又要碧水蓝天"，必须发现美丽乡村建设的新动能。在这个过程中，秉常村首先用"碧水蓝天"和组织力量构建了新生代领导班子，提振发展的核心动力。苏州乡村在党员干部发展中以能够发现和培养农村专业能人和创业能人为切入点，积极实施新农村建设工作，争取将村集体经济实力的壮大、将农村的经济发展与农村党建工作紧密结合，巩固了党在农村的核心地位，推动了农村的转型和改革。秉常村基层党组织成员在上级党组织的指示和帮助下，主动去发现本村职业人群的新变化。在村民集体通过的土地流转等合理制度下，秉常村构建了发展新空间，吸引青年返乡创业，培养了一批青年能手，带动群众逐渐步入致富的良性产业链。

（二）用好社会发展现代新技术

在村庄系统发展过程中，要突破人力、物力、地域等限制，必须要用好新技术，获取美丽乡村发展的有效信息和资源。一个乡村要持续其美，既需要得到最新农业发展政策、产业政策及财政扶导向等信息，还需要及时将自身的生产经营、种植、养殖、环境变化等信息传达给合适的需求者。生产养殖实用新技术更新、劳务需求信息等都是帮助村民提高农产品竞争力的有效保障。这些农村信息不仅需要广播、开会以及发放文件等由上到下的形式来扩散,也包括农户、外出者、外来游客等组成的扩散型信息网络。由于自媒体时代的到来,要保证信息的快达并不是一件难事,但要保证信息的正确可靠还是需要村庄自身平台的建设,特别是相对偏远的乡村更是需要这样的平台来消除不定性因素。在新的发展阶段,日益强大的市场经济、日益原子化的农民生活对农村集体发展都产生了挑战,让农村集体政策的制定、执行以及与村民的沟通都呈现出高成本、低效率的趋势。秉常村在面对这个问题时,借智慧党建之力,先正党风提升党员能力,通过驻村值守、网格化管理,深入村户,收集民情民意,通过党员工作有效的整合村民利益需求,并将村民的心声传达到上级政府,获得智力和政策帮扶和支持,让村民的声音、诉求落到实处,不断提高村民参与村级工作的热情。通过建立农村智慧信息管理服务平台,将党建、民政、社保、计生、就业、征兵、农业、调解、文化获得等为民服务项目一体化,实现了现代信息化办公。面对很多村民家中只有老人的情况,通过发放百姓联系卡,党员组团化服务,将信息发布、传达以及处理及时反馈到平台上,双向拓宽党群之间的交流,实现精细化服务。以党的建设为核心构建的复合式的协作治理框架,线上网络空间和线下互助组织有效地体现了党建引领的社会力量参与公共服务治理的逻辑,分工明确,各司其职,满足了百姓的多元需求。

(三) 挖掘消费结构升级新需求

美丽乡村的发展不能靠一时形成的轰动效应,更需要长久的持续效应。一个小村庄的发展必须融入整个地区的发展总规划之中才能获得持续性发展。转型中的秉常美丽乡村建设,不断探寻满足本村民的需求变化,也在这个过程深入挖掘市场消费结构的升级革命,努力抓住消费结构升级中蕴含的巨大潜力,让其成为秉常美丽乡村转型的强大增长力。广泛的市场调查、产品推广、乡村文化系列活动等外部工作不断强化着个性化乡村品牌建设,也扩大着乡村无公害农产品、绿色食品、有机食品生产的特色农产品电商品牌知名度;村庄绿化、美化、亮化、海绵化改造形成的多层次、错落有序的绿色空间,整体提升了村庄公众心理形象;古民居、古建筑等农村物质文化遗产的充分挖掘保护传承了乡村的民俗风情,散发出乡村传统建筑特色的光彩。充分依靠村庄中的果品、蔬菜、茶叶等种植资源优势以及优美、丰富的自然田园风光,发展观光采摘游览项目,让城镇游客获得放松的趣味性体验;以慢生活方式为特征的民宿建设、休闲旅游线路、亲子线路吸引了不同的城市生活群体,满足了市场个性化和多元化需求,也扩大了地区吸引力。

参考文献:

[1] 袁飞. 苏州市美丽乡村建设模式研究[D]. 苏州科技大学,2014.

[2] [美] 塞缪尔·P. 亨廷顿,琼·纳尔逊. 难以抉择——发展中国家的政治参与[M]. 汪晓寿,吴志华,项继权,译. 北京:华夏出版社,1989.

[3] 陆学艺. "三农论"——当代中国农业、农村、农民研究[M]. 北京:社会科学文献出版社,2002.

水污染治理的成效及立法建议

——以湖州市为研究样本

中共湖州市委党校 费丽芳

一、当前水污染治理的重要性与迫切性

良好的生态环境是人类社会持续发展的根本基础。当前环境污染状况呈现日益加重的趋势，环境保护也就成为生态文明建设中的一项长期而重要的任务，其中水环境保护和水污染治理则是其中一项非常艰巨的任务。水是生命之源、生产之要、生态之基。面对水资源短缺、水生态损害、水环境污染等严峻问题，2014年修正后的《环境保护法》明显加大了对环境保护和环境治理的力度，2015年4月国务院发布了《水污染防治行动计划》。2018年6月27日，十二届全国人大常委会通过了《关于修改水污染防治法的决定》，对《水污染防治法》做了较大幅度的修改，加大了对水污染违法行为的惩治力度。

浙江是著名的水乡，面对水污染日愈加重的严峻形势，多年来，浙江省委、省政府以"五水共治"为突破口，加大对水污染治理的力度，水生态环境得到有效改善。为了淘汰最落后的产能，即依赖资源环境消耗的粗放发展模式，将水污染治理推向纵深，2018年年初，浙江省委、省政府做出全面剿灭劣Ⅴ类水的重大决策部署，在全省全面开展劣Ⅴ类水体剿灭行动。6月12日，浙江省第十四次党代会报告提出，要全方位推进环境综合治理和生态保护，实施"碧水蓝天"工程，以治水、治气为重点，实现生态环境根本性改观。

湖州市作为江南水乡，自2013年开始在全省较早地开展了水环境综合治理工作。几年来，随着全省"五水共治"和剿灭劣Ⅴ类水等水污染治理工作的不断深入，湖州市在河道综合治理、淘汰落后产能、强化公共基础设施建设等方面取得了显著成效。这些显著成效的取得，不仅取决于省委、省政府的重大决策部署，取决于市、县、乡等各级政府步调一致、同心协力和扎实推进，

而且也归功于广大群众的积极参与、配合和协作。其中值得关注的是，在水污染治理过程中湖州市辖区内各级政府通过制度完善、机制创新来规范行为、推进治理，逐渐形成了一套符合本地实际的治水制度体系，值得总结提炼和研究。对地方实践经验进行总结提炼，并进而提出对行之有效的设区的市的规范性措施固化为地方法规制度，是本文研究的重点所在。

二、湖州市水污染治理取得的显著成效

虽然水污染治理由来已久，但是强有力的水污染治理是从2014年开始的。湖州市根据省委、省政府的重大决策部署，将治理工作定位于"全国影响、全省标杆"，从"五水共治"到剿灭劣Ⅴ类水的生态治理过程中，采取了有力举措，强势推进，水环境变化显著，生态优化明显。

（一）通过河道综合治理，城乡水岸逐渐呈现出"水清、岸绿、河畅、景美"的景象

通过"清三河"、清淤泥治污泥、截污控污，优化了湖州城乡的水环境。截至目前，湖州市在全省率先消灭县控以上地表水监测断面Ⅴ类和劣Ⅴ类水质，Ⅲ类及以上断面比例为98.7%，列入国考的13个断面100%达到目标要求，省控以上监测断面已连续4年全部达到或优于Ⅲ类水质，省交接断面水质考核达优秀等次，入太湖水连续9年达到Ⅲ类以上，获得"五水共治"优秀市、"大禹鼎""三连冠"。其间，湖州市荣获"国家生态市"称号，成为全国唯一生态县区全覆盖的国家级生态市。在全面剿灭劣Ⅴ类水过程中，湖州市以"全域全面消灭"为目标，全面推进剿灭劣Ⅴ类水歼灭战。截至2018年5月，全市排查发现并经省治水办确认的1 752个挂号问题小微水体全面整治，其中1 743个水体已完成整治。77个县控以上地表水监测断面100%达到或优于Ⅲ类水质标准，满足功能区要求比例为100%。13个国考断面继续保持稳中向好，县级以上集中式饮用水源地达标率实现100%。

（二）通过治水倒逼产业转型，强力淘汰落后产能

通过治水倒逼产业转型，使一批集聚、绿色、循环发展的示范项目建成投产并发挥效用。截至2016年年底，湖州市在工业领域通过实施企业环境污染专项治理促进产业转型升级行动，不断深化六大重污染高耗能行业，13个低小散重污染块状行业的整治提升。关停淘汰962家、集聚入园357家、完成整治747家，优化了产业结构、推动了集聚发展。全市万元工业增加值用水量同

比下降7.4%，腾出了14.4万吨标准煤用能空间，战略性新兴产业、装备制造业、高新技术产业同比增长8.0%、5.7%、5.7%。在农业方面，湖州市紧紧围绕"一控两减四基本"目标，深入实施全国现代生态循环农业试点市建设。截至2016年年底，完成10个现代生态循环农业示范区的实施方案编制及52个现代生态循环农业示范创建。强势推进养殖业污染整治，关停退养生猪规模养殖场743个，散养户1 332个，新拆除养殖棚163万平方米，全市生猪存量从治水前的125万头缩减至25万头，温室龟鳖养殖棚从治水前的666.2万平方米下降到97万平方米。

（三）通过五水共治，强化公共基础设施建设

一是防洪排涝能力显著提升。首先，以"水利工程、政治任务"的认识和担当，全面推进以四大骨干水利工程为重点的水利工程建设。截至2016年年底，湖州市新增水利工程投资35.46亿元，完成计划任务的131%，太嘉河及环湖河道整治等一大批工程防洪排涝项目基本建成。其次，有序推进城市排涝能力建设，完成改造易涝积水点21处、新建雨水管网138公里、清淤排水管网2 000余公里、新增排水应急设备0.49立方米/小时，城区排涝能力增强至30年一遇。

二是供水安全保障显著增强。太湖水厂于2016年10月底全面建成并投入运行，新增供水能力20万吨/日，配套新建和改造城乡供水管道430公里，并配套新建和改造城乡供水管道430公里，基本形成市区城乡供水一体化的格局，真正实现了城乡供水的"同源、同价、同质"。全市县级以上集中式饮用水源地达标率达100%。

三是农村生活污水治理圆满收官。2014年至2016年，三年累计完成农村生活污水治理村数708个，受益农户21万人，全市农户受益率达78.3%。在治污过程中，坚持"建管并重"。2016年湖州市经历了梅雨强降雨、太湖高水位和秋季强台风"三重考验"，但随着以四大骨干水利工程为重点的一大批防洪排涝项目陆续建成并发挥效用，成功实现了"大灾面前无大患"。同时，湖州市为太湖分洪4.5亿方，相当于降低太湖水位0.19米，为整个流域防洪安全做出重大贡献。

三、湖州市水污染治理的制度建设经验

(一) 通过建立健全"河长制",强化党政领导环保责任制,完善河道管理体系

"河长制"首创于江苏省无锡市,源于2007年5月底无锡发生的一场影响深远的太湖蓝藻暴发引发的太湖饮用水危机。由于河长制要求地方党政主要负责人担任各条河流的"河长",负责组织领导相应河湖的管理和保护工作,具有能使水污染防治措施真正落到实处的制度优越性。因此,这一制度从无锡走向了江苏全省乃至全国各地。在水污染治理过程中学习和仿效河长制,浙江省湖州市也不例外。2013年8月,湖州市委市政府印发了《湖州市水环境综合治理实施方案》和《湖州市建立"河长制"实施方案》[1],决定以治水为突破口,通过实施水环境综合治理十大工程[2]推进经济转型升级,实现水环境近期"洁"、中期"清"、长期"净"的目标,并在全市全面建立"河长制",按照"建立机构、明确责任、落实经费、严格考核"的要求,对河长制管理制度进行了全面规范。随后,为进一步深化"河长制",湖州市印发了《关于深化河长制工作的实施意见》(湖政办发〔2014〕124号)、《关于转发〈中共浙江省委办公厅 浙江省人民政府办公厅关于进一步落实"河长制"完善"清三河"长效机制的若干意见〉的通知》(湖委办〔2015〕30号)、《关于全面深化落实"河长制"工作的十条实施意见》(湖委办〔2016〕48号)、《湖州市"千名干部督导千村万名河长包干万河"剿劣提标行动方案》《关于全面深化落实河长制进一步加强治水工作的实施意见》(湖委办〔2017〕22号)、《湖州市全面深化河长制工作方案(2017—2020年)》(湖治水办发〔2017〕18号)等一系列健全河长制的规范性文件,主要围绕推行河长制的总体要求、主要任务、河长制的组织形式、工作职责、工作机制和考核问责等方面,全面加强河长制制度建设,从制度上强化水环境综合治理长效机制。其特点突出体现在以下几个方面。

---

[1] 中共湖州市委、湖州市人民政府关于印发《湖州市水环境综合治理实施方案》和《湖州市建立"河长制"实施方案》的通知(湖委发〔2013〕26号)。

[2] 十大工程:矿山环境综合整治工程、河道清淤疏浚保洁工程、水土保持治理修复工程、农业面源污染治理工程、农村生活污染治理工程、工业转型升级发展工程、企业治理设施提升工程、污水收集管网建设工程、基础设施规范建设工程、城乡供水安全保障工程。

1. 整合各级党委政府力量，建立健全河长组织体系

为最大程度整合各级党委政府的力量，消除"多头治水"弊端，按照"纵向到底、横向到边""每一个水体都要有人管"的要求，建立健全市、县（区）、乡镇（街道）、村（社区）四级河长组织体系。市委、市政府主要领导担任全市总河长，县（区）、乡镇（街道）党委和政府主要领导担任本地区总河长，村（社区）两委主要负责人为本地河长制总负责人。通过扩面提升，各级党委、人大、政府、政协及村（居）组织负责人担任河长。市四套班子所有领导担任33条市级河道河长，202名县（区）领导和1 627名乡镇（街道）领导分别担任县级和乡镇级河长，3 102名村干部担任村级河长。对河道实行分级挂钩管理，实现河湖河长全覆盖，并延伸到沟、渠、溪、塘等小微水体。实现各级河长对区域内河流的"无缝覆盖"，强化对入湖河道水质达标的责任。

配套搭建河长辅助体系。县级以上河长设立相应的联系部门，乡级河长确定具体的联系人，协助河长负责日常工作。充分发挥公安职能，为"河长"配置"河道警长"939名，协助各级河长参与河道主责管理，重点打击河道污染违法犯罪，实现河道警长与河长全配套、河道河段全覆盖。配备河道保洁员，建立健全河道巡查员、网络员体系。设立小微水体河长，推行小微水体民间河长"认养制"。全市共有各类民间河长、河道志愿者6 000余名，群策群力不断深入推进水环境的治理。

2. 明确职责，细化分工，健全全域治理的责任机制

着力构建"市级河长统筹协调、区县河长牵头负责、乡镇河长具体领办、村级河长日常管护、河道警长全程护航、牵头部门协调推进"分级分工的责任体系。首先，明确规定市、县（区）、乡镇（街道）、村（社区）四级河长工作职责。各级总河长是本行政区域河湖管理保护的第一责任人，对河湖管理保护负总责。各级河长是包干河湖管理保护的直接责任人，履行"管、治、保"三位一体的职责，负责组织领导相应河湖的管理和保护工作。进一步细化河长职责、量化工作内容，明确规定市级河长、县级河长、乡镇（街道）级河长、村（社区）级基层河长各级河长的主要职责。各级河长是河湖剿灭劣V类水的第一责任人，领衔制订工作方案、排出治理项目，并负责指导督促、跟踪落实。

其次，建立健全市级河长制办公室工作机制，明确市河长制办公室及成员

单位职责。市河长制办公室与市"五水共治"工作领导小组办公室合署。办公室主任和常务副主任由市"五水共治"工作领导小组办公室主任和常务副主任兼任,市农办、市水利局、市建设局、市农业局为副主任单位,市水利局、市环保局各抽调1名副局级干部担任专职副主任。成员单位由23家部门[1]组成。市河长制办公室根据综合、业务和督查等职能下设5个工作组,由各成员单位根据工作需要定期选派干部担任组长,定期选派业务骨干到市河长制办公室挂职。市委组织部根据需要从各县(区)选调干部到市河长制办公室挂职。明确规定市河长制办公室的工作职责为统筹协调全市治水工作,包括负责市级河长制组织实施、制定有关制度、监督各项任务落实、组织开展考核,以及定期召开联席会议,研究解决重大问题等事项。同时,明文规定23家成员单位根据本部门的职能履行河长制职责,并逐一对各成员单位的河长制职责做了详细规定。

再次,明确各级党委、政府是本辖区流域整治的责任主体。各级党委、政府制定综合治水规划和年度工作计划,明确细化任务清单、进度清单、时限清单、责任单位清单和责任人清单。对各河湖突出重点,细化任务和分工,根据"一河(湖)一策"方案,落实各级河长和相应联系部门责任,提高河湖综合治理的针对性和有效性。

3. 建立健全河长日常工作机制,细化制度内容

为切实规范各级河长履职要求,湖州市专门出台《湖州市"河长制"工作制度》,明确定期巡查制、投诉举报受理制、重点项目协调推进制、督查指导制、例会和报告制、联动治水制等六大工作机制,加强湖河的日常管理和治理。

(1)河长巡查制度。把水域巡查作为各级河长特别是乡级、村级河长履职的重要内容,规定对责任河流的巡查力度和频次。发动河道保洁员、巡查员、网络员以及志愿者开展巡查,确保主要河流每天有人巡、入河排放口每天有人查。在全省率先设立"周六河长集体巡河日",每月第一个周六全市所有"河长"集中巡河,同步履职。

---

[1] 成员单位为:市委办公室、市委组织部、市委宣传部、市委政法委、市农办、市政府办公室、市发改委、市经信委、市科技局、市公安局、市财政局、市国土资源局、市环保局、市建设局、市交通运输局、市水利局、市农业局、市林业局、市卫生和计划生育局、市教育局、市统计局、市旅游委员会、市气象局等。

（2）巡查日志制度。各级河长及巡查人按规定填写、记录巡查情况，发现问题及时处理和报告，做到问题早发现、早报告、早处置。

（3）河长工作动态交接制度。河长人事变动的，要在7个工作日内完成新老河长的工作交接，并做好交接记录。

（4）督导制度。上一级河长定期牵头组织对下一级河长和同级河长制工作相关单位的督查指导，发现问题及时发出整改督办单或约谈相关负责人，确保整改到位。对水环境监测发现的情况，由河长制办公室和相关职能部门同时向有关方面通报发布，对相关部门提供的检查数据加强会商研判、科学分析，发现问题，督促有关部门查找根源、落实整改。

（5）河长会议制度。各级总河长每年至少召开1次会议，研究本地区河长制的推进工作；乡级以上河长定期召开工作例会，研究制定河湖治理措施，协调解决工作中的问题。

（6）河长报告制度。各级河长每年向当地总河长述职，报告河长制落实工作。

（7）河长培训制度。各级河长办每年组织4次以上河长培训，提高各级河长的履职能力。

4. 深化河长制常态化督查制度，强化考核问责机制

构建"专业督查、两办督查、社会督查、媒体督查"大督查格局，实现了分散督查与集中督查并重、例行督查与重点督查并重、面上明查与点上暗查并重"三个并重"。把河长制落实、河道长效管理、河长履职情况作为重点督查内容，提高日常督查的针对性。坚持每季度开展一次"回头看"，对发现问题及时发出督办单，督促县区及时有效整改。创新督查手段，在全省率先引进无人机航拍，充分利用其效率高、覆盖广、无盲区、客观性强等特点，每月飞行100公里抽查河道治理状况，将航拍结果向当地政府通报，并作为河长制考核评价和河道保洁资金分配使用的依据。

建立健全信息公开制度，加强社会监督力度。对全市所有河道实行统一编码，并在醒目的位置设立8113块"河长"公示牌，做到内容、样式、材质"三统一"。其中，公示内容包括河道名称、编号、起点、终点、长度、各级河长姓名及职务、乡镇（街道）级河长和村级河长联系电话（移动电话）、管治保工作目标及任务、监督电话（举报电话）等内容，同时公开各级"河道警长"信息及联系电话。建立动态化信息公开制度，对公示信息定期排查、

定期更新。每年在媒体上公布县级以上"河长制"工作信息，主动接受群众监督。通过新闻媒体等舆论监督加大对问题河道、问题河长曝光力度。广泛开展电视问政、公布民评等活动，使各级河长面对面接受社会监督。

建立健全河长制工作考评制度，将河长制落实情况纳入"五水共治"、美丽湖州建设和实行最严格的水资源管理制度、水污染防治行动计划实施情况的考核范围，加大其在考核中的赋分比重，并纳入市对县区考核、县区对乡镇（街道）、乡镇（街道）对村（社区）的年度综合考核体系，并与绩效考核奖惩挂钩。制定河长履职考核办法，将河长履职考核情况列为党政领导干部年度考核的内容，作为领导干部综合考核评价的重要依据。规定上一级河长对下一级河长开展工作考评，并根据不同河湖存在的主要问题，实行差异化绩效评价考核，将领导干部自然资源资产离任审计结果及整改情况作为考核的重要参考。考核结果按照干部管理权限抄送组织人事部门。对成绩突出、成效明显的，予以表扬；对工作不力、考核不合格的，进行行政约谈或通报批评。对因未按规定对责任河湖进行巡查或巡查中发现问题不处理或不及时处理等履职不到位、失职渎职，导致发生重大涉水事故的，依法依纪追究河长责任。对垃圾河、黑臭河、劣Ⅴ类水质断面严重反弹或造成严重水生态环境损害的，严格按照《浙江省党政领导干部生态环境损害责任追究实施细则（试行）》规定追究责任。

（二）建立区域间协调联动机制，着力解决跨界河道污染问题

湖州市和嘉兴市主动打破行政区域限制，签订湖州—嘉兴环境友好区域协作意见，建立联动治水机制。湖州南浔和嘉兴桐乡以桥梁、道路、建筑、浜口等为标志，合理划分两地"河长"的责任区域，实行"属地负责、分段包干"的管理，多次召开协调会，查找问题，研究对策，彻底解决跨界河道污染问题。同时，德清县和南浔区、吴兴区和开发区围绕跨界河道，以"河长制"为抓手，建立联动工作机制，共同治理，共享成果。

（三）创新多模式的长效保洁机制，改善河道生态环境

为强化河道保洁养护，切实加强河道生态长效管理，专门出台了《湖州市河道保洁长效管理办法（试行）》《湖州市区河道保洁市级督查考核及资金管理办法（试行）》等一系列文件，对全市所有河道及湖漾内港，即全市7 373条、9 380公里河道（含航道）和全市所有湖漾内港进行划分，明确部门、县区的保洁区域，同时针对全市主干河道、航道、农村小河小港和湖漾等

不同情况，因地制宜探索建立了以市场化、专业队伍、城乡一体和美丽乡村管理为主，"以养代管"等特色保洁为辅的"4+N"河道长效保洁模式，全面推行"一把扫帚扫到底"城乡保洁一体化模式，确保河道及城乡环境的长效保洁。同时，强化长效保洁资金保障，将市级"河长"河道和航道保洁的补助标准由1 500元/公里提高至5 000元/公里，并对原先未纳入补助范围的湖漾内港保洁补助4万元/平方公里。各县区和乡镇级财政也加大对河道保洁的资金投入，确保每条河道保洁资金落实到位。

（四）加强综合治理制度建设，力图从源头上解决水污染问题

水环境污染，表象在水中，源头在岸上，根子在依赖资源环境消耗的粗放发展模式。因此，要从根本上解决水环境污染问题，必须通过制度建设加大综合治理的力度。湖州市早在2013年8月就根据省委、省政府提出"治水、治气、治城、治乡"的总体要求，制定并印发了《湖州市水环境综合治理实施方案》[1]，以治水为突破口，以"十大工程"为抓手，成立市水环境综合治理工作领导小组，明确和细化各县区、各部门治理责任，确定治理时间表，加强执法监管和责任考核，在矿山整治、河道清淤疏浚保洁、水土保持修复、农业面源和农村生活污染、工业转型升级、企业治理设施、污水收集管网建设、基础设施建设及城乡供水安全保障等领域实施水环境综合治理。之后，市委、市政府每年在全市生态文明先行示范区建设、"五水共治"、土壤污染防治、大气污染防治、矿山综合治理、船舶污染防治、养殖污染治理、河道保洁等方面加强制度建设，强化考核要求，有力推进了全市生态环境的综合治理。

四、水污染防治的地方（设区的市）立法建议

生态文明建设关系人民福祉，关乎民族未来，而目前环境污染严重，生态系统退化的状态，已成为经济社会可持续发展的重大瓶颈制约。[2]水生态系统是整个生态系统链条中的一个重要组成部分。水环境污染不仅意味着水生态系统的退化，而且还意味着因水环境污染带来的土壤生态环境的退化，以及造成水环境污染的源头即落后产能对生态资源的损害和损耗。因此，改善水生态环境质量具有重大而深远的意义。浙江省针对水环境污染严重的情势，采取强

---

[1] 参见中共湖州市委、湖州市人民政府关于印发《湖州市水环境综合治理实施方案》和《湖州市建立"河长制"实施方案》的通知（湖委发〔2013〕26号）。

[2] 参见《中共中央 国务院关于加快推进生态文明建设的意见》（2015年4月25日）。

有力的行政措施，加大对水污染的治理，成效十分显著。2018年7月28日，省人大常委会审议通过并公布了《浙江省河长制规定》，把推行已久的河长制行政措施以地方性法规形式加以固化。"河长制"是一种通过强化党政"一把手"环境保护第一责任人制度，从而使末端的水污染治理能够有效地向上延伸并推至水污染源头治理和预防的有效的治理模式。通过地方性法规对河长制进行法律规范，一方面使担负河长制职责的党政主要负责人有了法律上的义务和责任，而并不仅仅是行政责任；另一方面使追责更具理性化、法治化。2015年全国人大修正的《立法法》赋予了设区的市有限的立法权，其中包括对涉及环境保护的事项有制定地方性法规和地方政府规章的立法权。因此，涉及生态环境保护的事项，设区的市可以通过法治的方式加以规范。毋庸置疑，设区的市对水环境生态保护事项有通过立法加以保护的法定职责。当前，在水环境污染治理领域，浙江省各市已经在制度建设方面有了不少行之有效的实践经验，可以通过法治的方式加以规范。

（一）因地制宜，加快制定河长制地方政府规章和地方性法规

近十年来，随着河长制在各地的实践越来越丰富，立法制度层面的需求越来越迫切，2016年12月，中共中央办公厅、国务院办公厅印发了《关于全面推行河长制的意见》，在国家层面从总体要求、主要任务和保障措施三方面对河长制进行了制度上的规范。虽然这一意见并不是法律规范，但它对河长制的地方法治建设具有指导意义。2018年7月浙江省制定了《浙江省河长制规定》这一地方性法规，对河长体系、河长制工作机构及其各级河长的职责、特别是对河长的巡查责任、信息公开、监督、考核、问责及法律责任追究等方面做了详细规定。这无疑是河长制地方法治建设的一大举措，对水环境污染的法治化治理具有非常重要的意义。湖州市作为设区的市在河长制制度建设方面也已经积累了丰富的实践经验，应当在制度建设的基础上，细化上位法的规定，并且从可操作性、可执行性层面上因地制宜进行立法。比如，可以对河长日常工作的机制、常态化的督导制度、河长的考核机制、河道警长制、以民间河长为主体的公众参与机制、河长信息化管理机制、公众监督机制以及责任追究等方面以地方性法规或者地方政府规章的方式做出详细规定，以避免行政化措施的短期性和随意性，促进地方河长制法治建设。

（二）创新区域地方立法协作，从根本上解决跨界河湖污染问题

我国河湖水系错综复杂，跨行政区域的河湖非常普遍，这说明水污染问题

并不仅仅是一个行政区域内的问题,可能会涉及多个行政区域,也即跨行政区域的问题。因此,有效治理跨界河湖污染,必须在借鉴地方区域间联动协调解决水污染问题的基础上,创新区域间的地方立法协作机制,从根本上解决水系污染问题。根据《立法法》的授权,在遵循不与上位法相冲突的原则下,设区的市根据本市的具体情况和实际需要,可以对环境保护等方面的事项制定地方性法规和地方政府规章。区域间的地方立法协作属于地方立法范畴,属于特定区域内享有立法权的地方国家机关,为了解决经济社会发展中的共同性问题,通过立法协作,实现在法律制度内容上的协调或一致的行为。这种地方立法协作,可以消除区域内不同国家机关对相关事项法律制度规定的利益矛盾,防止因地方保护主义的驱动而导致的不同区域立法冲突问题。2006年东北三省签署首个区域性立法合作框架协议,省际立法协作机制由此正式运行。而设区的市之间可以借鉴这一立法协作机制,通过立法合作协议的方式,对水污染治理等环境保护问题开展地方立法协作,解决区域发展过程中遇到的事关整个区域全局利益的问题,克服地方保护主义和本位主义,实现法律体系内部的局部性和谐,形成有利于本区域经济社会发展的制度环境。

(三)突出地方实践经验,强化河道保洁养护机制的法治化

河道是公共设施的重要组成部分,河道保洁养护是政府向公众提供的重要公共服务。2003年浙江省政府提出了以"水清、流畅、岸绿、景美"为总目标的万里清水河道建设这一水利建设工程,通过对城乡河道清淤疏浚、拓宽护岸、筑堤修堰等综合整治,逐步实现河道水环境的改善。十多年来,浙江各地针对河道保洁养护出台了一系列的规范性文件,旨在维护河道水环境卫生、美化河流景观的基本要求,也是促进河道水质改善、保护水生态环境。这些规范性文件根据本地实际,从本地河湖的特点、保洁主体责任、保洁管理养护、保洁资金的投入等方面,探索出了河道长效保洁的各种模式,但这些文件还没有上升为具有较强约束力的地方法规。为了防止河道今年疏、明年脏、后年堵、侵占河道、污染水体的现象反复出现,提高河道行洪排涝能力和河网的调蓄功能,促进水体流动和河道干支流的水循环,保护水生生物的栖息环境,恢复生物多样性,维护河道植被、堤岸完整和河流健康,应当在现有实践经验的基础上,强化河道保洁养护的立法。

(四)通过地方立法,强化环境污染的综合治理力度

水污染的原因非常复杂,有可能由工业污染、农业面源污染、养殖污染以

及居民生活污染等原因造成，而水污染也可能进一步对土壤、农业生产等造成污染，从而对人的生活造成严重影响。所以，一种环境的污染可能会涉及其他多种环境的污染，而且互为因果，污染缘由错综复杂。因此，对一种环境的污染治理不能采取"头痛医头，脚痛医脚"的方法，而应当强化综合整治，注重环境污染的整体性治理。浙江各地在省委省政府的总体部署下，不仅在水环境综合治理方面取得了显著成效，而且在制度建设方面也积累了丰富的实践经验。在水环境污染治理制度建设的同时，加强对土壤污染防治、大气污染防治、矿山综合治理、船舶污染防治、养殖污染治理等方面的制度建设。因此，设区的市完全可以在环境污染综合治理方面进行立法实践，强化环境综合治理的长效性和环境保护的地方法治化保障。

政法篇

环太湖地区跨界安全治理：
一个整体性分析框架

中共湖州市委党校 沈佳文

在人类社会发展史上，安全与发展，始终是国家和民族的根本利益所在。尽管当今世界经济逆全球化浪潮汹涌，区域经济社会发展的一体化、关联性特征仍不断凸显。尤其公共管理和社会安全治理领域面临越来越多的跨区域、跨流域性质的公共事务，极大地挑战传统安全治理思路和手段。环太湖地区五个城市分属不同的行政区划，但地缘的接近具有共同的区域和流域特征，在社会基层治理和安全风险防范等方面也面临同样的问题挑战。本文试在整体性分析视角下，为环太湖地区跨界安全治理提供经验借鉴。

一、跨界治理需求的提出：环太湖安全治理转型的背景

2004年在时任浙江省委书记习近平的倡导下，十一届浙江省委首次提出"平安浙江"建设，深刻阐明了"富裕和安定是人民群众的根本利益，致富和治安是各级领导干部的政治责任"的重要思想。十年之后的2014年4月，习近平总书记主持召开中央国家安全委员会第一次会议时系统阐述了总体国家安全观的重要思想。这是我党在对当前国内外形势和国家安全环境进行科学预判的基础上，提出的重大战略构想，这标志着我党在安全治理国家战略上的重要转型。

（一）总体国家安全观对跨界安全治理提出新要求

习近平总书记在中央国家安全委员会第一次会议上提出要构建集政治安全、军事安全、国土安全、经济安全、文化安全、社会安全、信息安全、科技安全、生态安全、资源安全、核安全等于一体的国家安全体系，并第一次系统阐述了总体国家安全观的重要思想。可以说，总体国家安全观的提出，为新形势下环太湖地区整体性治理指明了方向。一是从空间维度看，从局域安全转向

全域安全。按照党的十八大对加强和创新社会管理的新部署,加快构建更为系统和全方位的社会管理体制和基本公共服务体系,既要关注区域内平安建设,又要努力构建跨域协同治理机制;既要关注网下基层基础建设落到实处,又要注重加强应对网络一体化社会管理。二是从时间维度上看,从静态安全转向动态安全。静态平安总是短暂的、有条件的,或者在一定的高压态势下被迫呈现出的具有不可持续性特点。要遵循客观规律,用动态发展的思路妥善处理各领域各区域关系,保持社会处于总体动态平衡、长期动态协调的良性状态,确保矛盾不积累、不激化、不蔓延、不恶化。三是从价值维度上看,要从供给思维转向需求思维。要以群众满意为导向,顺应人民群众对整体平安生活和建设的新期待。加强多元化多主体多层面的社会矛盾调处化解体系建设,在保民为民、利民惠民、科学决策、规范执法、公正司法等环节下功夫。四是从方法维度上看,从末端治理转向源头治理。风险总是无处不在,从危机治理转向风险防范的关键在于要改变原有的部门化、碎片化、应急式治理思维,更加注重基层基础和民生建设,从源头上尽可能防止和减少社会矛盾和社会冲突。

(二) 当前安全领域形势变化酝酿新风险

党的十八大以来,国内外宏观环境和形势发生深刻调整和变化,总书记说:"当前我们国家安全的内涵外延恐怕比历史上任何时候都要丰富,时空领域比历史上任何时候都要宽广,内外因素比历史上任何时候都要复杂……"一是新旧交织。工业化、城市化、市场化和信息化进程的加快,使现代社会的系统性、脆弱性问题不断累积爆发,尤其诸如金融风险、信息风险、环境风险等新兴风险与传统风险不断交织交融。二是时空叠加。中国改革开放30多年,用一代人的时间完成了西方发达国家几代人完成的任务,同时也把西方国家分散在近300年时间中不同阶段产生、不断解决的问题,如农民失地、工人失业、社会失稳、结构失衡、生态失序等种种问题,以复合型、压缩型方式集中到同一时空展现。三是跨界联动。随着经济全球化的不断深入,走向开放的中国越来越面临因为资本、人员等各类要素的跨界跨国流动带来的风险,尤其伴随环太湖城市圈越来越频繁的民间经济往来和要素流动,在一些重大事件上呈现出多种力量相互勾连,多重角色复杂交织的倾向,"墙外开花墙里香"的局面时有发生,对跨界治理提出更高要求。

二、跨界治理模式的逻辑：整体性分析范式的兴起

（一）研究综述

从时间脉络来看，自21世纪初以来，政府管理过程中普遍存在的诸如部门主义、各自为政、碎片化和短视化等问题不断凸显，极大阻碍了整体行政效能的提升。为满足日益多样化、多元化的社会公共需求，不断整合提升政府的跨部门协作能力，西方国家政府改革的重点逐步从竞争性效率和结构性分权转向大部制改革与多部门合作为特点的整体性政府改革。"整体性治理"兴起于20世纪90年代末的英国，安德鲁·邓西尔最早对其进行了概念的阐述，其后西方学者佩里·希克斯（2009）等人从不同角度对其进行论证。从西方公共管理理论演变历史脉络来看，整体性治理主张以"协同性政府"模式取代新公共管理时代的"竞争性政府"模式，被作为是继传统官僚制、新公共管理运动的实践经验基础上演化而来的治理新范式，为应对跨层级、跨部门、跨领域、跨区域问题提供了新的化解路径。

从国际比较来看，西方学术语境中"整体性治理"已经得到越来越多的理论认同和实践探索，而国内学者总体起步较迟，近年来才开始关注整体性治理问题。如台湾学者彭锦鹏首先在《全观型治理：理论与制度化策略》（2005）一文中将其定位为"代表当代行政学的一种范式转移"，之后整体性治理逐渐成为国内治理领域探讨的热门话题之一。学者们陆续围绕基本内涵、功能价值和一些现实问题如跨域治理、府际协调、多元参与等展开本土性研究阐释。但笔者以为，整体性治理思路与中国传统哲学思维有充分内在自洽性，但从其理论发展脉络和运行机理进行系统梳理的学术成果并不多见；同时，该理论与中国国情和基层治理具体实践相结合的模式研究较为薄弱，目前散见于个别涉及国家治理体系与治理能力现代化、政府体制改革等方面较为宏观抽象的研究，亟须本土案例和本土问题的规律性、内生性研究。

（二）学术框架：整体性视角下的跨界安全治理

整体性治理作为一个具有统摄性、动态性、延展性的治理范式，其引入环太湖地区跨界治理实践的过程，本质上就是一个不断本土化、制度化、创新化的过程。考虑环境、政策、体制及传统意识的影响，中国跨区域情境下的社会安全综合治理格局、体系、路径和手段势必在一定阶段、一定程度上突破原有单纯预设的组织架构和制度设计，呈现一种新的需求特点和供给策略。

安全治理理念上，更加突出问题导向、人民导向和效果导向。整体性治理倾向于用整体主义的思维方法，从治理目标、治理手段、治理流程到治理效果都服从于更好解决跨区域跨流域人民群众总体安全问题这一最终指向，从其视野与格局来说往往更具战略性、宏观性。

安全治理体系上，尤为强调纵向与横向组织体系的整合协同。整体性治理不是没有行政层级、专业归口和区域部门职能的区分，但基于整体性考虑，要求政府治理层级与跨部门职能实现最大化整合，通过对组织架构体系的一体化考虑，强化提升整体组织效能。

安全治理模式上，注重系统化、整体化、一站式服务供给模式。传统的行政体系在部门职责分工基础上造成供给流程的分割，公众在面临具体事务时往往需要向不同的部门提出服务诉求。整体性治理模式要求，行政组织链条上的每个环节都需要进行跨界功能整合与相互协调，从而形成一个完整的运转流程，实现服务的一站式供给。

安全治理格局上，治理主体多元化和关系协同化是基本特征，不存在一个治理主体拥有绝对的权力或权威来支配其他治理主体的局面。政府（公共安全部门）不再作为公共安全产品和服务的唯一供给主体，私营部门、非政府社会组织都成为公共产品和公共服务的提供者，这就需要在不同部门、不同地域之间进行协调、整合。与此同时，在治理网络中体现出的多元主体职能和责任的渗透交叉，使各主体之间的权力责任边界日益趋向模糊，这也是当前基层治理现状中普遍困扰警务部门的非警务化发展需求和趋向，即希克斯指出的"一种新迪尔凯姆路径"。

■ 三、跨界治理格局的奠定：环太湖安全治理的新站位

环太湖地区的一体化进程不是人为划定的，既有历史渊源更是经济社会发展的必然要求，这其中五地市府际合作也经历了从自发到自觉的过程。当前区域发展面临新的发展形势，站在新的历史起点上，非常重要的一点在于把跨界安全问题放到更大范围和更高层面去谋划，把平安太湖建设放到中国特色社会主义建设规律、国家治理体系和治理能力现代化的视域范畴去探索考虑和统筹规划。

（一）把环太湖安全治理放在"四个全面"战略布局中来谋划，不断提高跨界治理的现代化水平

"四个全面"战略布局是新形势下党治国理政的总体框架，也是中国特

色社会主义的重要理论创新，它标志着我党对人类社会发展规律、社会主义建设规律和共产党执政规律的认识上升到新的境界。要着眼于全面建成小康社会战略目标，不断拓展提升跨界安全治理内涵水平，把安全治理触角延伸到经济、政治、文化、社会和生态文明建设各个领域，把工作内容覆盖到打击、防范、管控、服务和建设等各个环节，以全方位、多领域的平安提升全面小康的水平。要坚持以全面深化改革为动力，着力破解跨界治理中的体制性障碍和机制性束缚，坚持源头治理、系统治理和长效治理，不断创新健全社会治理体系提升治理能力。要切实发挥法治在推进环太湖安全治理中的引领和保障作用，牢固树立法治理念，学习运用法治思维和法治方式解决矛盾和问题，努力把以人为本、执法为民的要求落实到每一个角落，从根源上把跨界安全治理纳入法治化轨道。要坚持全面从严治党，不断强化党在跨界安全治理中的领导核心地位，同时注重统筹各方资源力量，着力构建"党政领导、部门负责、社会协同、公众参与"的良好工作格局，不断增强环太湖地区府际整合力、协同力、执行力。

（二）把环太湖地区安全治理放在"五位一体"总体布局中来规划，不断提高跨界治理的系统化水平

跨界治理本身是一个复杂的系统工程，涉及经济、社会、文化、法律等诸多因素，必须加强系统研究和长期规划。党的十八大以来，中央和浙江省委层面按照"大平安理念"，从高度统筹经济社会发展出发，初步形成确立了包括经济安全、政治安全、生产安全、公共安全、治安安全、文化安全以及人民群众实现安居乐业等在内的"大平安"体系。环太湖地区安全治理始终应牢牢把握"平安"与"发展"的辩证关系，坚持标本兼治，综合施治；坚持基层基础，固本培元；坚持防微杜渐、以防为主。自觉把大安全工作放到经济、政治、社会、文化、生态五位一体的总体布局中来谋划推进，不断提升系统化水平。

（三）把建设环太湖安全治理放在"八八战略"工作纲领中来推进，不断提高跨境治理的科学化水平

2003年以习近平同志为省委书记的十一届浙江省委在认真分析了新世纪初期国际国内形势和浙江面临的机遇挑战，将其浓缩为八大优势和举措，简称"八八战略"。我们把跨界治理放在"八八战略"总纲中加以推进，就是要立足实践、直面问题，加强对区域性社会安全治理本质性、规律性问题的研究；

就是要着眼长远，按照"八八战略"的优势挖掘和劣势转化思路，立足环太湖经济社会一体化稳定发展的长效机制，推动更有效率、更加公平、更可持续的发展；就是要突出民本，按照"八八战略"坚持的强省与富民、安民相结合思路，坚持把维护区域稳定当作第一责任，在跨界安全治理方面努力守住底线、突出重点、完善制度、引导舆论，努力提升环太湖地区安全治理的科学化水平。

■ 四、跨界治理图景构建：整体性视角下的环太湖地区安全治理展望

环太湖地区长期以来跨界安全治理的核心在于"界"：地域界、府际界、部门界、行业界、心理界；难点在于"跨"：跨要打破常规的条块管理和机构设置，构建以协调合作共通联动为主的整体性治理范式。其治理体系总体呈现为"一体、两用、三核"。

（一）跨界安全治理的"体"是跨区域公共组织

所谓"体"，即主体，指为了实现共同治理目标进行跨部门协作而成立的联合组织形式。基于整体性治理的考虑，必须有一个能与其目标职能相匹配的，且权属超越于地方行政权属的组织形式，如环太湖区域合作委员会等。一般建议由国务院直属，下设负责日常各项专项事务的委员会（如水生态安全、能源安全、金融安全等），以便于不断拓展环太湖区域的深度协作。

（二）跨界安全治理的"用"是两大系统

所谓"用"，即效用，作用发挥的系统。跨界治理本质上是两大系统的博弈过程，治理的成效主要凭借"正向支持系统"和"反向阻滞系统"的力量博弈决定（见图1）。"正向支持系统"是指有助于激励推动跨界合作的包括执行机构、物质基础、社会认同等组成部分。传统的"块状"行政区划与"条状"绩效考核，加上地方政府利益刚性，都是阻滞跨区域合作的内在因素，构成"反向阻滞系统"。物质基础和文化认同也是构建跨界治理的重要支撑因素。要规避传统的大型工程设备、信息数据资源等分散化供给模式导致应对突发公共安全事件时的资源碎片化，就要加大在交通物流、信息资源、户籍管理、社会保障等方面的整合力度，通过不断夯实跨界合作的物质基础，更进一步达成思想、意识、理念上的区域认同和文化共识。

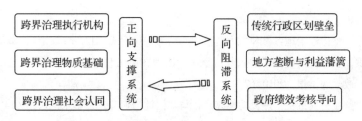

图 1　跨界安全治理作用系统

（三）跨界安全治理的"核"是三大机制

构建沟通协调机制。无论常态或非常态条件下，沟通是跨区域协调合作的基础。如达成某种"合作框架协议"，建立领导定期会晤制度、日常对话交流机制等。构建应急联动机制，提高紧急状态下克服部门壁垒尤其是超越行政区划进行迅速响应、积极协调和服务整合的能力。构建收益共享与风险共担机制，有利于通过利益的规范均衡，激励和促进区域内协调可持续发展。

五、结语

当前新的形势和新的历史条件下，已经不是"自扫门前雪"的时代了。从地理经济的角度来看，区域经济从县域经济发展到都市圈经济的趋势是不可逆的，是基本规律。这势必要求在基层管理和社会安全治理理念、思路、组织架构方面必须上升到新的、更大更高的平台来统筹和谋划。所谓"人在做、天在看、云在算"，无论是从数据资源、信息服务还是安全治理角度，构建线上线下、铺天盖地、群防群治、互联互通、政社合作的治理网络是大势所趋。整体性治理视角下的跨界安全治理，以区域整体性问题的解决为目标，以体制机制的创新为手段，以公共资源和基础设施的整合为保障，通过对原有行政层级、部门职能及政策范围的突破，进一步提升对跨区域性复杂型问题的应对能力。这是既"破"又"立"的改革，更是以"立"促"破"的长期博弈过程，仅仅依靠环太湖城市圈一体化协作的自然演进是不够的，必须要有一定的政治力量推动以及广泛的社会力量参与，必须要有更为高远的视野去推动制度变革和创新。

参考文献：

[1] 费月. 整体性治理：一种新的治理机制 [J]. 中共浙江省委党校学报，2010（1）.

[2] 胡佳. 迈向整体性治理：政府改革的整体性战略及在中国的适用性 [J]. 南京社会科

学, 2010 (5).

[3] 曾凡军. 整体性治理：一种压力型治理的超与替代图式 [J]. 江汉论坛, 2013 (2).

[4] 翁士洪. 整体性治理模式的兴起：整体性治理在英国政府治理中的理论与实践 [J]. 上海行政学院学报, 2010 (2).

[5] 韦彬. 跨域公共危机治理：功能碎片化与整体性治理 [J]. 学术论坛, 2014 (5).

[6] 竺乾威. 从新公共管理到整体性治理 [J]. 中国行政管理, 2008 (10).

[7] Richard, David et al. *Towards Holistic Governance*：*The New Reform Agenda* [M]. New York：Palgrave, 2002.

[8] Knox, C. "Joined-up" Government：An Integrated Response to Communal Violence in Northern Ireland? [J]. *Policy and Politics*, 2003, 31 (1).

[9] 彭锦鹏. 全观型治理：理论与制度化策略 [J]. 政治学论丛（台湾）, 2005 (23).

[10] 刘伟. 论大部制改革与建构协同性政府 [J]. 长白学刊, 2008 (4).

[11] 孙友祥, 等. 跨界治理视角下武汉城市圈区域合作制度构建 [J]. 中国行政管理, 2008 (8).

环太湖地区农民工政治参与的路径及价值实现

中共无锡市委党校 王华华

作为代表中国最广大人民根本利益的长期执政党，中国共产党始终把"发展好、分配好、维护好中国最广大人民的根本利益"作为一切工作的出发点和落脚点，其"十三五"规划提出的"共享发展"政策设计，正是处理人民群众"眼前利益"和"长远利益"矛盾的有效方式，共享改革当前成果的"眼前利益"，让人民群众更有建设中国特色社会主义的活力，展望改革未来成果的"共同富裕"，让人民群众更有建设中国特色社会主义的动力。"共享发展"语境下，作为中国特色社会主义建设重要主体之一的"农民工"群体，既不能缺位于中国改革开放发展成果的眼前"共享"，也不能缺位于中国改革开放"发展愿景"的建设"参与"。浙江省、江苏省环太湖地区，包括无锡、苏州、常州、湖州、嘉兴是中西部农民工外出务工的主要流入地，建构环太湖地区农民工制度化的政治参与，有助于实现他们的价值。

一、"共享发展"语境下环太湖地区农民工价值实现的现实瓶颈

"环太湖地区农民工"，是指在环太湖地区城镇化进程中，从农村外出务工的农民，因经济原因或其他原因而主动或被动选择返回农村，并较长时间选择待在农村的特定社会群体。2014年7月，国务院出台《关于进一步推进户籍制度改革的意见》之前，统一登记为"农业户口"，即其实质身份都还是"农民"，而截至2016年9月，全国31个省份发布户改方案后，全部取消了农业户口，不再体现城乡户籍"农业户口"和"非农业户口"的差异，将农民

统一登记为"居民户口",即意味着以上人群的法律身份均为"居民"[1]。从社会身份上讲,社会学研究之所以能够对农民工、环太湖地区农民工、农民等做出区分,其标准在于他们"职业身份标签"的变迁或切换,当他们以务农为职业谋生手段时,他们被称为农民,当他们选择外出打工谋生时,他们被称为农民工,当他们因为经济原因或其他原因选择回流到原来农村,并较长时间内不去打工或待业在家时,他们被赋予了新的称谓"环太湖地区农民工"。这里还必须假定一种情况,若农民工回流后,他们的土地在城镇化过程中既未被征收,也未被流转经营,他们选择重操旧业、以务农为生时,且1年以上时间不更改务农的选择,此时,他们的职业身份在社会学上被称为农民。

从环太湖地区农民工概念界定上看,环太湖地区农民工的独特性体现在:他们既具有农民工所不具备的职业再选择机会和待业空档期,也具有一般农民所不具备的城市打工谋生经验和一定的打工积蓄。从生产要素流动视角看,环太湖地区农民工由于外出务工增长了社会见识,并具备一定的城市谋生技能和打工积蓄,对于返回地农村具有一定的发展优势,但若缺乏正确的公共政策引导,也可能使其负面外部性蔓延出来,包括引发部分城市"用工荒"、加剧回流地"人地紧张"、造成农地再次碎片化经营、延缓城镇化进程等负的外部性问题[2]。新时期研究环太湖地区农民工价值实现的问题,不能脱离中共"十三五"规划提出的"共享发展"政策语境。"共享发展"的含义是指"人人参与改革发展,人人共享改革成果",其思路遵循马克思主义的"按劳分配"学说[3],以人对社会的劳动价值,来实现人的自我价值。"共享发展"语境下,

---

[1] 我国自1958年开始划分农业户口和非农业户口,由此带来权益、保障和待遇的不同。农业户口的权益主要是集体土地承包权、农村宅基地使用权和集体收益分配权,而非农业户口的权益主要是依附在户籍上的一些社会公共服务,包括教育、医疗、就业、保险、住房等方面。2014年国务院发布了《关于进一步推进户籍制度改革的意见》,31省把农民和城镇居民的身份统一后,将没有农业户口和非农业户口之分,只有地域区别。

[2] 王子成,赵忠.农民工迁移模式的动态选择:外出、回流还是再迁移[J].管理世界,2013(1).

[3] 马克思主义的"按劳分配"学说,在中国有着极其重要的运用性。中国特色社会主义市场经济体制下,基本经济制度是公有制经济为主体、多种所有制经济共同发展,由基本经济制度所决定的基本分配制度是按劳分配为主体、多种分配方式并存。这个多种分配方式,包括按劳动要素、技术要素、资金要素、管理要素、信息要素、土地要素等方面,其中,非公有制经济之外的按劳动要素分配与公有制经济之内的"按劳分配"有一定的类比性,但同等劳动强度下"同工不同酬"的差异客观上还是存在的,而且现阶段"按劳分配"只发生在公务员、事业单位工作人员、国有企业工人、集体经济中的劳动者等特定人群身上。回流农民工只是"按劳动要素分配",但其劳动量的大小(或计件制工资)决定其分配的多少,有一定的"按劳分配"类比性。

环太湖地区农民工在中国城镇化过程中参与建设,付出了自己的劳动,也获得了相应的报酬,而其回流后也是重要的"共享发展"参与主体。因此,"对症下药"仍须"摸清病症","共享发展"语境下环太湖地区农民工价值实现的现实瓶颈,从影响环太湖地区农民工做出回流选择及其回流后发展前途的内外部因素来看,主要包括以下几个方面。

(一)世界"经济危机"周期性交替对环太湖地区农民工发展的影响

世界"经济危机"周期性交替对环太湖地区农民工发展具有一定的负面影响。1997年,亚洲金融风暴曾引发我国部分农民工回流,部分东部沿海城市出现"用工荒"问题[1]。2008年,美国大型商业银行"雷曼公司"倒闭,并由次级贷危机引发了全球性金融危机,且全球经济一体化趋势是经济发展的既定现实,而中国在2001年加入WTO后,"出口"贸易也成为中国经济发展的重要组成部分,与"投资""消费"构成中国经济驱动型发展的三驾马车之一。受美国金融危机影响,2008年我国东部沿海地区,很多出口贸易企业与公司受到影响,特别是制造业、劳动密集型行业等出现"裁员"或"减工资"现象,迫使部分农民工被迫性选择"回流"迁出地。国家统计局农民工统计监测的数据显示,我国2008年农民工总量约为2.2542亿人,其中,外出务工的农民工总量为1.4041亿人,而2009年年初,环太湖地区农民工约为7 000万人,约占外出农民工的50%[2]。

2012年希腊债务危机爆发后,欧盟内部经济矛盾也逐步演化,资本主义国家的经济周期性衰退或危机,对中国经济发展也造成了一定的负面影响。为了克服世界经济周期性危机影响,2015年下半年,中国政府开始实施"供给侧改革",从激活社会全要素生产率的角度,推动"大众创业、万众创新"和产业转型升级,"去库存"激活经济存量,"减包袱"淘汰僵尸企业,而其中涉及的一些产能过剩行业和传统劳动密集型行业,主要集中在钢铁、煤炭、玻璃、化纤、纺织、线缆、太阳能等领域,而这些行业和领域又是吸纳农民工就业的重要社会生产部门,受供给侧改革影响,部分农民工可能被迫再次"换工性迁徙"或"回流性迁徙"[3]。世界"经济危机"周期性新旧交替,对我

---

[1] 万国威. 收益抑或损伤:我国农民工的区域回流与职业福利[J]. 江淮论坛,2015(1).
[2] 国务院. 国家新型城镇化规划(2014—2020年)[EB/OL]. 中国政府网站,载于http://www.gov.cn/zhengce/2014-03/16/content_2640075.htm, 2014-03-16.
[3] 高长武. 推进供给侧结构性改革需要厘清的四个认识问题[J]. 红旗文稿. 2016(4).

国经济发展的影响是多维度的,而对农民工回流或返乡的后续发展则产生间接性影响,是通过作用于我国经济发展的宏观环境进而关联性的影响环太湖地区农民工的价值实现。可见,世界"经济危机"周期性交替,不仅会对农民工选择回流的过程造成影响,也会从经济环境整体上影响农民工回流后的价值实现,即不管农民工回流后是再次选择外出务工还是从事创业或其他谋生性活动,都会受到世界"经济危机"周期性交替的外部宏观环境影响。

(二)技术创新与产业转型对环太湖地区农民工充分就业的制约

中国实施依靠技术创新实现产业转型的战略,不可避免的一个问题就是科技发展是否会削减就业。自1811年英国诺丁汉爆发"破坏机器"的卢德工人运动以来,人们对于"机器吃人"问题的争论就没有停止过。一方面,处在社会弱势一方的工人群体,对于机器持排斥或冷漠的态度,其理由集中在"机器挤兑就业"或"因机器作用看低劳动价值";另一方面,处在社会强势一方的企业主或管理阶层,则对于机器及技术革新持支持的态度,其理由集中在"逐年增长的工人工资增加了企业生产成本"或"管理机器优于管理复杂的人"[1]。环太湖地区农民工,作为中国城镇化发展中的工人组成部分,其实,也面临类似的技术创新与产业转型对环太湖地区农民工充分就业的制约问题。从经济运行所提供的就业岗位总量来看,一定时期内的技术创新,会使得"劳动密集型"的粗放产业转向"技术效能型"的集约产业,因而也就会降低原有生产领域所需的工人数量,即技术对人的就业岗位取代是可能的,如智能机器人对个别操作工的取代等,且新技术所代表的新产业创造出的新岗位,对原有的产业工人来说,并不见得"适岗适用"。这一情况对于环太湖地区农民工而言,具有同质性。

然而,"智能制造""物联网技术""工业4.0""4D打印""数字革新""工业机器人"等技术创新并不意味着只会造成机器排斥工人的负面效应。事实上,技术创新是具有双面性的,它的另一面就是技术创新也创造新的就业岗位,以此对原有产业生产状态下岗位削减进行补偿,即技术革新导致社会生产率提高,所能提供的社会产品数量和种类则会变多,进而衍生出其他的就业职位,但能否在社会生产总投资和社会消费总需求的两端寻求供需平衡,则需要

---

[1] 王子成,赵忠.农民工迁移模式的动态选择:外出、回流还是再迁移[J].管理世界,2013(1).

政府公共政策的引导,培育有支付能力的社会消费群体,防止"生产—消费"运行的链条断裂[1]。在这一问题上,环太湖地区农民工在原先的打工过程中所掌握的技术或生产技能,显然是不能满足技术创新和产业升级后的岗位需求的,短期内陷入能力匮乏性失业在所难免,但环太湖地区农民工的失业及收入缺失又与政府在供给侧改革中培育有支付能力的社会消费群体是矛盾的。所以,政府在推进供给侧改革与城镇化建设中,与环太湖地区农民工进行社会沟通是必要的,而环太湖地区农民工主动的政治参与则有可能促进自身的价值实现。

(三)后城镇化时期环太湖地区农民工面临社会生产要素的错配恶化问题

西方国家的城市化进程要比中国早,其城市化过程中的经验与不足值得借鉴。早在1979年,研究城市化过程理论的美国学者诺瑟姆(Ray. M. Northam),就提出了著名的"城市化过程曲线",他将西方国家的城市化进程划分为早期城市化、中期城市化、后期城市化阶段,其中,后期城市化是农村人口向城市集聚使得城市人口达到总人口50%~60%之后的阶段,它是后工业化时代城市发展的迟缓期,相对于中期城市化的高速发展,后期城市化很可能会面临1972年罗马俱乐部所提到的"增长的极限"问题,即面临全球化中的能源危机和生态环境危机[2]。西方"城市化"理论在中国本土化过程中,存在着"城市化"与"城镇化"混用的问题,而中国政府官方文件用"城镇化""城乡一体化"和"新型城镇化"来表述。国务院印发的《国家新型城镇化规划(2014—2020年)》表明,改革开放以来,1978—2013年我国城镇常住人口从1.7亿人增加到7.3亿人,城镇化率从17.9%提升到53.7%,预计2020年全国城镇化率达60%[3],这意味着中国也将进入现代化意义上的"后城市化"时代或"后城镇化"时期。

我国前期城镇化过程中,主要以"新城建设"和"城市扩展"为主,发展方式上较为粗放,社会全要素生产率(TFP)较高,对于转移农村剩余劳动力、解决农民工就业问题有"脊梁性作用","制造业大国""世界工厂"等称

---

[1] 王华华. 供需共振视阈下地方政府新型城镇化政策创新研究[J]. 求实, 2016 (1).

[2] 陈明星, 叶超, 周义. 城市化速度曲线及其政策启示——对诺瑟姆曲线的讨论与发展[J]. 地理研究, 2011 (8).

[3] 国务院. 国家新型城镇化规划(2014—2020年)[EB/OL]. 中国政府网站, 载于 http://www.gov.cn/zhengce/2014-03/16/content_2640075.htm, 2014-03-16.

号便是这一时期"中国符号"的特征。但是,随着我国城镇化的推进,特别是城镇化率达到50%之后[1],我国未富先老的人口老龄化特征彰显,伴随着人口红利的消失,传统非科技型行业和劳动密集型行业的优势逐步丧失,依靠科技创新、要素升级和管理创新来促进产业转型升级的趋势逐步凸显。这个后城镇化新旧产业更替的缓慢过程,既是"相悖"的过程:新兴产业会取代旧产业,也就意味着旧产业存在着社会生产要素错配的问题,比如太阳能、线缆、钢铁等行业,明明已经产能过剩,却又依旧能在政府财政补贴下继续生存,因为承载着大部分工人或农民工的就业;又是"相生"的过程:大部分旧产业中孕育着新兴产业,而大部分新兴产业也从旧产业中转型升级产生。后城镇化过程中,政府如果不能协调好产业转型升级中的社会生产要素错配问题,那么,农民工可能因为产业转型升级而被迫再次选择回流农村,对农村富余劳动力转移相对不利,且回流后的农民工不论是创业还是就业,依旧会面临社会生产要素错配恶化的风险或问题。

(四)环太湖地区农民工的劳动力要素与打工积蓄存在资源稀释风险

"共享发展"语境下,影响环太湖地区农民工价值实现的现实瓶颈应该是多样化的,除了上述比较重要的"国际经济因素""技术升级影响""国家生产要素配置"等,还有环太湖地区农民工面对纷繁复杂环境所做出的自我选择,即环太湖地区农民工对打工积蓄的资金如何使用和自身作为劳动力要素如何参与到中国特色社会主义市场经济中,也会影响到环太湖地区农民工的价值实现或共享改革成果和参与改革发展问题。不论是西方资本主义的自由市场经济,还是社会主义的市场经济,市场运作的二元结构"供给—需求"与"生产—消费"是不会脱轨的,所不同的是解救市场失灵或企业生产外部性的妙药是让市场自愈还是政府干预。

随着资本多元化和资本全球化进程的加快,中国在发展社会主义市场经济过程中,不可避免地也会存在实体经济(实体资本)和虚拟经济(金融资本)相互作用的关系,代表正能量方向的是虚拟经济能够发挥好为实体经济融资功能,进而促进实体经济发展,增进社会财富;代表负能量方向的是虚拟经济挤兑了实体经济,不仅没有为实体经济发挥好融资功能,反而稀释了实体经济的资金供给,甚至将部分实体经济的生产资金引入了虚拟经济的金融炒作中,破

---

[1] 高长武. 推进供给侧结构性改革需要厘清的四个认识问题[J]. 红旗文稿, 2016(4).

坏了整个市场经济合理运行的链条或轨迹。2015年，中国政府本意是引导金融市场更好地为实体经济服务，可是金融市场的炒作使得虚拟资本市场的风险日益膨胀，短期的暴利颠覆了部分实体经济经营者务实的生产经营观，但金融风险的泡沫最终破灭，也让中国近3亿A股账户面临了金融市场的"血洗"，而这些参与炒作的A股账户中，不乏环太湖地区农民工的身影。"共享发展"语境下，环太湖地区农民工，既具有农民工所不具备的职业再选择的空档期，也具有一般农民所不具备的打工经验和打工积蓄，如果避实就虚，将打工积蓄投入资本市场，炒房炒金、民间借贷或类似于"蚂蚁金服"类的理财活动中，就可能存在打工积蓄被资本市场资源稀释的社会风险，而自己也将无心工作或劳动，作为劳动力要素的价值，也就难以在共享发展的语境下得以实现。

二、政治参与有利于环太湖地区农民工实现价值的逻辑思路

缺乏正确的公共政策引导，环太湖地区农民工的负面外部性可能蔓延出来，包括引发部分城市用工荒、加剧回流地人地紧张、造成农地再次碎片化经营、延缓城镇化进程等负的外部性问题。而正确公共政策的形成需要党和政府合理的吸纳环太湖地区农民工的民意诉求。"十三五"提出的"共享发展"政策语境，既给环太湖地区农民工的价值实现提供了"职业流动""平等参与"和"获取收益"的机会，也为环太湖地区农民工价值实现面临的现实瓶颈提供了政治参与的解决路径。一般而言，政治参与是指除职业政治家和利益集团之外的公民个人或公民群体，为了特定的个人利益或社会利益，以各种活动形式影响国家决策和执行活动的行为[1]。不论是制度化的政治参与，还是非制度化的政治参与，环太湖地区农民工的政治参与行为，绝不是享受民主过程那么简单，而是期望通过政治参与活动来影响政府决策，进而更好地实现自身的价值，或消解、降低阻碍自身价值实现的制约因素的作用。政治参与有利于环太湖地区农民工实现价值的逻辑理路，主要表现在以下几方面。

（一）政治参与有助于环太湖地区农民工自下而上反映价值诉求

环太湖地区农民工的身份还是农民工，其核心问题的实质是劳动收入相对不稳定、职业保障相对不健全、社会尊重相对不足够。正如萨缪尔·亨廷顿所言，"现代化过程中充满着不确定性和社会风险"，若"政治体制提供的政

---

[1] 王华华. 供需共振视阈下地方政府新型城镇化政策创新研究[J]. 求实, 2016 (1).

参与机会不足,社会所能承载的流动性机会就变少",则"政治体制内获利较少的社会群体就有可能引发政治不稳定"[1]。"共享发展"语境下,环太湖地区农民工群体既有参与劳动的贡献诉求,也有共享成果的价值诉求,实现环太湖地区农民工的价值,有序的政治参与会是一条可行路径。费孝通先生所提的"差序格局"不仅适用于城乡二元分治的结构性格局,也适用于由经济基础所决定的政治权利的实现情况。农民工未回流前的政治参与情况是被城市边缘化,政治参与的路径和渠道不足。农民工外出到其他城市打工,"离乡离土,不脱户籍",且在其他城市打工的过程中,大部分居住在棚屋区或厂房区,少数新生代农民工可能会选择居住"出租屋",缺乏有效管理他们的政治组织或跟他们接触的合法通道,使得他们面临被城市边缘化的问题,也就很难通过制度内的城市社区居委会或其他合法的路径,正常地进行"民主选举""自我管理""自我监督""自我服务"等居民自治活动[2]。

由于农民工的政治参与通道匮乏,也就容易在利益诉求受堵的情况下,通过非制度化的政治参与活动,包括越级上访、静坐、抗争、拉横幅堵路或其他群体性事件等方式,来反映自身的价值诉求,引起政府部门和相关领导的注意[3]。农民工回流后的政治参与情况是被农村机械化,政治参与的主动性和积极性不高。农民工主动或被迫从其他城市回流到本乡农村,由于具有了外出打工的眼界和谋生的职业技能,同时也有了一定的打工积蓄作为经济基础,渴望将自己的想法和利益诉求,通过有效的政治参与活动来实现,而现实农村政治活动"机械化"的现实,比如村民被卷入性地参与选举投票、村民小组会议机械化运作、村务监督停留在想象中、涉征地拆迁事项透明度不够等,则给环太湖地区农民工政治参与热情泼了冷水,容易导致环太湖地区农民工的政治参与冷漠。与低效、非法、无序化、非理性政治参与相比,有效的政治参与可以让环太湖地区农民工自下而上反映价值诉求,减少社会运行的摩擦和降低社会运行的成本,更有利于环太湖地区农民工在共享发展的语境下,既实现参与中国特色社会主义现代化建设的社会价值,又实现共享中国特色社会主义现代化成果的个人价值。

---

[1] [美]塞缪尔·亨廷顿,琼·纳尔逊. 难以抉择[M]. 汪晓寿等,译,北京:华夏出版社,1988.

[2] 郑永兰. 新生代农民工政治参与:现实困境与改进路径[J]. 武汉大学学报(哲学社会科学版),2014(6).

[3] 于建嵘. 新生代农民工的社会诉求与社会稳定研究[J]. 学习与探索,2014(11).

(二) 政治参与有利于政府部门自上而下执行民主决策

生存问题或谋生问题,对于体制外自谋生路的农民工而言,依旧是根本性问题。农民工,选择外出务工是为了谋生,基本上从事的是城市剩余性工作,即城市当地人所不愿意从事的工作或行业,包括棉纺厂、钢铁厂、餐饮业、煤炭业、服务业、建筑工地、修路修桥等劳动密集型职业或苦活累活[1]。同样,如果不考虑回乡探亲、年老归乡、丧失劳动能力等情况下的回流,农民工被动性或主动性的选择回流农村,其根本原因还是经济利益,比如在外务工经济利益受损,或相比外出打工,本乡所在城市打工的收益会更高。可以说,资本的逻辑在于追求利润,媒体的逻辑在于追求真相,政治的逻辑在于追求权力,而环太湖地区农民工政治参与的逻辑,则在于影响政府的决策,并从利益的分配与再分配中获取相对公正的份额,抑或是共享自己那一部分利益"蛋糕"。

环太湖地区农民工在政治参与过程中,自下而上反映了价值诉求,与此对应,政府部门也应该在民意的政治吸纳中,民主的、合理的、科学的决策,并将符合环太湖地区农民工民意的民主决策自上而下的推行,最终使得环太湖地区农民工可以在共享语境下实现自身的价值。因此,环太湖地区农民工的政治参与使得党和政府部门有了自下而上获取民意的机会,也就更利于党和政府部门自上而下推行民主决策。从政治参与活动中的政民互动逻辑可见,政治参与是有利于环太湖地区农民工实现价值的。

(三) "共享发展"让环太湖地区农民工的政治参与行为"不超载"

民主是个好东西,但是民主的运行也是讲成本的,作为民主运行逻辑的公民政治参与行为,也是讲投入—产出经济理性的。著名政党政治学者安东尼·唐斯在《民主的经济理论》一书中指出,公民对于"政治选举活动中的投票问题,具有'经济人'的理性,他们会自觉或不自觉地比较执政党和在野党的政策,若在野党拿出和执政党高度相似'模仿型'政策的时候,选民依旧会做出理性选择,他们会比较现任执政党就相似政策和以前执政党执行类似政策时候的'执行'绩效,并据此投票"[2]。虽然唐斯在公民政治参与活动中

---

[1] 何晓红. 村民自治背景下农民工政治参与的缺失与强化 [J]. 政治学研究, 2009 (1).
[2] [美] A. 唐斯. 民主的经济理论 [M]. 姚洋等, 译. 上海: 上海世纪出版集团, 2010: 114.

的"经济人"理性假设不能代表所有民主活动的真实情况,但是却概括了大多数公民政治参与时的理性选择。对于我国环太湖地区农民工而言,不论是他们的牟利性政治参与活动,还是维权性政治参与活动,抑或是公益性政治参与活动,都表达了他们特定利益追求的价值取向。而且,环太湖地区农民工会依据政治参与活动的成本收益偏差,理性选择何种政治参与方式或政治参与类型。当政治参与收益过少时,他们会对政治参与生活厌倦,选择消极性的政治参与,比如他们表现出对回流地农村公共事务很少的关心,或被动卷入村民选举活动中等。当政治参与有收益时,环太湖地区农民工会进一步选择政治参与方式的"成本收益比",比如电子政务方式的政治参与可以解决问题时,他们就不会选择上门去参与,制度化政治参与不能奏效时,他们就会用非制度化的群体性闹事解决问题等。

马克思主义认为,事物是变化发展的,且量变引起质变。民主的政治参与活动过量时,也会引发民主的"超载"问题,即公民在特定时期内,选择制度内的政治参与路径,来解决特定利益诉求问题,当利益诉求量过大,超过制度内政治参与的解决能力时,公民就会选择制度外的政治参与行为,来表达和解决特定利益诉求,而此时就可能引发政治参与的"超载"问题,无序的、暴力的、骚乱的政治参与活动就可能滋生。从李普赛特《政治人:政治的社会基础》一书的观点来看,"政党或执政党所执掌的政府的合法性,与经济发展和利益分配是密切相关的"[1]。也就是说,如果公民政治参与活动过量,引发了利益诉求政治参与的"超载"问题,则表明执政党和政府没有发展好经济或利益分配出了"大问题"。同理,环太湖地区农民工政治参与表达利益诉求时,也可能发生利益诉求政治参与的"超载"问题,而中共提出的"共享发展"政策设计,从整体性上高度整合了社会利益分配的共识性诉求,为环太湖地区农民工实现利益诉求提供了拓展空间,降低了环太湖地区农民工合法利益获取困难的社会风险,也就让环太湖地区农民工的政治参与行为"不超载"有了定盘星。

■ 三、后城镇化时期环太湖地区农民工价值实现的政治参与路径解释

人们的利益就像一根渴望燃烧的火柴,它有产生"燃烧"诉求的自主性,

---

[1] [美]西摩·马丁·李普塞特. 政治人:政治的社会基础[M]. 郭为桂等,译. 南京:江苏人民出版社,2013:310-313.

而实现它的燃烧却离不开空气，也就是我们的社会。环太湖地区农民工价值的实现，既离不开自身的努力，也离不开社会的机会。环太湖地区农民工只有参与到中国特色社会主义市场经济建设和城镇化建设当中，各尽所能、诚实劳动，才能按劳分配，获取共享发展成果的天然资格。中国城镇化过程大致可分为两个阶段，前期城镇化过程中，主要以新城建设和城市扩ueba为主，发展方式上较为粗放；后期城镇化过程中，主要以旧城更新为主，辅之以新城建设，更加重视城市建设品质和城市环境优化，凸显城市经济发展方式的科技性和集约性，以生产要素升级、产业结构转型、现代企业管理、产业政策优化等综合作用，实现社会全要素生产率的提高。在后城镇化过程中，环太湖地区农民工通过政治参与来实现自身的价值，共建共享中国改革开放的发展成果，须从以下几方面入手，建构环太湖地区农民工政治参与的利益表达空间。

（一）被动的主动：引导的村民自治更符合中国民主的土壤

人际关系的建构中，存在一种逆反—忽视心理，当一个叫 A 的人特别主动地向另外一个叫 B 的人示好，B 就可能因被宠爱而有恃无恐，选择性地或逆反性地忽视 A 的特别关爱，构成 A 构建人际关系中的"主动的被动"，而 B 则在这种"A—B"人际关系建构中构成了"被动的主动"。环太湖地区农民工在政治参与过程中，与政府或执政党之间的关系建构，也存在类似的人际关系互动。若政府和执政党试图要了解环太湖地区农民工的政治参与诉求或其他诉求，则需要主动建构"互信的官民"关系。只有政府和执政党扮演了 A 的角色，构成"主动的被动"，环太湖地区农民工才有可能扮演 B 的角色，构成"被动的主动"，进而更好地通过政治参与行为，表达政治诉求，实现自身价值。西方政党政治语境下，不断弘扬的宪政自由民主平等选举投票平民政治自治等话语，其实大多不适用于中国的实际情况。民主和自治的生长，需要特定的土壤。中国国土面积大、人口众多，不仅自然资源和政策资源分配相对不均衡，而且经济社会发展现状、地缘行政划分情况、公民素质概况等也是处于差序格局状态。这就决定了中国各地在执行同一部法律或同一个政策时会出现不同的执行绩效，呈现出东部、中部、西部的地区差异情况，以及同一区域内的城乡差异情况。以《中华人民共和国村民自治法》为例，不同地区的农村，村民在过有组织的民主生活或塑造村民自治政治活动中，所表现出来的村民自治效果是大为不同的。有执行村民自治效果良好的，村民也保持较高的政治参与热情，也有执行村民自治走过场、搞形式、背离村民利益的，村民因此而变得政治参与冷漠，还有执行村民自治完全变样成村干部自治的，村民合法的政治参与村庄事务权利被剥夺。

村民自治是环太湖地区农民工政治参与的重要渠道，而政治参与行为既需要经济支持，比如进城或进京上访等行为需要路费，还需要花费时间，又比如与村干部民主协商要花时间成本、误工成本等。村民自治的环境下，环太湖地区农民工通过政治参与来实现自身的价值，较之于一般的农民，他们具有一定的打工积蓄作为政治参与行为的经济基础，也具有一般短暂性回村农民工所不具有的较长时间，因而他们对于村民自治渠道的合法性和民主性要求更为强烈。村民自治只有合法、利民、科学地运作，才会给环太湖地区农民工价值实现的政治参与路径留有空间。正如习近平同志所言，"民主不是一座飞来峰"[1]。任何制度框架都不是能够随便移植或复制来的，它需要一个制度本土化的扎根过程和生长过程。农村自治组织虽然不是党和政府的一个部门或一级政府，但是广大村民把它当作是党和政府权力延伸的"末梢神经"。党和政府仅用《村民自治法》治理农村，当起甩手掌柜，实际上是放弃了主动和农民扎深关系的权利，失去了 A 的"主动的被动"角色。这种角色扮演最初发生在延安时期，中国共产党利用局部执政的机会，主动上门邀请农民参加"根据地"选举，使得原来被动参加"民主生活会"诉苦会的农民，在经过了民主的历练之后，民主政治意识和参与"根据地"选举的意识都大增，以至于当好了 B 的角色，变成了"被动的主动"，积极参与当时的民主政治生活。随着城镇化的不断推进，政府主动引导的村民自治，还是有一定生存空间的，比如浙江海宁等地，考虑到村民自治可能浮于面上，而村干部自治则树大根深，采取了政府限制和规约村干部权力的做法，以弥补村民自治存在的漏洞和村民参与公共事务"搭便车"行为造成的监督缺失。由此可见，后城镇化过程中，环太湖地区农民工通过政治参与来实现自身的价值，"共建共享"中国改革开放的发展成果，必须让政府回归 A 的角色，更多主动地关心农民，合理、合法、合情地引导村民自治，让环太湖地区农民工能够"被动的主动"，更好地政治参与所在地的农村公共事务，进而实现环太湖地区农民工的价值，同时，畅通的村民自治也能巩固自身的合法性资源，为塑造农村民主的政治生活和政治生态贡献力量。

---

[1] 习近平. 必须全面推进社会主义法治国家建设 [J]. 党建, 2014 (12).

（二）合法的拓展：表达的"建言献策"更适合环太湖地区农民工参与

现代民主政权的建构中，合法性是一个难以避免的措辞，对于任何民主政府而言，寻求合法性的过程，其实也是民主政府自身合法性生长的过程，且这个合法性生长的过程，并不是单方向的，而是在和人民进行社会沟通的互动中生成的，也即民主政府合法性的生产和再生产过程。正如西方新马克思主义者 J. 哈贝马斯所言："政治合法性的建构，与权力谋取公共利益的空间是相对的，权力越为公共利益工作，权力所赢得的合法性空间就越大。"[1]回到中共"共享发展"的政策语境，"共享发展"以其利益分配的公正性为依托，充分调动社会各阶层人员参与中国特色社会主义建设的热情和活力，而中共政策的绩效性由此彰显。对环太湖地区农民工而言，实现自身的价值，面临诸多障碍和瓶颈，包括世界经济危机周期性交替影响、技术创新与产业转型导致的能力匮乏失业、社会生产要素错配恶化的负面影响、劳动力要素与打工积蓄存在资源稀释的风险等。虽然环太湖地区农民工面临的一些宏观性和技术性瓶颈难以克服，也不可能通过政府某一项政策或一系列政策的出台来解决，但是，让环太湖地区农民工通过政治参与的合法表达空间，讲出自身创业或就业中所面临的困难和政策需求，对于政府完善公共决策，更好地规制影响环太湖地区农民工价值实现的阻碍性难题，不失为一个好的途径。而且，在寻求环太湖地区农民工价值实现问题的道路上，任何理论的解释都会陷入与实践发展相去甚远的困局。

破局的灵丹妙药只会在环太湖地区农民工手上，党和政府应该主动地扮演 A 的角色，不厌其烦地向环太湖地区农民工要"药方"。这就需要党和政府给环太湖地区农民工说话的权利，避免出现以往环太湖地区农民工或农民工无序化、非制度化、破坏性、不稳定化的政治参与，让环太湖地区农民工或农民工处于"有话无处说、有苦无处诉、有理无处讲"的失语境地。一般而言，环太湖地区农民工政治参与的发声，分为三种类型，一是"沉默的发言"，主要是环太湖地区农民工出于政治冷漠或生存问题导致无暇发声的沉默，并以这种"沉默的发言"，间接或婉转地表达自己的政治态度和政治情感；二是"献策的发言"，主要是环太湖地区农民工基于爱乡关怀或自身发展诉求，而对回流

---

[1] [德] J. 哈贝马斯. 合法性危机 [M]. 刘北成，曹卫东，译. 上海：上海人民出版社，2000：70 – 75.

地如何开展城镇化建设或其他建设提出发展建议,积极主动地表达自己的政治想法;三是"抗争的发言",主要是环太湖地区农民工由于自身利益受到损害,被动地卷入特定的政治经济社会活动后,为了维护自己合法权益或自我感觉合理的利益,而又主动地采取身体抗争或其他斗争形式,以最吸引媒体、公众和领导眼球的方式来做"抗争的发言",包括上访、集体上访、游行示威、自伤或伤害他人等非理性方式发声。显然,从建构政权合法性的角度看,党和政府最不愿看到环太湖地区农民工的第三种发声方式,而环太湖地区农民工第一种"沉默的发言"又只能当作政治参与冷漠,唯有环太湖地区农民工的第二种发声方式"献策的发言",符合党和政府建构社会稳定环境的政治要求。因此,党和政府给予环太湖地区农民工建言献策的权利,并在不让政治参与发生民主"超载"的前提下,尽可能给予合法的拓展,丰富环太湖地区农民工建言献策的各种渠道,使得环太湖地区农民工表达的建言献策更能促进自身价值的实现。

（三）尊重的回应:互动的政治参与更满足环太湖地区农民工需求

政治参与是一种特殊的政治沟通活动,单方向的政治参与若得不到相应的政府回应,既容易导致政治参与主体公民的反感,进而导致政治参与方式的非制度化变迁,又容易导致政治参与主体公民的政治信任缺失,进而导致政治参与行为的实质性被边缘化。行为主义政治学者 A. 阿尔蒙德,利用比较分析的方法,重构了国家、权力、职位的政治话语体系,以政治系统、功能、角色等方面的政治互动,表达了公民政治参与的三种类型文化,即蒙昧型政治文化、服从型政治文化、参与型政治文化,并指出"参与型的政治文化离不开政治系统的有效回应,缺乏政治系统回应的政治参与,会引发公民政治参与角色的边缘化"[1]。环太湖地区农民工的政治参与,主要还是以"权利主张型"和"利益维护型"为主,若其政治参与行为得不到党和政府有效的回应,其政治参与行为就会被边缘化。由于城乡二元差序格局问题短期内不可能消除,农民或农民工的政治参与边缘化现状,也就难以在短期内寻求政治制度和政治文化上的改善[2]。在中国社会阶层分层中,农民工或环太湖地区农民工处在较低的社会层级,且由于自身地位较低和从事城市剩余工作的职业身份,决定了他

---

[1] [美]加布里埃尔·A. 阿尔蒙德,等. 比较政治学:体系、过程和政策 [M]. 曹沛霖等,译. 上海:上海译文出版社,1987:35-37.

[2] 孟宪范. 回流农民工的变化——基于对返乡打工妹的考察 [J]. 江苏社会科学,2010 (3).

们在社会沟通和社会互动中更渴望得到尊重。

  事实上，不仅是农民工或环太湖地区农民工，所有处在社会较低阶层的人群，他们相比社会较高阶层的人群，更渴望得到社会的尊重。因此，环太湖地区农民工通过政治参与活动来增强实现自身价值的条件时，他们会更渴望在政治参与中得到尊重的回应，也只有党和政府回应了他们的利益诉求或建言献策，政治参与行动才会持续发展下去，否则，就会偃旗息鼓。环太湖地区农民工选择回流故乡继续打工或创业，其内在驱动力依旧是经济利益或生存哲学。不论是世界经济危机周期性交替引发了他们选择逃离沿海城市的出口型行业，还是供给侧改革背景下技术创新与产业转型导致的能力匮乏失业，农民工主动或被动选择回流后，只有获取了合法的职业和稳定的收入，才能继续养家糊口，社会才会更稳定、和谐。政府扮演 A 在建构人际关系中"主动的被动"的角色，需要主动地拓宽言论表达渠道，给予环太湖地区农民工合法、有序、有效、民主的政治参与权利，特别是给予环太湖地区农民工表达建言献策的合法空间。与此同时，环太湖地区农民工为了实现自身的价值，利用自身打工的社会见识或经验优势，通过政治参与表达了自己利益的主张或对城镇化发展的献策之后，政府还必须给环太湖地区农民工以尊重的回应，形成互动的政治参与，则更能满足环太湖地区农民工实现价值的现实需求。唯此，环太湖地区农民工才能在中国后城镇化建设中，通过制度化的政治参与，化解劳动要素与打工积蓄存在的资源稀释风险，削弱社会生产要素错配恶化对自身价值实现的阻碍，进而"共建共享"中国改革开放发展成果。

企业家代际传承的 SWOT 分析与政府助力机制构想

——以海宁市为例

中共海宁市委党校 孙 岩

当前,民营企业普遍面临着经济转型升级和家族产业传承的双重压力。企业家的代际传承问题不仅关系到一个企业的生死存亡,也关系到当地经济的可持续发展,不可小觑。前不久,《中共中央国务院关于营造企业家健康成长环境弘扬优秀企业家精神更好发挥企业家作用的意见》,把目光聚焦企业家群体,对各级政府加快研究建立新生代企业家的培养引领机制,确保良好社会氛围,让企业家精神生生不息、代代传承,具有重要的战略意义。本文以嘉兴海宁市新生代企业家为调研群体,用 SWOT 理论分析民营企业代际传承的发展现状以及面临的挑战和机遇,探究政府在民营企业代际传承中的助力引领作用。

■ 一、海宁民营企业代际传承的基本概况

(一)家族企业代际传承模型

本文中所指的代际传承,是指当前在嘉兴市民营企业或家族企业中,一代创业者将企业的所有权和经营权传继给子女的过程。这个过程应该说是民营企业发展生命周期的重要组成部分,是从第一代创业企业家选择的继任者进入企业作为传承起点,到继任者独立执掌起企业的经营管理大印,父辈全身退出企业为终点的过程。调查显示,海宁市当前有 12.5% 左右的民营企业完成代际传承,有 0.2% 已考虑过渡到第三代。家族企业的代际传承是一个较漫长的过程,具有多样性。从理论上讲,家族企业代际传承有三个层次(1998 年由美国 Eleni T. Stavrou 提出),如图 1 所示。

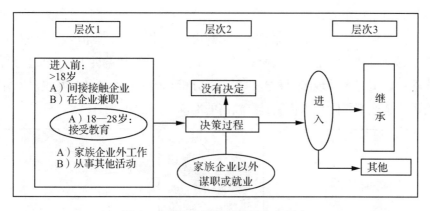

图1　家族企业代际传承的三个层次

层次1为社会化阶段。这个阶段中，潜在承接人通常刚刚成年，主要精力是接受国内外学历教育、学习优秀管理知识、在家族企业区域外积累工作经验、从事相关经济管理活动。层次2是潜在承接人进入家族企业内部，承接选择阶段。这个阶段存在一个风险决策过程，即潜在承接人是否愿意进入家族企业，能否承接历史使命。层次3是企业传承阶段，即潜在承接人在层次2自主选择进入家族企业，正式传承开始，承接人在家族企业内的合适管理岗位任职，逐步实现企业代际传承。

（二）海宁民营企业代际传承基本情况

截至2017年年底，嘉兴海宁市拥有民营企业8 746家，占全市工业企业的99%，其中规模以上民营工业企业1 157家，占全市规模以上企业总数的98%。规模以上民营工业企业实现产值1 455.98亿元，利税137.15亿元，利润81.84亿元。有85%左右的民营企业主年龄在50~60岁，未来10年是企业代际传承的高峰期。民营企业家的代际传承问题是当前嘉兴民营企业可持续发展的首要课题。

随着越来越多浙江创业者进入暮年，虽然他们不舍得自己辛苦创业打下的"江山"，但也不得不转入幕后，于是新生代企业家频现于人们的视野中。海宁市新生代企业家联谊会有会员133名，平均年龄32.4岁，96%为创一代子女。会员涉及皮革、经编、汽车、家电制造、房地产、教育、服务业等多个领域，目前有75%左右进入家族企业代际传承的第三个层次，成为新生代企业家。15%尚处于第二个层次，或在家族企业内做相关配套产业。10%左右另起炉灶，选择在制造业、房地产或"互联网＋"等新兴产业自主创业。与创一代相比，新生代企业家由于大多具有国外留学经历，接受了西方思想文化的熏陶，视野更加开阔、理念更加超前、思想更加开放，在处理事务和开展业务的过程中思维行动方式也更为大胆和敏捷，同时他们的利益诉求也更加多元化，对企业的转型升级表现出更急迫的态度。分析与研究这个群体的特点对于探析政府助力企业家代际传承机制具有较高的准确性。

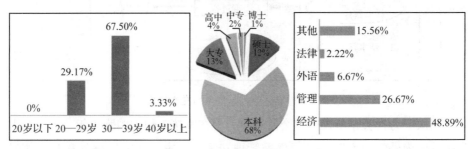

图2 海宁民营企业代际传承结构分析图

二、民营企业代际传承的 SWOT 分析

（一）民营企业代际传承的优势（strength）

1. "子承父业"模式

民营企业代际传承的主流模式是"子承父业"。通过利用先天的血缘关系和无比的信任程度，减少企业运作的成本和降低财富流失的风险，不仅能继续保持民营企业所有权与经营权的高度统一，而且还能利用血缘的既定性来保持企业稳定。创一代家庭独生子女占绝大多数，"子承父业"没有了企业运营中的利益冲突，增强了企业发展的凝聚力。

2. 多年培养熏陶

海宁新生代企业家亲历父辈创业的艰辛，清楚冷静地认识到上代企业家取得成功的原因和具有的独特优势，90%以上从小就被培养了传承企业的意识，经过多年培养，他们学历层次较高，综合素质比较突出。有近70%的受访者有海外留学经历，拥有硕士研究生及以上学历的占比13%，本科学历占比68%，所学专业基本为经济管理类或与企业经营相关的专业，且有12%的人接受过正规的工商管理教育（EMBA）。

（二）民营企业代际传承的劣势（weakness）

1. 承接人威望不足

新生代企业家从小在家族企业长大，在企业元老眼中就是长不大的孩子。

在管理细节上,如何与"老臣"相处融洽,如何更好地发挥企业骨干的聪明才智,如何在管理理念甚至企业文化上趋同一致,都是新生代企业家们的普遍困惑。

2. 社交圈单一狭窄

新生代企业家的社交范围主要还是业务圈和"富二代圈"。超过一半的人重视父辈提供的各种社会资源,也能比较注重人脉关系的积累与处理,但因年龄尚轻,不足以厚积薄发。

3. 拼搏进取精神欠缺

新生代从小生活优越,他们刻意追求个人价值的实现和个人利益的满足,责任意识和社会观念比较淡薄。老一代创业者希望他们能按照原有的思维和方向去发展企业,但对新生代而言这很难执行,吃苦耐劳、拼搏进取的精神已不再是他们的追求。

(三)民营企业代际传承的机会(opportunity)

1. 最佳时机的出现

企业的代际传承新老交替是一个企业在发展进步中自然的必经过程。新科技的发展、产业转型、产品升级、"机器换人""互联网+"等,需要更高的效率,更新的思维,老一代创业者年事已高,逐渐感到力不从心,不得不选择退居幕后,这是当前民营企业代际传承的最佳时机。

2. 职业经理人的出现

通过市场培育,MBA 教育及海归潮不断兴起,我国渐渐成长起来一批职业经理人,职业经理人市场的初步发展,为家族企业的代际传承提供了新的选择。新生代企业家更加重视企业管理的团队建设,注重引进高层次管理人才,注意推广运用先进的管理理念。受访者中 59% 的人认为制约非公经济发展的主要原因是缺乏高素质的人才;15% 认为是缺乏诚信管理机制。在新生代经营的企业中,85% 以上都建立了一个高层次的管理团队,职业经理人的出现与引入,更让新生代企业家在企业决策过程中如虎添翼。

(四)民营企业代际传承的威胁(threat)

1. 兴衰周期律

据一美国企业研究学院的调查,家族企业的寿命一般有 33 年左右,约有 70% 的家族企业未能传到第二代,而能持续发展到第三代的只占 15%。多种现象也证实,多数家族企业无法长远发展。家族企业的代际传承是制约家族企业发展的坎，失败案例屡见不鲜，"富不过三代"更是我国家族企业传承的魔咒。

2. 传承人无意接班

调研显示，新生代中有29%明确以继承家族产业为目标，暂时继承以后再另起炉灶的占11%，而尚未决定的占39%，不想继承，希望自己创业的占21%。他们有的是因为对家庭丰富的物质生活的依赖而产生了惰性，不愿去承受压力；有的是缺少独当一面的训练；有的认为父母从事的传统产业或低端加工制造业发展空间狭小；有的兴趣是热衷于"互联网+"等新兴产业；有的是与父辈在企业管理观念上有严重代沟和碰撞，挫伤了接班管理企业的激情；等等。

3. 传承人无能力接班

海宁新生代企业家80%以上拥有本科、硕士和博士学历，其中经济类专业的占48.89%，管理类专业的占26.67%，但学历并不代表能力。在"继承企业后最担心的问题"的调查上，有20.59%的人担心能力不足，有52.94%的人担心经验不足，在面对压力和传承经营企业的问题上，新生代企业家整体上还是缺乏足够的经营管理能力和经验。

三、企业家代际传承的政府助力引领机制构筑

民营企业家的代际传承问题不仅关系到民营企业的持续发展和兴衰成败，关系到能否留住本土项目、资金和人才，更直接关系到区域经济的转型升级和创新发展。为此，各级政府要加快研究建立新生代企业家的助力引领机制，确保良好的社会氛围让"创二代"群体能够健康成长，构建"亲""清"新型政商关系，助力民营企业实现顺利代际传承，营造为担当者担当、为负责者负责、为干事者撑腰的社会氛围。

(一) 建立预期引领机制，引导新生代企业家承接使命

一是高度重视，认真研究。民营企业的代际传承不是简单的继承企业、继承财富，而是继承事业，传承发展，延续企业生命长青的全过程。选好人、继好位、守好业、升好级，绝不是民营企业的"家务事"，需要政府、企业、社会、市场形成合力，四位一体地营造舆论环境。政府更是要高度重视和深入研究民营企业代际传承问题，切实掌握民营企业接班动态的第一手资料，真诚倾听企业接班人代表的呼声和建议，建立政府重大经济决策主动向企业家问计求

策的程序性规范,深入分析"创二代"群体对创业接班的顾虑与恐惧,并将其作为政府决策的重要参考,采取有效措施加强引导新生代企业家实现由"不愿接班""被动参与"向"主动履行"的转变,大胆地承接使命。

二是舆论引领,增强认同。新生代企业家相比父辈,更具有开放的视野、创新的意识、丰富的知识和包容的心态,易于接受新思潮、新理念和新事物。地方政府要充分利用新闻媒介开辟"创二代"专栏,多视角宣传报道新生代企业家的标杆领军人物,宣传新生代企业家的创业传承事迹和为地方经济发展做出的贡献,提高市民对"创二代"群体社会价值的认识,增强社会对新生代企业家的认同感,提升新一代企业家的社会形象。

三是政策扶持,鼎力助推。设立新生代创业基地和创业孵化园,对开展企业科技创新、品牌建设、市场开拓、资本运作有突出贡献的新生代企业家给予创业专项资金、转型升级专项资金和企业上市奖励资金的扶持。出台成长型、创新型工业企业激励办法,全力助推新生代接班后逐步实现创业创新和推进企业转型升级。

(二)建立政治关心机制,促进新生代企业家健康成长

一是荣誉激励,立体培养。政府要全方位、多渠道地关心关注新生代企业家的政治成长,为政治素质高、创新意识强、社会影响好的优秀新生代企业家做好政治安排,立体培养。结合现代企业转型升级和创业创新等活动,积极培养和发展符合条件的优秀新生代企业家入党。通过荣誉激励激发新生代的归属感,新生代企业家创业的激情在更好的环境下得以迸发。

二是参政议政,正确履职。在推荐与确定人大代表、政协委员候选人时适当安排一定比例推荐综合素质优秀的新生代企业家参加选举,鼓励和支持新生代企业接班人参政议政,引导他们正确地履行参政行为和职责,自觉接受党的领导,积极建言献策。让他们拥有反映愿望的渠道、参与社会事务的舞台和实现自身价值的载体。

三是挂职锻炼,健康成长。建立新生代企业家挂职锻炼制度,有计划地安排大批新生代企业家到政府部门、乡镇(街道)和省内、市内优秀的国企民企平台挂职锻炼。政府挂职要注重思想素质和政策业务的提升,学会营造"亲""清"的新型政商关系,提振发展企业信心。企业挂职要学习先进的管理经验、运作机制和发展布局,注重拓宽发展视野,提高企业领导能力、战略眼光和商业智慧,共同促成推进1~2个合作项目。

（三）建立人才激励机制，拓展新生代企业家发展空间

一是制定规划，加快培养。要将"创二代"纳入市人才培养规划，为"新生代企业家"量身定制企业管理人才培养计划，以前瞻性和战略性的眼光抓紧制订"未来企业家暨后备人才三年培养计划"，尽快建立完善非公经济代表人士综合评价办法，让政治上有觉悟、社会上有影响、事业上有创新、发展上有贡献、综合得分高的新生代企业家得到加快培养并进行跟踪服务。

二是训前调研，提高实效。充分利用党校、行政学校、企业经营管理者学院，有针对性地开展"家业长青接班人专题培训""未来民营企业经营者培训"，注重他们知识的更新和理念的创新，增强培训效果。通过"请进来""走出去"和尝试"互教互训互帮"相结合的培训模式，提升新生代企业家的经营管理才能，强化其企业传承的使命感与责任感。建立完善民营企业家培训档案，增强培训安排的指导性和参考价值。

三是监管助力，实现对接。新生代企业家对职业经理人需求和依赖很大，目前的网络平台对职业经理人忠诚度和能力水平很难甄别，政府有必要借助地方人才资源平台植入职业经理人板块，健全职业经理人道德信用技术管理等能力的评价机制，依法有效地监管规范，或组织培训一批专业经理人，或组织新生代企业家参加经济部门、金融机构、大专院校、科研院所等的对接活动，协助新生代企业家从可靠渠道引入职业经理人和技术人才，有效地规避风险。

（四）建立共生共育机制，助推新生代企业家创业创新

一是鼓励创新、宽容失败。企业传承关系到两代人，要培育一支高素质的新生代企业家队伍，不仅要做足做好新生代企业家给予容错的思想政治工作，还要积极做好创一代的引导教育工作，解决两代企业家的不同顾虑。要经常性地举办"创一代"与"创二代"企业家主题座谈会，拓宽父辈和子女交流沟通经验教训的渠道，鼓励新生代企业家创新思维，建立宽容失败的社会氛围，帮助新生代企业家排除干扰，提高管理企业的综合素质、抗风险能力和企业经营能力，促进两代人的相互理解。

二是成长引领，隔代提升。扶上马必须送一程。要有计划地选择一大批新生代企业家"拜师结对"，以"导师制"的形式，聘请知名教授和一代企业家向新生代"1对1"地传授企业文化发展与经营管理之道，帮其提高解决实际问题的能力。让老企业家丰富的经历经验与新生代活跃的创新思维很好地融通，以实现在交流过程中新生代企业家的自我觉醒和素质提升，实现对新生代企业家的长效帮扶。

三是共生共育，搭建平台。经济部门、科技部门、金融机构、商会协会要充分发挥职能优势，强化载体疏导，搭建各类活动平台、沟通平台、提升平台，切实为新生代企业家提供交流沟通的机会，寻找抱团发展的机遇，达成创业创新的共识，拓宽展现个性的空间。同时在宣传政策、推介项目、融资服务、征求意见时，更多地吸收新生代企业家参加，为他们提供更多的经济信息和社会资源，共生共育企业家健康成长和创业创新的良好社会环境。发挥现有的新生代创业联谊会、青企协、海创会等组织作用，促使新生代企业家学习新知识、适应新常态，心理素质和综合能力在实践中得到引领培养和弥补提升。

（五）建立助企发展机制，彰显新生代企业家精神形象

一是唤醒本性，引领使命。党委政府要努力从精神引导到助力传承全面部署，大力弘扬企业家精神，壮大企业家队伍，为企业家专注品质、持续创新提供全方位保护。在新生代企业家中倡导"义利兼顾、以义为先"的理念，营造致富思源，富而思进的良好氛围，激发新生代企业家的社会责任感，唤醒企业家"反哺"社会的本性，引领他们既能仰望星空绘蓝图，又能脚踏实地干实事，成长为具有时代使命感、积极向上、全面健康发展的年轻企业家。

二是唱响公益，回报社会。鼓励新生代企业家深入基层，了解社会，体会弱势困难群体的窘境，激发吃苦耐劳的精神，增强回报社会的责任感。通过设立公益基金、精准扶贫结对、爱心助学结对、五水五气共治、美丽乡村建设、一企帮一村、义务村干部、提供创业平台、设立虚拟岗位等多种形式的公益活动，鼓励新生代企业家承担社会责任，展示自我价值和形象，用感恩情怀反哺社会，用实际行动造福人类。

三是挖掘典型，着眼长远。加强对新生代企业家优秀典型的挖掘和总结，宣传他们传承前辈的创业激情、勇挑重担的创新精神、胸襟宽广的社会责任，引导激励新生代企业家拉高标杆，立大志、干大事、成大业，加快成长为"创业创新创未来"的新生代企业家。

从"被组织"到"自组织":长三角科技城跨行政区域协同创新的实践研究

中共平湖市委党校 王晓燕

一、跨行政区域协同创新概述

随着区域经济一体化的深化和创新网络系统的复杂化,创新活动越来越体现为区域间的协同创新。所谓协同创新,是指企业、大学、科研机构、政府、园区平台、中介组织等各类创新主体之间[1],以非线性、网络化、开放性的合作方式,实现知识、技术、资本、信息等创新资源的汇聚与交互,共同完成创新目标的过程。而区域协同创新作为一种开放式的创新系统,通常是指在一定区域空间内部,通过强化多个创新主体间的横向或纵向联系,促使科技创新要素与资源的快速流动[2],实现优势互补和联动发展,达到区域创新效益最大化和科技创新能力整体提升的目标[3]。

与传统的、同一行政区划范围内讨论的区域协同创新不同,跨行政区域协同创新是两个及以上不同行政区域特别是跨省域之间的协同,其形成与发展不仅需要相应的基础条件,更需要关键动力的支持。在我国,区域协同创新活跃程度与行政区划层次高低呈现明显的正相关,即行政区划层次越低,协同成本相对越小,创新活动越活跃。从实践来看,同一行政区域范围内,如同一省内各地市之间、同一地市各县(市、区)之间的协同创新较为活跃。近几年来,又出现了以"异地园区""飞地经济"等为代表的跨省域协同创新,这种模式在为区域发展带来机遇与新动力的同时,也存在着因科技创新资源外源性植入所带来的"水土不服"现象,特别是由于跨区域的经济差异、政策落差以及地缘文化迥异造成合作可持续发展的问题。这些问题如果得不到有效的解决,将极大制约我国创新型国家的建设进程。

当前我国提出的京津冀、长江经济带等一系列跨行政区域经济发展战略,旨在打破行政区划特别是省际区划限制，推进跨区域协同发展。在此过程中，长三角区域作为我国最有活力的经济发展区域之一，所辖江、浙、沪、皖四地正加快整合资源，打破省市行政壁垒，实现跨越式发展。位于浙沪交界地的长三角科技城，作为全国首个跨省市合作的科技新城，创建了跨区域合作、协同发展、市场运作新模式，成为当前全国推广区域一体化合作改革的新亮点。

二、长三角科技城跨行政区域协同创新的特质环境、动力机制

长三角科技城建立于2011年9月，位于浙江平湖市新埭镇与上海金山区枫泾镇的交界地，由张江国家自主创新示范区、平湖科技园与金山科技园共同组建，面积共87平方千米，浙江与上海境内各占45和42平方千米。科技城发展定位是通过实施生态、生产、生活融合发展模式，重点发展高端智能先进制造业、现代服务业、新材料、新生物科技及新电子信息技术等，打造浙沪一体、产城融合、宜居宜业、智慧生态的长三角协同发展示范区和国际一流科技新城。科技城凭借浙沪交界、无缝对接的优势位置，实施区域融合、一体化发展战略，是全国首个跨省市合作的先行先试实验区。

（一）长三角科技城协同创新发展的特质环境

长三角科技城跨区域协同创新的动力因素大体可以从创新环境、创新成本、创新资源三个方面来分析。

1. 创新环境

一是具有区位优势。园区所在地处于浙沪交界地，是遥感测量确认的长三角中心位置，距离杭州、宁波、苏州不到一个小时车程，境内高铁、高速公路、航空、航道、航运体系发达，规划中的轨道交通将与上海市中心连成一体。得益于嘉兴市"与沪杭同城"战略，两地在通信、交通、教育、文化、医疗、生活等领域一体化程度较高。二是具有品牌优势。上海以自贸区的建设为契机，正加快建设国际经济中心、国际金融中心、国际贸易中心、国际航运中心，"上海牌"可形成吸引国际资本和技术的强大磁场；张江自主创新示范区是全国三个自主创新示范区之一，聚集了大量的企业和资源，"张江牌"可充分承接现有企业和产业外溢。三是具有专业运营优势。以张江园区为主体，以其专业化营运团队，全面输入张江的运营管理体系、产业发展体系、服务体系、金融支持体系，打造"创业苗圃＋企业孵化器＋企业加速器＋产业园"梯度配置的企业全程扶持平台[4]。

2. 创新成本

长三角科技城与上海完全接壤，但土地成本相差很大，上海张江核心区地价将近3 000万元/亩~4 000万元/亩，金山区土地价格也在700万元/亩，而同一地块的平湖地价低至15万元/亩~20万元/亩。此外，人力资源成本、配套成本及其他成本也有明显优势，建设一体化的科技城可以将大都市综合优势与小城镇超低成本完美结合。

3. 创新资源

一是具有土地资源优势，园区总体规划87平方千米，除建设高新技术产业、战略性新兴产业等项目外，还可以建设物流、商务、生活、文化等配套设施。二是具有产业资源优势，园区拥有无与伦比的产业资源优势，已有大量的上海企业、张江企业、长三角企业、国际企业希望入驻。三是具有金融资源优势，依托上海国际金融中心的优势，导入陆家嘴、外滩金融中心等资源，作为浙商回归示范区，将导入大量的浙商资金和金融资源。四是具有人才资源优势，由于地处江浙沪的中心位置，距离园区一小时交通圈内涵盖了上海复旦大学、上海交通大学、浙江大学等一批知名院校，拥有大批高素质人才。

（二）长三角科技城协同创新发展的动力机制

跨区域协同创新体系包括了政、产、学、研、园、介等多个主体，长三角科技城就是各创新主体内部驱动力和外部推动力两种动力交互而成的跨行政区域协同创新组织。

1. 内部驱动力

内部生驱动力决定了创新组织演进的方向与进程，主要包括利益驱动、产业转移、资源互补三个方面。

（1）利益驱动。高科技企业作为协同创新的核心主体，是技术创新活动的主体和创新成果应用的主体，是创新的需求者、投资者、组织者和应用者[5]。多样化、强时效性的市场需求带来强大的潜在收益，而传统单个企业及其他创新主体无法及时捕获与回应，需要多个企业、科研机构和高校紧密合作。与单个企业或产业相比，企业或产业间可以通过分工和协作，形成资源互补、获取规模效应，产生一些额外收益，而且这种基于信任与合作的联盟联系越紧密，额外收益就越大。在利益的驱动下，企业间摒弃原先以竞争为主的观念，选择与同行或有共同需要的企业合作。长三角科技城的创新企业可以将之前条块分割、松散化的相互合作进行整合，进一步建立跨行业、跨区域紧密的产业联盟，降低竞争成本，实现规模效益，通过分工与资源互补实现效益增进。

（2）产业转移。产业转移是发生在不同经济发展水平的区域之间的产业迁移现象，产业转移是区域经济由非均衡走向均衡发展的重要途径，由此成为区域协同创新的重要动力源。近年来，上海作为长三角产业转出的主阵地，产业转移的目标趋于多元化。当前上海产业转移主要分为三类：一是资源占有量较高的、相对低端的劳动密集型产业，如家居制造业；二是具有良好经济效益和长期发展前景但资源占用程度较高的资本密集型产业，如汽车零部件；三是在上海孵化成功、成长迅速但发展空间相对不足的高科技产业，如生物医药、电子科技等。因而，上海的产业转移具有产业梯度转移、开发新市场、扩大生产规模、降低生产成本等多重目标，转移目的地也由临近地区向中部、西部蔓延，转移的对象正呈现由单一的制造业变为生产制造和研发、销售等服务业并重的综合性趋势。

（3）资源互补。对于区域内部的创新子系统而言，科技、人才、资本等资源结构性缺乏永远存在，但对其他区域或区域内的其他系统而言，资源的稀缺或许不是同质的。在长三角科技城创建过程中，参与合作的不同区域各自流出土地、资金、知识、品牌等优势资源，吸引互补要素，达成资源整合互补与协调发展，使区域间成为相互推动、相互促进，持续、螺旋上升的动态发展利益共同体。高校、科研机构与企业之间的知识共享，使知识在周而复始的使用中不断地得到积累、提升与转化，呈现天然的正外部性特征，造就了产业与新技术以及新知识的产生。长三角科技城通过张江自主创新示范区导入上海地区强大的高校、院所等组织机构力量，加快知识流动、创新溢出和成果产业化，缩短知识创新和技术研发进程。特别是上海复旦大学、上海交通大学、上海大学等名校集聚，加上张江示范创新区内的各大科研院所，创新、高层次人才众多，可以不断地为企业输送各类专业技术人才，使其研究成果在企业生产性及市场性导向的创新活动中得以转化和应用[5]。创星园等一批园区孵化器和园区专业运营商，为科技园、产业的开发建设、运营管理、企业服务、园区金融提供了全方位的服务。

2. 外部推动力

外部推动力作为开放的外部环境因素，通过信息流、知识流、技术流等因素的输入与输出影响创新组织的演进，主要包括市场竞争、政策支持、组织制度三个方面。

(1) 市场竞争。激烈的行业内和行业外竞争使创新主体不得不面对高昂的资源内耗和竞争成本,迫使有共同需求的跨行业、跨地域创新主体建立联盟,寻求合作。为此,长三角科技园区的创新主体可以共享价值增值的关键节点,如专业化分工、资产专用性、业务互补性,使得彼此间相互依赖,依托承诺、信任、声誉和契约,各成员在专注于自己核心能力的同时,自觉或不自觉地嵌入区域产业链上,延伸创新空间,衍生创新能力,增强创新主体间的协同性和相互依存性。[6]

(2) 政策支持。有效的政策可以大大降低创新的交易成本和制度摩擦,特别是跨区域的双方政府战略合作协议,将推动创新组织的协同由碎片化、局部化、虚假化向全方位、整体性和实质化迈进。各级政府机构是协同创新的倡导者、调节者、环境创造者,其作用在于制定和实施相关政策、搭建合作平台、进行有效的沟通及协调服务工作,提供各种配套措施,建立官方服务性机构,为协同创新的合作主体提供政策与环境保障。浙江省、嘉兴市、平湖市、金山区与上海张江国家自主创新示范区以浙沪一体为目标,在土地供给、财税政策、科技金融、人才保障、运营方式、收益划分等领域打破区域间的政策壁垒和制度瓶颈,对科技城予以最优惠的政策支持,极大提高了创新系统间的协同力度,提高了创新效益。

(3) 组织制度。跨行政区域协同创新是一种新的创新组织模式,是各创新主体在潜在利润的激励下而引发的诱制性制度变迁,它突破了原有组织模式的路径依赖,使创新主体在新的更加高效的组织制度中获取额外收益。长三角科技城突破了传统"飞地经济""转型园区"中跨行政区域间不同主体的管理运营"双轨制"制约,通过制度创新,以市场为导向,以政府为支撑,导入社会资本,共同出资组建联合开发公司,以联合公司统一负责园区的开发、建设和运营,实行市场化运营和管理,政府只能实施规划、征迁、项目准入等基础保障工作。

■ 三、长三角科技城跨行政区域协同创新的组织演进

从自组织理论的视角来看,跨行政区域协同创新的动力来源主要有"自组织"和"他组织"(又称"被组织")两种。前者是指不存在外部指令而依靠创新主体自身的内生动力,按照某种规则自动而成的内生性结构或组织,后

者是指在组织进化过程中由外部指令催生的组织或系统。在实践过程中，他组织往往是指由政府等机构引导而建立的组织，自组织是指由市场主体（包括企业、科研机构、创新平台等）发起的组织。协同创新组织作为一个开放的系统须经过不断的演变，才能最终走向相对的稳定与平衡。无论哪种组织演变，都由若干决定组织演化方向、主导性的序参量，以及影响组织深化进程、辅助性的参变量共同作用而成。这些变量涵盖了跨区域的市场体系、科研体系、政治决策体系[7]等因素，在不同时期发挥各自的作用，影响跨行政区域协同创新系统的发展和演变。

（一）"无组织"：成立前企业和科研机构自发的松散合作

长三角科技城在创立之前，平湖、金山以各自的科技园独立运行，双方与张江自主创新示范区的合作与协同主要以企业项目、技术转移等碎片化的形式开展，在两个园区内部，形成了相对独立的自组织创新生态系统。虽地缘相近、人文相亲，但在创新合作上，几乎没有更深一步的交集。随着两地经济社会一体化的加快发展，由行政区划带来的政策壁垒进一步凸显，极大地影响了两地协同创新的深化，并使两地合作进入瓶颈期，以"星期天工程师"为特征的技术指导式的产研合作深度不够。同时，产业结构同质化、低端化又使金山、平湖两地合作有限，竞争日盛。

随着上海建设国际经济中心、国际金融中心、国际贸易中心、国际航运中心步伐的加快，产业转移和创新外溢的区域范围在不断扩大，异地建园成为上海对外产业合作的主流趋势。但传统的"飞地经济""合作园区"运行模式出现利益分配不均、产业配套不足植入式创新资源引进带来的水土不服问题，没有真正与本土企业紧密联姻，从而使协同创新相对松散，深度不够。除了需要经济社会发展的跟进匹配之外，更加迫切地需要政府打破由行政区划带来的政策壁垒和制度障碍。

（二）"被组织"：成立初期跨区域政府协同促成的平台合作

随着上海产业与创新转移的逐步深入，跨行政区域之间的合作瓶颈更多表现为区域政策与制度的制约。为更好地导入上海张江的优质资源和合理利用浙江的成本优势，化解区域政策环境落差，2011年9月25日，平湖市政府与上海市张江高新技术产业开发区管委会签订了《合作共建上海张江平湖科技园的战略合作框架协议》《上海张江平湖科技园联合开发有限公司筹备工作协议书》，协议指出，力争通过多年的努力将科技园打造成为长三角一流、浙江省领先的高新技术产业园,以及张江自主创新区服务长三角的标杆。随后,由上海张江牵头并以张江平湖科技园为主体,通过与金山区洽谈,把毗邻平湖新埭镇的金山区枫泾镇纳入合作开发的范围,以三方合作的形式积极探索省市共建科技园的新模式。在87平方千米的园区规划范围内,统一规划招商、公建配套,实现资源共享、互利共赢,共同打造"长三角科技城"。跨区域双方政府间的加入,破除了两地分割的行政壁垒,加快了创新进程。这一阶段的协同创新具有鲜明的政府主导式"被组织"特征。

科技城开发建设初期,政府的主导作用得到了积极发挥。在园区成立初期,由于市场主体发育不成熟、市场机制不完善,政府的有形之手发挥着原始推进力的作用,其制度变革、政策调整和体制机制创新等相关配套措施是不可或缺的。因而,在双方合作建园的协议中指出,要按照"封闭运作、用地补贴、费用包干、融资担保、合作共赢"的原则,给予科技城财政、土地、融资、收益等方面"一区一策"的支持。同时,为方便科技城开发工作,上海张江平湖科技园建立了由张江管委会、平湖市主要领导任组长(双组长),平湖市分管领导、新埭镇主要领导、上海方董事长和联合公司总经理任副组长,平湖市有关部门及联合公司等单位主要领导为成员的园区建设领导小组,并聘请上海市、浙江省有关领导任顾问。园区建设领导小组落实专职领导常驻联络,帮助解决园区开发建设过程中须沟通协调的重大事项,加速了科技城开发建设的进程。

(三)由"被组织"向"自组织"过渡:成立中期两地三方共同组建联合公司

以政府为主体的"被组织",尽管为跨行政区域双方合作搭建了平台,扫清了政策障碍,但从长远来看,协同创新组织不能以政府为核心来运营,必须导入市场主体,才能实现可持续发展。因此,长三角科技城成立后,由张江创新示范区牵头,平湖市、上海金山区分别代表浙江、上海两地,以联合公司方式打造了我国首个跨省市一体化发展融合实践区。"长三角科技城"是由张江国家自主创新示范区管理委员会正式授权张江平湖科技园、张江枫泾科技园及上海市张江科技园发展有限公司等单位根据各自优势,实施统一品牌、统一规划、统一协调、资源共享、优势互补,一体化、市场化运作模式而创建的浙沪协同、区域融合发展的项目。这一项目打破了浙沪地域限制,创立合作载体,打造合作平台,创新项目建设,实现合作共赢,创建了跨区域合作、协同发展的新模式。于浙江平湖而言，长三角科技城是一种"产业转移合作园区"，是以跨区域合作共建为特征的一种新兴开发区模式，其主要功能是交换资源要素、形成区域创新空间。共建科技园区，可以更多地承接上海张江自主创新园区的产业转移，有助于克服产业转移中区域利益失衡问题，加速产业区域转移和产业转型升级，推进上海与浙江协同发展和长三角一体化发展。

从合作机制来看，园区开发建设以政府为支撑，导入社会资本，借鉴上海张江紫竹科技园等成功经验，建立两地三方联合公司。[8] 上海张江创新示范区分别与原平湖产业园和金山产业园投资开发公司共同出资，组建上海张江科技园平湖联合开发有限公司和金山联合开发公司，其中张江出资占注册资本55%，平湖、金山各占45%。各联合公司的董事会、监事会由双方成员共同出任，总经理、财务总监等都与官方脱离关系，全职从事联合公司工作。之后，两大联合公司将进一步组建集团公司，进一步实现市场化、一体化运营。在开发期内，园区开发总规划面积范围内，除老企业外，所有新增建设运营、招商引资、企业扶持、项目落户、政策兑现等事项都统一纳入联合公司管理范围内。投资各方不干预联合公司的具体公司业务；涉及园区的经营定位、开发建设、运营管理、项目引进、项目扶持等园区事务问题，须优先满足联合公司的整体经营定位与经营要求。如果两地政府出台园区相关政策，在不违背国家法律前提下，确保与联合公司达成一致意见。以联合公司为核心的市场化运作模式，最大限度地减少了项目运行的行政干预和制约，更加独立、简洁、高效，使长三角科技城由政府主导的"被组织"向市场主导的"自组织"逐步过渡。

（四）"自组织"：成立后期跨行政区域创新主体的全面协同

联合公司的创立使科技城的管理运营具有更大的市场自主性，而跨行政区域协同创新的成败与否，将最终依托科技城的政、产、学、研、金、介、园等不同主体，通过知识流动、资源共享、效益增进、制度创新等途径或方式产生明显的协同效应，由此带来创新主体与创新资源更深层次的交互匹配，转化为创新系统持续进步的内驱力，大幅度提升创新效益。为此，长三角科技城在功能布局上，建立四大功能组团：包括以"科创+融合"为功能的长三角企业加速区、以"社区+智慧"为功能的中国新型城镇化样板区（国际社区）、以"博览+体验"为功能的万国创新体验博览区、以"创新+产业"为功能的国际智能产业区。在功能融合上，注重将生产、生活、生态系统有机结合，以满足人的就业、创业、投资、商务、休闲、娱乐等各个层面的需求为核心，将生产系统中高新技术产业、先进制造业、现代服务业、创新创业、生态农业板块布局,与原绿化、园林、河系生态系统巧妙结合,打造融、创、智、美的现代化国际科技新城。在空间布局上,重点建设一核(浙沪一体、同城发展的一体化同心广场)、一路(浙沪相连的张江景观大道)、一带(两岸融合创新带)、七区(中央商务区、科技智慧产业区、生态文化古镇区、新型工业及产学研组团区、生态休闲旅居区、高新产业区、高铁商务生活区)、六心(高铁服务中心、枫泾、平湖生活服务中心、创新、生产、文化服务中心)、多基地("园中园"特色基地)。

在科技创新上,长三角科技城重点提升产业配套服务和能级,以园中园、特色产业基地等形式,打造生物、电子信息、新材料、智能制造业等产业集聚区。加快营造创业创新发展软环境,打造融科技金融、会展咨询、教育文创等为一体的创新生态系统,重点建设一批众创空间、创业苗圃、孵化加速器,提供良好的工作、网络、社交空间。同时,科技城还准备筹建产业创新联盟,依托张江以及世界500强企业的雄厚实力、资源品牌技术优势以及国际化视野,以平等互利、优势互补、资源共享、合作共赢为原则,广泛联合产学研政企融合的力量,整合国内外优质创新资源;通过协作共赢机制,帮助联盟成员发展创造商机;通过产业创新研究、理念传播、环境营造、平台搭建、载体提供、人才培养、金融支持等措施,帮助企业创新、产业创新发展;建设线上线下相结合,及时交流产业创新发展动态并提供产业创新服务的资源平台[4]。自此,长三角科技城实现创新主体的全面协同,各主体之间通过知识流动、资源共享等强化联系,使跨区域的协同创新维持稳定并持续进步,实现了由"被组织"向"自组织"全方位转变。

■ 结论

长三角科技城作为一个跨行政区域协同创新的载体和典范,打破浙沪地域限制,创立合作载体,打造合作平台,创新项目建设,实现合作共赢,创建了跨区域合作、协同发展的新模式,是对长三角区域一体化战略的具体落实,对推动上海与浙江协同发展以及长三角一体化具有重要意义。其创新之处在于通过政府间协同、公司化运营、市场化机制、主体间交互,促使创新组织产生资源要素匹配与同步效应,使长三角科技城实现了由"无组织"到"被组织"再到"自组织"的演变。

参考文献:

[1] 马伟,王庆金.协同创新视角下企业可持续发展研究[J].财经问题研究,2014(7).

[2] 王志宝,孙铁山,李国平.区域协同创新研究进展与展望[J].软科学,2013(1).

[3] 朱莹莹,周敏华,王晓燕.环太湖区域协同创新模式研究——以嘉兴市为例[J].常州大学学报(社会科学版),2015(2).

[4] 张江长三角科技城[EB/OL].http://zjkjy.cn/action-channel-name-csjplanning_04,2016-3-30.

[5] 王丽民,吴玉霞.技术创新主体研究综述:争论、共识与思考[J].河北大学学报(哲学社会科学版),2013(6).

[6] 李俊华,王耀德,程月明.区域创新网络中协同创新的运行机理研究[J].科技进步与对策,2012(13).

[7] 熊小刚."中三角"跨区域创新系统的协同发展研究[J].中国科技论坛,2014(4).

[8] 上海张江平湖科技园创新嘉兴精英引领计划地方引才计划[EB/OL].千人计划网(2014-06-12)(2014-06-23)http://www.1000plan.org/qrjh/article/55709.

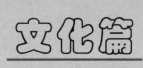

文化篇

民族传统文化产业现代化的路径研究
——以环太湖为例

中共湖州市委党校 刘正武

民族传统文化产业的现代化，既是中国传统文化在产业形式上的延伸和扩展，也是中国文化内涵在自身传承、向外拓展时市场载体的凤凰涅槃。正如迪斯尼、麦当劳、肯德基、好莱坞等裹挟着美国文化传播走向全球的意义一样，中国民族传统文化产业发展不仅仅表现为一种经济形式内在规律下自身运行的逻辑关系，也在一定程度上承载着民族传统文化的未来走向和发展命运，值得关注。

习近平同志说："唯创新者进，唯创新者强，唯创新者胜。"当前中国民族传统文化产业呈现出适应市场经济能力强弱差异性大、发展不平衡等特征，显示在发展进程中对创新实践的理解和应用程度不一。本文试以环太湖五市苏绣、惠山泥人、湖笔、常州梳篦、嘉兴蓝印花布等传统文化产业为例，探讨未来中国民族传统文化产业发展的路径和方向。

一

民族传统文化产业，是指前现代时期（一般指 1911 年前）就已形成产业形态的包含浓厚民族文化特色的经济活动集合或系统（绝大多数已被列入非物质文化遗产）。具体到环太湖地区，指苏绣、惠山泥人、湖笔、常州梳篦、嘉兴蓝印花布等有具体产业样式、富有文化内涵的产品生产和商业流通系统。传统文化产业既有地域化标签，又有强烈的历史文化符号的厚重感，体现民族性，彰显个性化，具有极为广阔的发展前景。

环太湖地区是中国传统"江南"的核心地域，文化资源极为丰富。在经济社会发展进程中逐步产生的传统手工业，在进入工业化时代一个多世纪后并没有销声匿迹。有的产业因其特殊的历史因缘，甚至会绵延不绝。传统文化是传统文化产业的基础所在：传统文化产业是传统文化的表现形式，传统文化产业又借助民族传统文化得以承传发展，如湖笔。随着20世纪初书写工具的西化和革新，钢笔、铅笔、圆珠笔等新式文具占据了绝大多数书写市场，但是因为中国书法和绘画艺术市场的存在，毛笔生产从未断绝。而湖笔是毛笔中最具有号召力的品牌，列为中国文房四宝之首。再如苏绣。丰饶的苏州是锦绣之乡，至今号称有十万"绣娘"，苏绣有"精、细、雅、洁"的特点，因其独特的手工艺术，受到市场的欢迎。有1600年生产历史的常州梳篦，以其选材严格、工艺独特、制作精良而驰名，从原料到成品，其生产工艺分别需要经过72道半和28道工序方可完成。无锡的惠山泥人兴起于南北朝时期，盛于明代，距今已经有一千多年的历史。其发展和题材，与佛教文化、祠堂文化以及戏曲文化有紧密的联系。20世纪50年代，惠山成立"惠山泥人联社"与"泥人合作社"。至20世纪90年代无锡泥人厂达到鼎盛，曾有800多名工人，年产200万余件泥人产品，销售全国。近年来，嘉兴蓝印花布作为旅游纪念品伴随乌镇旅游产业的火爆，也开始逐步走进市场，得到消费者的青睐。

民族传统文化产业承载了地域历史文化信息和独特的人文知识，未来在市场传播过程中，其个性化内涵还将不断被放大和凸显，展示出地域文明的深度、广度和感染力。发展好民族传统文化产业，既可以实现经济效益的最大化，还可以使生产生活方式、优秀传统文明价值观等得到有效的体现和传承，在扩大市场的同时，也利用产品推广了原产地的品牌价值，实现地域文明的有效展示，有益于扩展区域文化软实力。

二

当前环太湖的民族传统文化产业大多处于低迷状态。苏绣、湖笔、惠山泥人、常州梳篦、嘉兴蓝印花布等产业，大多处于原始手工生产状态，从业人员多，总体产值低，市场占有率少。民族传统文化产业深厚的历史文化内涵与市场占有率低、现代化程度弱的现状同时并存，体现出巨大的差异性。

以湖笔为例。湖笔起源于湖州，是国内独一无二的传统文化产业，高雅脱俗，品牌如雷贯耳。20世纪80年代湖笔产业一度是湖州工业企业中的纳税大户，外销优质产品。但是伴随改革深入和经济多元化发展，湖笔产业呈现严重滑坡趋势。到 2008 年，湖州全市湖笔制造企业与制笔个体户只剩 54 家，年产湖笔 418 万支，销售收入仅 2 778 万元，不到 1990 年的一半。湖笔产业萎缩势头严重，工艺传承后继乏人，影响力减弱，传统地位面临市场挑战。在各方呼吁下，2009 年，湖州市政府及时出台《湖州市湖笔产业振兴工作方案》，制定了振兴湖笔产业的 11 条具体措施。据不完全统计，2016 年，全市从事湖笔生产销售的企业与个体经营户超过 100 家，家庭作坊近 200 家，从业者 1 000 余人，年产湖笔 1 000 余万支，其中，总产值在 1 亿元以上年销售 100 万元以上的企业 38 家。在减税、补助、奖励等多管齐下的政策性扶持下，湖笔产业逐步恢复元气，经过近年来不断努力，基本达到了振兴湖笔产业的目标。尤其值得欣慰的是，湖笔占据了全国高端毛笔市场的最大份额，湖笔传统产业萎缩势头初步得到遏制。

尽管湖笔品牌十分响亮，但产业前景黯淡、难以做大也是客观事实。核心原因在于其生产方式依旧是原始手工生产，从业人员人均年产值 10 万元，除去必要的成本和各个环节的费用，从业者也就仅仅够养家糊口，不可能有致富的希望。伴随书写方式革命、电脑输入技术广泛应用，毛笔越来越趋向于小众化和手工市场产品，满足一般初学毛笔书法和普通人群需求。江西进贤制笔产业集聚中的毛笔产量、市场占有率、企业利润都超过湖笔，湖州政策性扶持虽然能使湖笔可以支撑一时，但整体产业的萧条和没落是市场无形之手选择的结果，不会以政府的意志为转移。目前湖笔向礼品化、高端化发展的同时，实际也意味着未来产业前景和市场的不确定性增强，前景不容乐观。

与湖笔几乎同样命运的还有苏绣、惠山泥人、常州梳篦和嘉兴蓝印花布。作为非物质文化遗产保护名录的成员，这些传统工艺产品需要得到原汁原味的保护。但是如何才能做大做强产业，却是一个难题。恪守纯正传统工艺与创新发展是一对矛盾逻辑，即以湖笔而言，同样面临进退失据的尴尬。追求湖笔正宗工艺，继续以上百道工序来完成生产制作，"百万毛中取一毫"，推高了成本，导致市场寂寥，颇显曲高和寡。如果适应市场，在制笔材料、工序、工艺等方面革新，虽然取悦消费者可以获得生存空间，但也可能丧失湖笔的历史地位和荣誉。常州梳篦的 72 道半和 28 道工序完成好的产品，固然是一种精美的产品甚至艺术品，但是产品的广泛性、市场的占有率和公众的认知度却不高。惠山泥人曾有过 800 工人年产 200 万件的辉煌，但是现在只剩下 20 多人从事生产，年产 3 万~4 万件，产业凋残是显而易见的。

针对这些非物质文化遗产发展状况,2009年,国家出台了"生产性"保护方针,强调在传承中延续、生产性保护中发展的原则。基于手工生产的这些民族传统文化产业,其规范性、程式性、经典性既体现了手工生产方式的基本文化特性,也体现出前现代的一般历史特性。相对于产速、工廉、量大、标准划一的工业产品,脆弱的民族传统文化产业弱不禁风。跟工业化产品相比,民族传统文化产业不具有以经济学尺度衡量的生产优势和商品优势,更不具有适应由工业制造主导的现代市场环境的竞争力,加之产品与民众当代社会生活疏离,形成了当前这种窘境。

三

并非国内所有的民族传统文化产业都陷于手工生产而成为前现代历史工艺的"活化石"。云南白药和王老吉案例,可以为环太湖民族传统文化产业发展提供启示和借鉴。

一、云南白药:产品延伸和跨境开拓之路

云南白药由清末民初名医曲焕章独家掌握其配方并秘密配制。1955年,曲家人将"云南白药"秘方献给政府,后国务院将其配方、工艺列入国家绝密。在云南白药百余年发展史上,生产经营方式与权属从作坊、私企、合营、国有,发展到今天的股份制有限公司并上市,经历了丑小鸭变白天鹅的华丽转身。其成功经验有以下几方面。

1. 改造产品,从传统走向现代

1971年云南白药建厂。1993年成立实业股份有限公司并挂牌上市,到2001年公司全年营收仅为1.09亿元。同年公司研制开发云南白药创可贴。不久又进军日用品市场,研制出牙膏、洗发水、面膜等产品。随着品牌效应催化市场膨胀响应,云南白药强势崛起。2016年,云南白药销售收入221亿元,其中原始而传统的粉状白药(目前主要是胶囊状)只占3亿多元,不足0.2%。云南白药借助高新科技实现了新的超越。在从创可贴到牙膏的越境超越中,云南白药始终恪守市场第一的原则,实现了从传统手工秘方到现代企业的华丽转身。

2. 敢于整合全球资源,实现跨境强强合作

云南白药最初研制创可贴,实际是为了应对美国强生公司产品邦迪创可贴

大举入华的竞争。云南白药采用全球范围整合资源、以强制强、以攻为守战略，与德国拜尔斯多夫公司合作研制创可贴。拜尔斯多夫有百年历史，在伤口护理、技术绷带、黏性贴等方面具有全球领先的技术优势。除了创可贴，云南白药还与爱尔兰 Alltracel 制药公司、3M 等众多行业巨头合作，推出牙膏、面膜、喷雾剂等产品。正是决策者们敢于把中国传统品牌产业、传统保密配方跟国际先进生产技术、营销理念结合，走跨国、跨界合作发展的道路，才开创出一个神奇的云南白药王国。民族品牌跨境合作生产，取法乎上，是传统产业实现革命性腾飞的捷径。

二、王老吉：改造产品加现代营销手段扩大市场

王老吉原本是清道光年间王泽邦在广州发明的一种药茶配方，以金银花、甘草、菊花等草本植物熬制，有清热去湿、预防瘟疫的功效。最早以开设凉茶铺方式专营水碗凉茶。其发展成功的经验有以下几点。

1. 改进产品，使其适应市场需求

药茶并非如饮料一样可以经常性饮用。王老吉的第二代传人发明了纸袋包装凉茶料泡制饮用的新产品形式，从而使王老吉产品在清末第一次发达起来。至王老吉第三代子弟，产品开始走出国门，远赴欧美、南洋各埠开设分店外销，并开发出茶精、茶粉等新产品，造就了王老吉第二个辉煌时代。到 20 世纪五六十年代，王老吉第四代传人在香港为迎合社会和市场需求，研制了多种健康饮品系列，如"王老吉清凉茶""王老吉菊花茶"和"王老吉盒仔甘和茶"，这些产品没有传统凉茶的苦味，口味更适宜大众饮用。中华人民共和国成立后，广东企业在 80 年代对过去冲服的王老吉凉茶进行工艺和剂型改革，研发出凉茶颗粒。1991 年又从凉茶浸膏研发出王老吉罐装饮料。正是因为不断与时俱进，改进产品，历史上港粤地区著名的凉茶铺如单眼老、双葫芦、廿四味、双鲤鱼等几十家老字号中，仅有王老吉能够传世，其他都已销声匿迹。可见任何传统产业都需要与时俱进地针对市场需要修订产品发展策略，否则只有死路一条。

2. 以去地域化现代营销策略来拓展市场

2003 年以前，王老吉虽然是一个百年老字号凉茶品牌，但是固定消费人群集中在广东和浙南一带，年销售营业额最多只达到 1.8 亿元，当时王老吉还是一个十分地域化的品牌，认可并消费其产品的是十分有限的地域人群。随后

数年,王老吉经营企业通过现代营销手段,如赞助奥运会、捐助汶川地震灾区1亿元人民币、在中央电视台黄金时段播出"怕上火喝王老吉"的广告等,实现了去地域化现代营销,产品变为家喻户晓,其营销收入也从1.8亿元增加到超过170亿元,超越可口可乐成为国内市场第一大饮料品牌,创造了民族产业现代转型的神话。拓展市场必须借助现代营销,才能使传统产业产品走向更加广阔世界。

环太湖苏绣、惠山泥人、湖笔、常州梳篦、嘉兴蓝印花布等民族传统文化产业一方面在非物质文化遗产政策保护下,遵循规范的手工生产,维持原生态的工艺技术;另一方面又期待做大产业,得到市场认可,追求延伸和拓展。看似矛盾的这一对观念并非不能解决,其解决问题的核心在于对民族传统文化产业经济性质的认识和创新发展的思路上。

四

民族传统文化产业现代化的进程中,重视保护和重视发展绝不可偏废。当下苏绣、惠山泥人、湖笔、常州梳篦、嘉兴蓝印花布等民族传统文化产业保护有余而发展不足。实质上,保护是政府和社会力量群策群力的事业,而发展则是以现代企业制度和市场化规则运行法则进行的实践操作,既互相联系,但又不宜互相混淆。

具有深厚的历史积淀和传承的地域民族传统文化产业,必将随着现代生产技术的革新而浮沉,仅仅保护可以维持其"博物馆"状态式的生存,并不能"苟全性命",更不要说"闻达"于市场。清代嘉庆年之前,湖州有生产铜镜的上千年的历史,产品遍及海内外,远销日本、东南亚。随着西方玻璃水银制镜技术传入中国,由于不能及时完成产品更新,传统的模范熔铸、苕溪水磨的铜镜产业走上穷途末路,"湖州镜"金字招牌从此一去不返,教训不可谓不深刻。因此,在保护好原生态的民族传统文化产业的生产工艺的基础上,如何发扬光大其产业的市场效应,是目前需要探讨的课题。笔者以为,民族传统文化产业未来走向市场、参与竞争,并获取更大的市场效益的未来之途,需要创新思路、引领发展。

改造生产技术,改良产品质量,适应市场需要与时俱进,才能拥有广阔天地,这似乎是极为浅显的道理,但是在民族传统文化工艺生产领域,往往成为争论焦点。比如湖笔，传统湖笔的羊毫、狼毫是用上等的山羊之须或尾毛、黄鼠狼的尾毛精制而成，其原材料昂贵且量少。但是目前江西进贤的毛笔生产，原材料更加便宜的大多用人造毛（化纤产品），降低了成本，提高了市场竞争力。按照常理，湖笔应该更加正宗，且知识产权保护原产地的产品应该更加具有认可性吧？但是事实恰恰相反，因为按照工艺要求和写毛笔字者对笔锋掌握的需求来生产人造毛，所以江西进贤生产的人造毛毛笔以其吸墨力强、弹性更好、毛锋尖锐而获得市场普遍的认可，用原始的山羊、黄鼠狼的毛制作的笔，竟然成为小众化的市场。这是令人大跌眼镜的一个结局。可见改进技术和改良产品以适应市场的重要性。

环太湖民族传统文化产业中一枝独秀的宜兴紫砂陶生产，同样将大量的现代技术融入生产实践。从开采原料、化验成分、机器轮制到产品定型和工艺刻绘、自动化控制烧制温度，几乎无一环节不体现现代化新技术对传统工艺的掌控和理解，来提高适应市场的能力。正是因为紫砂陶生产很早就实现了技术上的革新和应用，跟随时代进步不断创新，且因其独特的产品艺术和实用价值，被社会和市场广泛认可。按照有关方面的统计，宜兴现有紫砂企业 700 家、家庭作坊 1.2 万家以上，紫砂从业者近 20 万人。2016 年，宜兴紫砂壶产值达 150 亿元，全年仅网上销售额即达 30 亿元，"双 11"当天突破 2 亿元，是目前环太湖五市最具有市场竞争力和市场效益的民族传统文化产业之一。

民族传统文化产业在发展进程中，必须进行技术改造，提升生产质量。保护非物质文化遗产的原产地、原工艺、原流程等的观念，仅限于"保护"。当民族传统文化产业想要走向市场、走得更远，绝不能背负一面要传承"原汁原味"的非物质文化遗产产品，一面又希冀获得尽可能大的市场效益的进退失据、两厢依违的负担。那种抱残守缺、坚持把一种金字招牌做死的做派，只能让传统文化产业走向绝境。

民族传统文化产业要实现现代化，就必须做好非物质文化遗产保护工作，同时也必须与时俱进地改进产品。要"传承不泥古，创新不离宗"，适应市场需要，拓展延伸产品系列，就必须与现代高科技结合。产业转型升级，祛除手工、原始、作坊式的生产模式，就必须建立现代营销网络，适应新的市场规则和发展模式。

五

民族传统文化产业的现代化需要经历科技引领、品牌发展到符号消费的三重门,实现依赖产品实用价值到依靠意义价值深入人心,最后以符号消费一统市场的三部曲。

科技引领是走出民族传统文化产业闭塞、故步自封、沉醉于被"保护"的文化遗产境界的第一步。提高民族传统文化产业的科技含量,增加附加值,立足于提高产品自身的生产工艺和技术水平,并逐步改进技术不断进步,从而把产业做强做大,走工业化道路,才是民族传统文化产业的未来之路。需要厘清:这跟保护文化遗产绝不冲突。作为非物质文化遗产的生产工艺、技术流程以及纯手工性质,要原样保护,并由政府、社会积极予以扶持、扶植。甚至可以建立非物质遗产文化园保护原生态的产品生产环境,实现"非遗"活态展示,结合旅游、观光、休闲、度假等活动,推广更具有历史信息的手工文化产品。

保护非物质文化遗产实质上对于民族传统文化产品走向更加广阔的市场是有积极意义的。因此,在品牌建设方面,民族传统文化产品需要借助历史文化资源精心设置自己的品牌路线。民族传统文化产业的品牌建设,需要拓展新思路,寻找新渠道,发现新路径。如通过举办产品博览会、文化展、文化节等,积极运作和经营扩大传统文化产品的知名度与影响力,把蕴涵深厚文化底蕴的产品衍生发展为品牌性质的实物、实体或实业,适应市场,满足消费。以普洱茶品牌的营销策略为例,2005年10月,9个少数民族120匹驮载普洱茶的马队历经5个月8 000千米从云南到达北京马连道,再现了清代普洱贡茶入京的场面。营销的活动场面火爆,沿途加上各地数千名记者的采访报道,普洱茶获得空前的知名度,刺激普洱茶产业规模扩大1 000倍,价格上升100倍,思茅市直接改名为普洱市,同时也成就了北京马连道茶叶专业批发市场的崛起。普洱茶的品牌营销为民族传统文化产业崛起提供了鲜活的案例。

建构品牌战略,要善于应用当代市场经济的现代营销手段。王老吉的高投入催生了高回报。但是,很多民族传统文化产业品牌,自身就拥有十分浓厚的人气和无形资源,如湖笔。湖州与笔联姻千年,却始终"不孕不育",始终只有毛笔一根独苗,铅笔、钢笔、圆珠笔、电子笔等新产品一律难产,可谓后继乏人。作为民族制笔产业的龙头大哥，湖州不仅仅应该做千年湖笔文化遗产的继承者、守护者，还应该是现代化书写工具的革命者、创新者和领导者。湖笔进军现代制笔产业，完全可以建立湖笔产业园区，向国内外先进制笔企业集团定向招商，依靠如雷贯耳的"湖笔"传统金字招牌，生产各种类型的"湖笔"。此外，还要看到广阔的市场前景。全世界每年生产消费各类笔上百亿支，"湖笔"这个招牌只要占据其中百分之一的份额，都会是一个巨大的数字。要善于用好"文化授权生产"和原产地保护策略，实现湖笔的现代化转型和飞跃，从而向新的制笔产业要经济效益和经济回报。于此类同的是常州梳篦。面对每年消费几十亿只梳篦的全球市场，常州梳篦如果仅仅守着手工制作这一块田地，无论如何都难以走出太湖，走向世界。

同样情形的惠山泥人，如果不能创新创意产品素材和制作工艺，实现规模化生产经营，融入现代社会生活，只是"困兽犹斗"般守着前人的题材和样式原样复制数百年来的同类型产品，全世界各种展会纪念品每年数百亿元的产业就会与之擦肩而过。苏绣和嘉兴蓝印花布同样面临近似的问题。

民族传统文化产业的现代化的最高境界是实现符号消费。符号消费的内涵，是指消费者不再是以产品的使用价值为购买目的，而是以商品的符号价值为购买目的。商品的符号价值最终是以符号功能来实现的。"消费者通过商品符号所承载的情感功能、交流功能、美学功能、指代功能等一系列功能，将商品的符号价值转移到交流客体上，同时也将自身的主体价值进一步赋给商品"。符号消费承载了更多的情感、意义因素在商品上。爱马仕、LV、苹果等豪奢品牌的极端表现，就是产品进入符号消费的境界。今天华人走遍天下，中国产品也已经深入人心。民族传统文化产业要在打造品牌的同时，致力于实现文化消费背景下的意义延伸和概念内涵营销，让中国民族传统文化产品在怀着依恋、充满爱意、饱含深情的环境下，得到全球用户的认可，让创新的理念始终引领发展的每一个环节和细节，是民族传统文化产业现代化的王者之道。

参考文献：

[1] 胡惠林. 文化产业学［M］. 北京：高等教育出版社，2011.

[2] 但红燕. 符号消费行为及动因剖析［J］. 学术论坛，2011（8）.

[3] 覃萍. 全球化背景下发展民族传统文化产业的思考［J］. 改革与战略，2005（3）.

[4] 周建新，胡鹏林. 中国文化产业2016年度学术报告［J］. 深圳大学学报，2017（1）.

[5] 谢传仓. 传统而外溢——日韩英文化产业的价值取向［J］. 贵州社会科学，2015（3）.

[6] 刘正武. 湖州批判 [M]. 苏州：古吴轩出版社，2017.

[7] 苏雁，李锦. 惠山泥人的守望 [N]. 光明日报，2017-2-6 (9).

[8] 张明强. 紫砂产业：从透支文化积累到市场回归理性 [N]. 中国文化报，2017-3-18 (8).

特色强镇建设中的文化植入研究
——以常州市武进区为例

中共常州市武进区委党校　李　琳　杨凌云　张红晓

第二次世界大战之后，西方主要国家的经济社会进入恢复发展阶段，而第三次工业革命后，西方主要国家的发展重点从地方经济逐步偏向地方文化。英法美日等很多发达国家的著名城市都建立了具备显著特色的城市文化，这在西方城市竞争力提高方面发挥了很大的作用。城市文化是城市形象与城市竞争力的基础，这个观点是 Charles Landry（2004）通过指标构建与模型分析，对比城市建设的12个软硬件约束条件的重要性得出的。由此可见，城镇文化是城镇重要的无形资产，在城镇发展与建设中，建设个性化城镇文化，是提升城镇价值、改善城镇形象和促进城镇发展的重要选择。

中国自改革开放以来，文化建设一直作为社会建设的重要环节，在富国强民的道路上扮演着越来越重要的角色。武进的乡镇是苏南模式的发源地，是武进发展的重要环节和支撑。但是长期以来，武进在城镇化进程中或多或少存在着"重实景打造、轻内涵包装"的地域文化缺失现象，这对于拥有深厚历史文化底蕴的武进而言，无异于"抱着金砖挨饿"。进入21世纪，文化"被输出"的现状与世界范围下文化交流的迫切要求，都时时刻刻在提醒着我们坚持自身文化特色与建设的必要性。

一、武进区培育镇域文化的成效

结合武进发展的阶段性特征，武进区提出大力实施新一轮强镇工程，走特色化强镇之路，尤其强调总结提炼镇域文化特色，培育创新文化、历史文化、农耕文化、山水文化，使每个镇形成1个独具特色、令人难忘的文化标识，形成一镇一品的文化品牌，大力挖掘提升镇域人文底蕴。

（一）武进区培育镇域文化的有利条件

1. 政策推进

作为全市首批创成省级公共文化服务体系示范区的地区，武进区委、区政府一直对文化工作高度重视。根据江苏省文化厅"十三五"文化发展规划以及市政府的工作要求，武进区在"十三五"发展规划中明确文化强区，整合区、镇（街道）、村（社区）三级文体服务设施资源，全力推进公共文化服务体系建设。今年武进区还制订了"特色强镇三年行动计划"，其中明确了通过三年努力将所有镇建成人文气息浓厚的特色强镇的目标。

2. 资源丰富

武进有深厚的文化底蕴。武进是吴文化的发源地之一，拥有5 000多年的人类文明史，2 700多年的古城建设史和2 500多年的文字记载史。武进区先后诞生了19位帝王、9名状元和1 546名进士。境内的春秋淹城遗址是我国最古老、保存最完好的地面城池，是国家重点文物保护单位。历史上这里曾形成"阳湖文派""恽南田画派"等。武进的历史文化资源可以说是不胜枚举。

武进有极具特色的城乡文化。礼嘉有着很深厚的锡剧文化底蕴，建于清嘉庆四年的烈帝庙戏楼可窥见礼嘉地区戏曲的辉煌。在前黄镇的杨桥村，每年的农历二月初八举行的庙会已被省政府列为省级非遗项目，其中的"杨桥调三十六行"民俗表演，彰显了前黄镇别具一格的文化传统。

武进有热心的文化保护者，他们以挖掘地方文化为己任。湖塘镇小庙村人张尚金编纂了《查家村志》《武进辞典》等书，参与了《武进志》的总纂工作。湖塘镇南街社区的谢达山致力于研究阳湖精神……这些热心的武进人为传承发扬武进文化不遗余力、无怨无悔。

3. 周边辐射

浙江省运用"文化+"的动力和路径有效助推了特色小镇建设，让文化作为特色小镇建设内核。比如仓前塘路油车坊修缮后成为章太炎故居的配套场馆，开展"太炎国学经典诵读夏令营"等国学普及活动。浙江特色文化小镇为中国城镇化发展创新提供了生动鲜活的案例，让我们看到了文化遗产保护、传统经典文化产业发展、特色小镇文化活动所带来的经济效益、社会效应等。这种"以文育镇"的方式必将会辐射到周边省市。而武进作为浙江的周边城市，拥有这样的地理优势，可以更迅速地了解浙江特色小镇的发展理念，更便捷地吸收浙江特色小镇文化建设的模式，以特色小镇为桥梁，做活地域文化，以特色文化为媒介，做强特色小镇。

(二) 武进区培育镇域文化的卓越成绩

1. 加大扶持力度，推进基层文化建设

武进区委、区政府一直对文化工作高度重视。首先完善基层公共文化服务设施和条件，积极推进基层综合性文化服务中心建设。一方面，按照创建省级公共文化服务体系示范市要求，各个行政村普遍建有面积不低于 100 平方米的文化室，公共电子阅览室也基本配置了一定数量的上网电脑（含文化信息资源共享工程基层服务点）；另一方面，成立了兼职文化管理员队伍，行政村和社区有至少 1 名享受岗位补贴的文化管理员（文化指导员），并连续几年对其开展业务培训工作。其次重视适度提供高端公共文化产品和服务，着力提高文化供给能力。以武进区现有"广场文艺周周演"活动、送戏送综艺节目各 200 场下乡等高质量的大型公共文化品牌活动为平台，不断丰富乡镇居民的文化生活，实现"文化惠民"。

2. 保护文脉遗存，打造文化品牌

近几年，各乡镇围绕特色强镇建设主题，结合各镇具体实际，既制定了美好的蓝图愿景，也有不少创新的实施路径。

打造历史文化品牌。例如迄今唯一有定论的吴国都城遗址——阖闾城遗址，有三分之二的面积在雪堰地域范围内，具有重要的历史文化价值，雪堰结合自身优势，以"一湾山水，春秋吴都"为主题，作为该镇历史文化保护的核心。戚墅堰的圩墩遗址是太湖流域西部一处马家浜文化圩墩遗存，文化保存较完好，展现较丰富，成为研究新石器时代文化的宝贵财产。

打造民俗文化品牌。例如享有"锡剧之乡"称号的礼嘉镇不仅有着很深厚的锡剧文化底蕴，而且更有着对锡剧传承的努力，成立了民间的锡剧协会，有 50 名业务骨干，并有固定的演唱日，锡剧艺术在礼嘉这个有着深厚底蕴的地方得到升华和发展；湟里镇结合本镇实际，把"锣鼓之乡"作为特色文化项目，以威风锣鼓队为龙头，以军、腰鼓队和欢庆锣鼓队为两翼的"锣鼓之乡"特色的框架基本形成。

打造创新文化品牌。例如湖塘镇举办的"邻居节"，以开展文体活动为载体，围绕"和谐"做文章，活动内容贯穿全年。如今的"邻居节"已经成为湖塘镇精神文明建设的一种载体，有效地促进了不同社会群体之间的相知、相助，形成了和睦相处的社会氛围；素有"太湖明珠"之称的雪堰镇，凭借有 7.5 千米湖岸线的自然优势，以及已经设立在竺山湖的"国家龙舟竞赛基地"

的经验优势，举办了国内规模最大的 24 小时单车骑行赛，国际龙舟联合会世界杯等大型体育赛事，将运动体育元素与旅游优势相结合，"体育休闲小镇"已经拉开了序幕。

3. 融合市场和科技，做强乡镇文化产业

以商养文，文化是需要付诸时间与财力不断培育的。近年来，武进区政府筑巢引凤，不断搭建平台，形成相对完善的文化产业链条，形成多轮驱动、资源共享、优势互补的良好发展局势，推进了文化产业的迅猛发展，实现文化资源的有效整合和合理开发利用。例如嘉泽这个花木积淀甚深的小镇，充分利用自身的生态根基，推进花木产业"智慧"发展，做强"易花木"等电子平台，扶持"花木微商"，培育"金牌卖家"；同时嘉泽镇厚植花木文化，精心打造"月夕节""花朝节"等，将传统文化、地方民俗与花木产业相融合，两者互相促进，使得嘉泽的产业积淀和文化底蕴越来越深厚。

二、武进区培育镇域文化的挑战

城镇必须发展，但应是城镇生命的延续。文化是城镇生命的灵魂与血脉。因此，武进城镇应该致力于文化血脉的延续，建立符合武进各个地域的文化特色。但是除了雪堰镇城回民村还至今保留着伊斯兰风情的回族独特文化元素，武进很多乡镇的个性文化正在淡化和缺失。

（一）文化建设的规划缺乏创新突破意识

俗话说"一方水土养一方人"，就是因为每一个城镇都受到特定自然环境和人文环境的影响，存在深层次的文化差异，拥有自己独特的文化性格和文化形象，这也是城镇个性的灵魂与内核。然而在快速城市化过程中，传统文化受到西方文化等强势文化的严重冲击，使本土文化遭到忽视，城镇越来越像流水线上生产出的无差异的产品。以农家乐为例，武进以其山水、历史、美食等优势条件，各具特色的农家乐发展迅速，如牟家农业观光园、佳农探趣休闲生态园等，能真实地让人们感受到农村风情。武进虽然农家乐如雨后春笋般涌现，但是总体上特色缺失，文化含量低。比较北京的农家乐，以科技农业、古村落文化和民俗文化为特色，形成了"民俗游"品牌。武进应该将"一镇（村）一品""一镇（村）一特色"作为农家乐发展追求的目标，将发展农家乐与打造地方特色文化结合起来。

（二）文化建设的功效缺乏科学长远认知

文化是城镇生长的灵魂，是城镇提升综合竞争力的引领与支撑。但是对镇域文化建设的把握还存在认识误区，过分追求地域文化建设的经济功能。1998年世界银行发布《文化与持续发展：行动主题》报告以来，文化建设的经济功能逐步被认同、发现和推动，甚至被放到文化本身难以承载的地位，涉及文化建设，先想能否有经济效应。一定程度上，文化建设成为达到经济目的的因由，违背了文化建设的本意和初衷。并且过于关注地域文化建设功效的立显，忽视了文化建设内在规律，追求立竿见影，这些错误认识严重滞缓了乡镇特色文化的开发。像祠堂文化是中华文化的瑰宝，氤氲着深厚的传统民俗气息。但是由于修建祠堂的经济效益不甚明显，各地祠堂的发展现状也不是非常乐观。比如礼嘉周陈王氏宗祠作为常州第一宗祠，建筑风格极为经典，如今不仅是省级文保单位，而且被挂牌为"德育教育基地"。但在与祠堂相关负责人的交谈中，流露出对祠堂的后期修缮，祠堂文化发扬的担忧等，单靠家族的力量显得捉襟见肘，那么政府参与宣传祠堂文化，引导祠堂文化融入社会就显得至关重要。

（三）文化管理的人才缺乏专业长期培育

文化的建设和传承依赖于人才队伍的建设，这些人在继承传统中有能力做出文化选择和文化创新，他们在非物质文化遗产的传承、保护、延续、发展中，起着超乎常人的重大作用。特别是在现代化的过程中面临市场经济的挑战、产品革新的挑战，这需要大力培育文化创新研究等方面的文化经营管理人才。但是武进区在基层综合性文化服务中心建设过程中，有些基层文化管理员大多身兼数职，缺少专业文化素养，无法有效开展村级文化活动。至于地区文化的保护、挖掘，就更缺少这方面的专职人员。像前黄镇杨桥村传统民俗中的重头戏——庙会，目前却面临着扮演者的年龄趋向老年化状态，民俗表演者后继无人。

（四）文化性格的凝练缺乏全面深入培养

武进文化性格的凝练度还不够高，居民对镇域文化建设的认识度和积极性不高，一些体现镇域文化性格和特色的人文积淀被无情地摧毁，文化遗产文脉被割裂，地区文化记忆被抹杀。横山桥有浓郁的宗教文化特色，蜿蜒起伏的芳茂山上有大林寺、白龙观、三圣禅寺等景点，但是在调查中发现，当地民众并没有意识到自身的文化优势，那些具有悠久历史的古刹并没有充分体现其价值；走312国道进入横林镇辖区内，看到第一座桥就是慈凌大桥，这座桥是与明代孝子杨益有关，这个古老地名的来历已经逐渐不为当地人所知，这个地区的孝道文化的前途堪忧。

三、武进区培育镇域文化的对策

文化遗产对城市来说，是一笔独特的财富。省文化厅厅长金兴盛认为，"小镇建设中一定要有自选动作，要形成自己的独特文化气质"。小镇建设不能千镇一面，要立足长远、因地制宜，充分发掘当地资源潜力，充分依托当地建筑特色、产业特点、历史传统、人文性格等，走综合利用之路，使小镇发展有文化资源依托，文化资源有历史机遇新生，人民群众有实际利益可见，使特色小镇文化建设具备长久和旺盛的生命力。

武进区具备丰富的特色文化，但是，在武进区的经济发展过程中，没有很好地关注对地区特色文化的合理开发，未高度重视各乡镇的特色文化的内涵传承困难、各乡镇发展缺少精品文化的支撑等诸多问题，在后续发展中，武进区必须寻找到一个切实可行的方案，彻底解决上述问题，才能够促进最美乡镇的特色文化建设有序发展。

（一）加强文化建设宣传，扩大社会参与面

首先充分发挥社会媒体的作用，加强关于特色文化建设的宣传。一方面，武进应该围绕特色文化定位及文化内涵，制作精美的特色文化宣传片，通过各种传播媒体，包括电视、网络媒体以及官方网站等进行宣传，着重强调武进各乡镇的历史人文、城市形象等，进而借助多样化媒体的高效率信息宣传，提升武进最美乡镇特色文化在全国的知名度。另一方面，武进区应该注重做好口碑宣传工作，从特色文化建设的点滴做起，做好文化保护性开发工作，对历史文化资源等的修缮与维护应该加大力度，对城市规划进行合理的布局和调整，进而创造生态和谐与文化幽静的新武进，使得来武进旅游、参观、学习和居住的人都能够赞誉武进特色文化进而主动对武进特色文化进行宣传。其次需要通过进一步发展社区文化建设与农村文化建设，来全面推进市民参与特色文化建设的积极性和主动性。通过文化宣传增强民众对地区优秀文化的自豪感，提升市民对特色文化建设的关注度与参与积极性。再辅以文化活动经典品牌的培养，比如牛塘镇的工艺雕刻、洛阳的舞龙活动等，将不同层次和文化需求的市民分别整合到不同的文化活动中，利用丰富的文化活动提升市民参与。

(二) 挖掘历史文化资源，保护非遗文化资源

一方面要加强特色小镇区域内文物资源的调查、挖掘和保护工作。武进区很多乡镇都具有较深厚的历史文化底蕴，通过挖掘区域内历代名人人文资源，加强对区域内文物建筑、工业遗产、传统村落等的保护修缮和展示利用，多渠道筹资建设特色博物馆、艺术馆，探索建立主题历史文化资源展示区，以彰显文化特色，优化人文环境。另一方面要注重保护特色小镇区域内的非物质文化遗产资源，延续历史文化根脉，传承工艺文化精髓。以特色非遗资源为基础（如前黄镇杨桥古村）来创建非遗主题民俗文化村，然后加强非遗中青年传承人群研修研习培训力度，设立非遗项目生产性保护基地和教学研究基地，在非遗主题小镇试点非遗工作站建设等。

(三) 加强乡镇文化建设领导，强调制度规范引领

在创建乡镇特色文化的进程中，形成"政府搭台、部门协调、百姓唱戏"，才能更好地保护民间文化，才能创造生动活泼的文化活动新格局。一方面，文物保护不是仅仅依靠文物工作者孤军奋战，文化传承和创建也不能地方各自为政、分散运行、多头管理地进行，需要加强对乡镇文化建设的领导，组建文化专家指导服务组，安排专业人员下乡进行工作指导，帮助特色小镇在规划编制中融入文化元素，提高特色小镇的文化发展水平。另一方面，我们要意识到制度是一个组织内大家共同遵守的行为规范，可以保证组织有效运转，是达成组织目标的可靠保证，所以要建立乡镇文化建设目标责任制，把乡镇文化工作列入创建乡镇文化先进乡、创建文明村等相关评价体系，推进乡镇文化建设的法制化、规范化和制度化。

(四) 推进乡镇文化队伍建设，提升文化传承能力

推进乡镇文化队伍建设，不断提高服务水平。从目前情况看，全区大多数乡镇文化站服务人员缺乏问题比较严重，严重影响了打造特色文化的进度和质量。武进区必须抓好基层文化干部队伍建设规划，积极落实行政村（社区）综合文化服务中心设立不少于1个由政府财政购买的公益性文化岗位政策，组建专职文化管理员队伍，负责中心的日常管理。通过文化干部队伍的选拔、培养、使用和激励机制，培育一支基层文化骨干队伍，提高现有基层文化队伍的整体素质。

（五）保护文化旅游资源，加快文化旅游融合

以文化资源为内涵，以旅游业态为载体，充分发挥我区历史文化、民俗文化等文化资源优势，结合小镇文化特色和自然生态，加强静态和活态展示，实现文化资源与旅游发展深度融合，打造精品化和品牌化的文化旅游。同时我们也要注意到，文化旅游资源多是自然和人类文化遗留的宝贵遗产，具有较大的易损性，在历史进程中，文化旅游资源的历史气息将逐渐淡化，降低其开发的空间。这就需要在开发文化旅游资源之初提升开发观念，将保护性开发的理念印入脑海。这不仅要求将武进丰富的文化旅游资源进行深度开发，注重挖掘其中独特的历史、民俗和地域文化等，形成更具特色的文化旅游产品和提升景区吸引力，与此同时，还要更加关注地区文化承载力。这样，在注重保护性开发的同时，也能够提升文化旅游资源给游客的服务能力。在此基础上，把握地方文化脉络的主要方向和基本格调，凝练地方文化独特内涵，建立具备地方或民俗特色的旅游品牌。

（六）加强文化产业化部署，支持文化产业功能融合

武进区地方政府应该充分利用丰富的文化资源，加强文化产业化战略部署。一方面，要扶持特色小镇龙头文化企业规模化、产业化发展，鼓励和引导规模企业和民间资本投资特色小镇文化产业，设立专项基金，着力培养文化企业，扶持地方民俗文化产业化发展，促使地方艺术形成产业规模。另一方面，应该注重加强与周边地方政府以及国内其他地区政府的合作，注重在城市合作中推广武进特色文化产业，并为文化企业的跨区域合作提供有利政策，更好地促进文化企业走出去，进而促进武进文化产业的综合竞争力改善。

（七）构建文化建设配套环境，完善公共服务体系

武进区无论是文化旅游的发展，还是文化产业的发展，都必须依托于公共服务的不断完善。加大力度对乡镇公共服务进行改善，为特色文化活动的开展创造更好的空间基础。政府需要加强促进地方经济建设的功能，不断提高本地区经济发展水平，奠定实践和推广地区公共文化服务体系经济基础；完善基础设施建设，比如注重改善市郊及乡村的医疗服务，选择合适地点加强医院基础设施建设，为乡村旅游等发展提供更好的基础保障。在餐饮服务中，可以在当前农家乐等基础上，进一步规范餐饮卫生标准及饮食标准等，提高现有餐饮服务能力。并且选择具备一定区位优势的地点加强现代餐饮服务建设，更好地配

合景区协调发展的战略等。只有提供完善的公共服务，才能够更好地促进武进乡镇特色文化建设的快速健康发展。

（八）提升文化创意水平，增强特色文化活力

要把文化基因植入产业发展全过程，将"文化+"理念融入特色小镇建设，在小镇规划、产业布局、项目建设中嵌入文化元素。推动文化创意与工业设计、建筑设计、农业开发等的深度融合，实现文化创意和设计服务对特色小镇产业转型升级的助推作用，不断完善特色小镇文化创意与科技、金融协同创新发展的体制机制。重点培育一批协同创新发展的文创示范企业，支持文化创意设计企业入驻特色小镇，鼓励众创、众包、众扶、众筹，开发文化创意产品。共同开发文化创意产品，推动形成特色小镇形式多样、特色鲜明、富有创意、竞争力强的文化创意产品体系，推动高等院校、知名企业、文物文化单位、文创机构等开展联合，培养特色小镇文化创意与设计人才。

文化资源对于城镇个性化意义十分重大，文化既是城镇精神的结晶，又是城镇个性发展的动力源泉。独特的城镇文化理念，代表了别具特色的城镇人文精神。这种文化渗透到城镇人群的内心，就能够反映出城镇的个性化理念。因此武进政府部门在区域发展战略制定的过程中，应该关注特色文化的发展战略，立足各镇实际，全面梳理富有本镇特色的历史文化和乡土民俗资源，在做好传统空间形态保护和传承的同时，深入挖掘承载武进人文血脉、乡愁记忆的精神文化元素，讲好"小镇故事"，打造"小镇名片"，树立更多的"文化地标"，切实提升乡镇的文化内涵，从而进一步增强乡镇的文化软实力和精神凝聚力。

参考文献：

[1] 刘合林. 城市文化空间解读与利用 [M]. 南京：东南大学出版社，2010.

[2] 阎娜. 我国城市文化形象的构建与对策研究 [J]. 东岳论丛，2011（12）.

[3] 吴锡标. 城市文化建设中的若干关系 [J]. 探索与争鸣，2006（5）.

[4] 单霁翔. 关于"城市"、"文化"与"城市文化"的思考 [J]. 文艺研究，2007（5）.

[5] 关于实施中华优秀传统文化传承发展工程的意见 [N]. 人民日报，2017-1-26.

[6] 陈炎. 文化资源论 [J]. 天津社会科学，2006（1）.

[7] 刘沛林. 新型城镇化建设中"留住乡愁"的理论与实践探索 [J]. 地理研究，2015（7）.

[8] 李强. 用改革创新精神推进特色小镇建设 [J]. 今日浙江，2015（13）.

[9] 李迅. 关于中国城市发展模式的若干思考 [J]. 城市，2008（11）.

[10] 埃比尼泽·霍华德. 明日的田园城市 [M]. 金经元，译. 北京：商务印书馆，2002.

[11] 王兴元，李斐斐. 基于儒家价值观的鲁浙商业文化比较研究 [J]. 商业经济与管理，2014（1）.

[12] 金永亮. 关于浙江创建特色小镇的实践及借鉴 [J]. 广东经济，2016（1）.

[13] 袁乐，文剑钢. 浅析小城镇形象特色缺失的原因及对策 [J]. 小城镇建设，2010（10）.

[14] 张蔚文，徐建春. 对国外城市经营理念的考察与借鉴 [J]. 城市规划，2002（11）.

地域文化时空边界论纲：
以江苏及环太湖吴文化为例

中共苏州市委党校 余大庆

目前我们的地域文化研究，大到洲际、国际，小到区际、市际、省际，常常有不加时空界定而笼统指称的现象。前者如所谓东西方文化比较，一般讲西方文化，常常是指工业革命以来起自西欧，依托欧美弥漫全球的现代资本主义文化；而讲东方文化则指依托于农耕社会的传统文化。其实西方也有农耕、游牧等前现代社会的历史文化，且其内部各国亦不尽相同；而当今东方国家，或正在进行现代化转型（如我国），或已经处于资本主义文化之中（如日本）。名不正则言不顺，不加以具体时间和空间的限定，把东西文化看成一成不变的东西，就使我们的文化讨论因概念混淆而纠缠不清，误把人类古代文化与现代文化的比较当作东西文化比较。类似情形在国内地域文化研究中更加严重，如以行政区划裁剪地域文化，出于本地利益需要争抢历史文化资源而不尊重历史（假曹操墓等事件，以及名人故里之争愈演愈烈）。还有在地域文化的阐述中，把过去时（历史文化）当成现在进行时（当代文化）。江苏地域文化有吴韵汉风之说，然而到底是吴还是汉？江苏地域人群作为一个共同体究竟有没有一个统一的文化特性？何况吴韵不足以区别苏、沪与浙北；汉风则把徐州地域文化径称为汉文化，这准确与否，又值得进一步探讨。因为汉文化空间上可以指称整个汉族地区的文化，时间上也可以是历史上的汉代文化，而这两者都并不局限于徐州一隅。若因沛公刘邦成为汉朝开国皇帝的缘故，则刘邦得名汉王并最终成为汉帝，却起因于项羽把他分封在汉中地方。当时楚汉相争，徐州一带恰恰属于楚地。因此，为了替各地域间的文化比较和当地文化建设的讨论搞清其概念前提，即正名的需要，我们提出界定地域文化的时空边界问题。

一

　　国际上，文化边界（cultural boundary）的现有定义为：不同文化因素或文化综合现象空间分布的界线，其应用的学科为：地理学（一级学科）、社会与文化地理学（二级学科）。这个定义完全不涉及文化因素或文化综合现象的时间分布。或许是因为文化的学理研究中，受过严格学术训练的西方学者觉得这本不是一个问题，比如，大家绝不会把古埃及文化与当代埃及的阿拉伯文化混为一谈，也不会把塞浦路斯排除出古希腊文化的范围。但是，在学术人口庞大的我国，无论是文化的空间边界还是时间边界，都是一个值得注意却一直被忽视的问题。目前个别能注意到这个问题的，也只是针对一些具体个案，如薛涌针对中国人民大学成立国学院而发表在《南方周末》的《中国文化的边界》，反对把中国传统文化仅仅归结为汉文化而排除其他民族对中华文明的贡献，也反对把西方文化以及其他外来文化的影响排斥在当代中国文化之外[1]。除了标题与本文相近似，薛先生的文章只侧重于申述自己的主张而非建构划界标准。至于中国文化内部的地域文化边界，越是存在模糊就越是遭到忽视。发表的文章多因作者的主观立场是为所在地方争抢历史资源，无暇也没有意愿进行真正的学术研究。比如江苏苏州、无锡两市作者对吴文化和吴地文化代表权的争抢。本文既由个案入手又超越个案，提出地域文化的时空边界，作为一个应用理论研究课题，既是国内地域文化研究的理论开拓，也针对国际现有定义补充了时间因素。

　　目前江苏的文化区域划分有以下几种提法：二分法，即沈立人[2]和朱黎霞、陶忠元[3]等分别主张苏南为吴越文化、苏北为淮扬文化，马森材、马砾[4]则主张划分南北分别为吴文化和汉文化；三分法，即蔡健和杨海平主张的"江苏从地理位置上分为苏南、苏中、苏北，苏南以吴文化为主要特色，苏中以古隋唐文化为主要特色，苏北以江淮文化和古汉文化为主要特色"[5]；四分法，即罗宗真认为的"吴地文化是江苏四大历史文化之首，余为汉文化、六朝文化和明文化"[6]，含混地同时包括区域划分和时间划分——吴地为区域概念，汉为时间（历史朝代）概念但指称徐州地域，六朝和明却是同一地方（南京）的两段历史文化，李宗植认为的"金陵文化、淮扬文化、吴文化、楚汉文化既是江苏文化的有机组成部分，又是独具特色、个性鲜明的区域文化"[7]，安宇等则建议合并金陵与维扬，提出划分苏南文化区、苏中文化区、淮海文化区和沿海文化区[8]；五分法，即王长俊等人把江苏境内的区域文化划分为吴文化、金陵文化、徐淮文化、维扬文化、苏东海洋文化[9]，沈启鹏等也基本支持这一观点[10]。大家众口纷纷，莫衷一是。而全省文化的特征，一般说是吴韵汉风，似乎从文化区域的二分法而来，异质而未整合，缺少从全省整体角度的抽象概括。这些都是因为没有事先建构一套大家同意的地域文化边界的划定标准。

本文主张以设计的方式，为地域文化的界定提供一个理论标准和方法。它有三重目标：一是在不同文化因素或文化综合现象空间分布方面，既要看到文化空间分布与行政区划的区别，也要看到它们的联系，确立地域文化的空间边界；二是区分历史资源和现实文化，以确立地域文化的时间边界来促进地域文化历史遗产的保护、传承与现代转化和发展；三是文化边界的符号（symbol）标识。不同于目前的地域文化研究主要由文史工作者甚至地方文艺作家钻故纸堆的精英主义倾向，作为文化人类学研究者，我们提出，边界（border）这一概念强调的是不同文化群体之间的差异。经过历史记录者筛选的故纸堆，只有其中蕴含的价值对基层社会产生了强大的渗透力，才是地域人群普遍认同的文化。这种地域文化的深层积淀，是文化现象、心理认同和社会组织结构等诸多层面的内在统摄，它成为对内维持地域族群认同、强化凝聚力，对外划分"我们"与"他们"之文化边界的心理尺度。它通过方言、习俗等符号来标识文化边界，使之具体而又形象化。由于现代社会活跃的经济运动而形成的大规模人口流动浪潮在一定程度上淹没了地域文化边界的符号标识，信息宽带技术甚至带来"地球是平的"这样一种理念；曾经"五里不同风，十里不同俗"的中国社会，在现实生活中地域文化的差异越来越模糊。这就使得原本由方言、习俗等具体而形象的显性符号区分的地域人群隐性文化心理难以明确标界。跨地域活动的人们有各自成长的地域文化背景，在频繁的社会交往中有强烈的认同"我们"和认识"他们"的心理需求。区域竞争中，各地的经济社会发展也更倚重自己的文化特色。这就要我们迎难而上，不但要清晰标界地域文化，更要通过地域特色文化的内涵发展方案（即提取当地传统民俗和特色文化元素，用类似工业设计的手段融入当今社会生活，通过地域特色的文化生产和消费，凝聚区内人心、吸进区外朋友）促进区域发展。本文研究的重点及其应用性有两点：其一，探索当今人为行政区划与由历史自然渊源形成的地域文化边界差异的解决之道；其二，厘清历史资源与现实文化，从理论上解决为地方政府或其他主体提供咨询研究时，那种指鹿为马式的文化诠释（非本地独有的历史资源）和与当地居民生活毫不关联（既非当地独有文化资源，又对现代人群没有亲和力，从当地人群生活的外部强加）的外延发展文化设计。

二

以江苏为例，吴文化是省内乃至国内地域文化研究中研究得最充分、成果最多，但也最有分歧的一个。文化是人类社会信息的载体，反映了一定时间与空间内人类社会生活生产活动的状态的各类实物载体和符号载体的内容，自然有其时空边界。然而在人们口中，吴文化似乎从上古泰伯奔吴开始绵亘至今，现在还在"传承与发展"，时间上只有起点，没有终点。甚至还有人将吴文化的时间起点追溯到良渚文化时代[11]，那就更夸张了。空间上，古代吴文化的地域范围原本很明确，南自嘉兴、湖州，北到扬州、南通；西起南京、镇江，东至上海市。然而今天的一般认知，却只把苏、锡、常三市看作吴文化区域，苏州、无锡还在争抢吴文化的代表权。这样由于行政区划和现实利益的纠葛，就把吴文化的空间边界也弄模糊了。在此有必要对与江苏文化既有交集又有很大出入的吴文化的边界，做一正本清源的科学界定。一般意义上的地域文化时空边界的界定与标识，要随着具体的吴文化及江苏地域文化边界的确立过程而变得清晰。

历史上，吴文化的生成并不是当地越人土著所为。从发生学的角度看，它是移民文化。自然与良渚文化没有实质上的联系，只是碰巧在相同或相近的地域先后出现。与吴并称的，有吴越、荆吴，前者是地缘概念，后者是族系概念。

吴越世仇，自古以来一直是越人居住的长江下游地区，在周代突然冒出了一个吴国。这个方国和她的部族民众的来历是那么匪夷所思，以至于有人想当然地以为吴族也是从越族之中发展起来的，以此回避追寻其来源的伤脑筋的问题。然而，两个住在一起的兄弟部族之间为何有如此深的矛盾呢？作为两个方国，上层统治者之间的政治斗争和权力争夺是可以理解的，但是民众之间居然也有如此深的仇恨，史籍中的相关记载给人留下了极为深刻的印象。如果是同样的部族，毗邻而居，绝对不会如此泾渭分明，也很难想象会有如此强烈的敌对情绪。认为吴越同族者提出一个证据，就是吴越民众能通话，而与徐国的民众则不能，所以吴越是语言相同的同一部族。然而，能通话的原因可能是多种多样的，语言相同固然可以通话，但语言不同却有中介语也能通话。就像现在的云南各民族，都能用汉语西南方言通话，但他们绝不是一个民族。周代吴越的汉（华）化程度同现在云南各民族差不多，史籍中记载的越国文献多是双语书写的。同一区域内接受汉语形成的方言往往较一致，所以吴越之间能用这种"原始的吴方言"通话，而江北的徐国则用另一种方言。但是至少越国还有自己的母语，吴国是否也有，只能待史家考证了。至于后来一直吴越并称，是因为越国灭吴之后，吴越两族就一直在同一方国内，部分民众也相互融合了。

荆吴并称，揭示了吴人的族属来源。史籍记载的吴国，建立于商末周初。太伯从周原（陕南）迁居到吴地，而后吴国兴起。其实不能排除的是：如果吴族在商末从北方而来，那么与商亡后东夷族的南下就是同一时期的相似事件。或者吴族本来就住在江北不远，由于东夷族的南下，把他们排挤到江南来了。在当时江北的江苏安徽一带，苏北的南缘部分应该还是越族的势力范围，而安徽一片的最早居民据史家介绍应是"蛮族"，即"逐鹿之战"败于华夏族后南撤的"三苗"。《史记》记载的"吴太伯"在周国王位争斗中失利，便带着属下逃到"荆蛮"之地，这个"荆蛮"的族民"拥戴"了他，于是他把统治的这个部落叫"句吴"。吴楚并称为"荆吴"，都是出于"荆蛮"。"荆"就是楚。这两个部族语言、文化、习俗等诸多方面有着更多共同之处，在历史舞台上出场的年代也略同。所以"荆吴"一词更多的是族系的称呼而不是"吴越"那样的地缘称呼。楚族的渊源历来与"三苗"密不可分，连王室也自称"蛮"族。湖广一带是"三苗"的老家，他们由此北上与华夏族争夺中原，失败后大部分退居江淮，而后渐渐分化。西部的三苗族中较发达的楚部落建立了楚国，与苗族的其他部分分野；东部的一支吴部落早期居住在豫皖鄂边区，被西邻来的"周太伯"用某种手段征服而成为一个两族融合的方国。随后由于北方民族变动的压力被挤压进入越地，趁着良渚方国灭亡后越族长期不振的机会，裂土建国。从遗传结构上分析现在的吴人和楚人，发现他们的Y染色体结构都有苗瑶民族的特征，而鲜有浙江的百越特征[12]。在考古学上，吴人相对应的可能是湖熟文化，越人相对应的则是马桥文化。越人对吴族的侵入当然是痛恨异常,于是两族征战不断,一直到三国时期。

天吴踊跃。出于时代和生存环境的原因,吴人的文化特征是"轻悍""好勇""轻死易发""好相攻击"。吴人尚武,最突出的表现形式是好剑轻死。根据历史记载,吴越的宝剑以工艺精湛、锋芒锐利而称誉天下。吴国宝剑备受青睐,固然与铸剑材料之美和制造工艺之精有关,如吴王阖闾时,干将、莫邪做"雌雄剑","采五山之铁精,六合之精英",使童男童女300人鼓铸,数月乃成,但作为一种力量的象征,与吴人轻悍好勇的尚武风气有着更密切的关系。

从具体情况看,吴国统治者皆有随身佩剑的嗜好。他们不仅生前佩剑,即便死后也往往用剑来陪葬。《越绝书》记载,阖闾冢内有扁诸之剑3 000,方圆之口3 000。陪葬之剑成千上万,足以说明吴国宝剑之多和尚武好剑的风尚。[13]吴国军队用来进攻的武器也主要是剑。由于吴国尚武好剑,吴人把生死等同儿戏,无论沙场格杀、恩怨角斗,还是朝廷刑罚,吴地以剑自刎之风相当盛行,就如日本武士以剖腹结束生命。

吴人尚武的另一种表现形式,是多有兵将枭雄和豪侠之士。吴人轻死易发,视死如归,向有"侠义轻生"之称,加上统治者的大力倡导,唯武是则,便必然会造就一批悲歌慷慨的伏节死难之士。如《吴越春秋》所载勇士专诸,"将就敌,其怒有万人之气,甚不可当"[14],应伍子胥邀,参与宫廷政变,刺杀吴王僚,为阖闾自立为王立下了汗马功劳。又如要离,应吴王阖闾之召,自残一臂,焚妻于市,潜入军中,终刺"万人莫当"的主帅庆忌于江中。也因为这样,专诸、要离在人们心目中占有重要地位,成为后人尊崇的偶像。如东汉隐士梁鸿死后不愿归乡,大家皋伯通将他葬于要离墓旁,曰:"要离烈士,而伯鸾清高,可令相近。"[15]而专诸之墓,后人常修,并为起庙,至今苏州仍有"专诸巷"。此外,由于吴人尚武善战,在长期的战争过程中,也造就了不少的著名战将。也正由于吴地尚武之风盛极一时,才使吴国一度强大,成为春秋五霸之一。

吴地之所以会形成"轻悍""好勇"、富于冒险的尚武风气,既与其地理环境、生产条件、经济状况和文化背景等有着直接的关系,同时也是吴人世世代代长期与大自然搏斗的结果。

在上古时期,吴地气候炎热潮湿,大部分地区为原始森林所覆盖。林莽茂密,沼泽遍地,毒蛇猛兽,所在多有,大多不适于人类生息。部分地区虽然已经有了农业,但限于人们改造自然、征服自然的能力较差,生产方式还处于十分落后的粗耕阶段，人们的经济生活还相当原始，甚至在不少地区，人们还过着更加原始的渔猎采集生活，因而吴地的经济生产和社会生活长期处于落后状态，使江南人民长期停滞在"不受冻饿""而无积聚"的生活水平。在动荡不安的春秋时代，吴人不仅要与天斗、与地斗，还要与人斗，要靠强大的群体力量不断战胜外邦的侵扰。而在当时经济条件极为落后的情况下，吴人只能以军事立国。吴王阖闾登上王位后，曾询问帮他夺得王位的谋臣伍子胥："安君治民，其术奈何？"伍子胥答："凡欲安君治民，兴霸成王，从近制远者，必先立城郭、设守备、实仓廪、治兵库。"伍子胥当时所造阖闾大城，阊门位于城之西面，又称破楚门，表明首先要西破强楚，将楚国的属国占为己有。蛇门和盘门则象征着要征服越国，使越国朝吴。齐门则北对齐国，意在制服齐国等，皆蕴含着吴国争霸取胜的欲望和目的。又如吴王听取伍子胥的建议，令来自齐国的名将孙武负责"选练士，习战斗"，传之以骑、射、战、御等战术技巧，同时命令大造战船、大造刀剑，其目的都在于图强争胜。

与此同时，吴地经济的落后，还为原始时代氏族制度的某些残余提供了赖以生存的条件，使浓厚的血族复仇观念长期存在。如《吴越春秋》记载伍子胥的话："父母之仇，不与戴天履地；兄弟之仇，不与同城接壤；朋友之仇，不与邻乡共里。"也正因为这样，吴国和楚、越之间的战争便往往带有血族复仇的特征。原始氏族制度的遗存，还把随意发动掠夺战争作为补充财富的正当手段。春秋时期，吴地经济相当落后，物质财富非常匮乏，这与中原地区的文明富足形成了鲜明的对照，也使吴国统治阶级垂涎日甚。

狂热的血族复仇观念和野蛮的掠夺习惯在吴人心目中打下了深深的烙印，虽然吴国在黄池之会后不足十年便被越国消灭掉，流星般地消逝在历史的长河中，但吴地尚武好勇的社会风气，并没有随之而消亡。战国以后，吴地虽然历尽沧桑，政治背景也发生了翻天覆地的变化，但数百年来不断沉积、凝聚、造就的心理素质却依然如故，其好战尚武的文化基因，被一代一代地沿袭下来。

及至三国鼎立，孙吴政权依靠江南大族的力量割据东南一隅，实力不及曹魏，更不能不以武立国，吴地固有的尚武好勇精神就更加蔚然成风了。以至东晋南朝，尚武之风犹存。《三国志》称："江南精兵，北土所难，欲以十卒当东一人。"[16] 吴国将士能在历史上著名的赤壁之战、夷陵之战中以少胜多取得重大胜利，就是最好的体现。

这样的吴文化，和晋宋两次衣冠南渡之后在长江下游地区逐渐形成的温婉崇文的江南文化反差极大，它们能是同一个文化吗？衣冠南渡使江南地区的人口构成与社会风貌发生了重大变化，此后形成的江南文化与其说是吴文化发展的新阶段，不如说是中原文化在江南地域的传播、发展和变易。衣冠南渡本身就是中原文化南迁，原来创造了越文化、吴文化的江南土著，或被逼往闽粤及西南，或被中原文明所驯化，曾经断发文身的吴人一变为衣冠楚楚的华夏人物。"文章江左家家玉，烟月扬州树树花"（徐祯卿诗《文章烟月》），原先的荒蛮之地，现在郁郁乎文哉。

因此严格意义上的吴文化应该是西周到春秋末期吴国的文化，她是中华民族古代文明中非常重要的一个区域文化类型。吴国稳定的政治疆域是吴文化的空间范围。吴文化中的"吴"字，起源于政治概念中的"勾吴"，随着历史的发展，它衍化为地理概念中的"吴地"和文化概念中的"吴文化"。吴地指长江三角洲地区，它与吴文化并不存在排他性的互指对应关系，在吴地曾经存在过轻悍尚武的吴文化和温婉崇文的江南文化，甚至在吴人迁入之前，还有越人创造的良渚文化。这就像今天埃及的阿拉伯文化与古埃及文化同在埃及地区，但却是同一地域不同时期的两种不同文化一样。

顺便提一下今天的吴语。它是汉语方言，而不是像先秦吴国话那样与华夏中原不同的另一种语言。甚至，就像其他的南方方言一样，它们比传统中原地区所在的当代中国北方汉语更接近古代中原口音。吴语区地域的范围，又远大于吴地，作为越地的浙江省广大地区如今也属于吴语（实际是汉语/方言汉语）区。这又一次提示我们不能混同历史吴文化与现实吴地文化、吴语区文化和江南文化、江苏文化。

三

江苏文化的空间范围就在省境之内。现代江苏经济社会梯度发展，人们长期以长江为界把它分为苏南、苏北两个区域。近年又有把长江北岸扬州、泰州、南通称作苏中地区的说法。考虑到所谓苏中虽在江北，历史传统和现实民俗风情都属于江南文化圈（或可称"扬子江文化"，长江从四川往下各段，分别有川江、荆江、皖江、扬子江之称），江苏省内的文化区域似可分为长江流域下游（扬子江）和徐（徐州）淮（淮河以北）海（连云港）两个文化大区。

今天江苏地域文化特征有吴韵汉风之说。这"吴韵"作吴地之韵解还说得过去,作吴文化之韵解则谬矣!不同于先秦吴人的骠勇轻悍,今天的吴韵是吴侬软语,是温柔婉约,与其说是天吴踊跃之韵律,不如说是江南风韵,是隋唐之后的江南记忆、明清时期的金粉东南。限于篇幅,本文不准备对大家熟知的江南文化及其历史生成与精彩创造展开阐述,但必须指出:影响江苏地域文化性格致广大致深远的,无疑就是江南风韵。

在江苏建省之前,这片土地上有精彩的江南文化,但就是没有江苏文化(因彼时江苏还没有诞生)。江苏文化的时间起点从历史上江苏省的设置开始,建省前的文化,犹如孩子出生前来自父精母卵的胚胎,仍未具人格。江苏是在康熙六年(1667年),由江南行省划分出来的。此前在这片土地上的文化创造活动持续数千年,为江苏文化奠定了坚实的基础,是江苏文化的源头活水,但不能直接等同于江苏文化。这片土地春秋时分属于吴、楚、宋等国,战国时为越、楚、齐的一部分,后全部归属楚国。三国时分属孙吴和曹魏。直到江苏建省前还和安徽同为一省,康熙六年才分江南省为江苏和安徽两省。江苏文化连接中原与东南,有吴、越、楚、宋、齐的遗韵,但又区别于越的浙江、楚的湖北、宋(今河南境内)的中原、齐的山东,和曾经同属江南省的安徽。建省前这片热土上先民的创造,是江苏文化诞生的隐性基因。但建省后300多年的混成整合,才是江苏文化的主体,形成了"自强、灵秀、宽容、守规"(此概括可参见尾注[17])的江苏魂,可以命名为苏派文化。

正像江苏得名于江南地区江宁府、苏州府的合称,建省前的地域文化基因中,江南文化所占比重最大。同时,徐淮海地域文化作为江苏文化基因合成中不可或缺的关键成分,决定了江苏文化不同于沪浙皖等其他江南地区的独特风貌。这些在江苏魂中都有所体现。比如"守规"一项,我们从改革开放时期江浙两省经济社会发展的"苏南模式"与"温州模式"对比中可以体悟其特有的意蕴。江苏人也善于创新,但与其南边的邻居就是创得不同,没有"越地勇士"对体制规范的那种强劲的冲击力。

至于江苏文化边界的符号标识,这里限于篇幅,只能列举一二。首先看方言,前文已述,吴语是上海全部、浙江近乎全部和江苏部分地区共有的方言,不足以标识三省市的文化边界。但是,我们仍可找出苏南吴语的特征。而且吴语在江淮方言区的残留痕迹,也可佐证南岸江边宁镇两市和江北苏中(仍有一点吴语飞地)地区的吴地文化(即本文提到的扬子江文化)性质。在笔者的上一辈人中，作为扬州人的母亲还称我外婆"姆妈（m'ma）"，叫垃圾为lese，"是不是呀？"为"阿是？"等。笔者因说带扬州口音的普通话，在北京被出租车司机误判为上海人。另一方面，在苏州的公共场合，常有操吴语的祖父母和说一口普通话的孙子/孙女，彼此完全能听懂对方的话。这昭示着当代汉语的发展方向。我们没有必要扭转此方向，但吴语词汇（如"尴尬"等）曾对丰富汉语的表达能力有很大贡献。今天我们在推广普通话的同时，适当保护方言是很有必要的，不说别的，单就诵读古诗词方面，方言就比普通话更合辙押韵，有很大的便利。有语言天赋的外省人，一般总能从口音中分辨出江苏人来。再说民俗风情，苏州特色的民俗活动"轧神仙"，纪念的就不是吴国神祇，而是来自中原的八仙。徐州的伏羊节也在曾为江苏属地的上海（奉贤庄行）热烈举行。不容否认，这些都标识着江苏的特色文化。进一步研究，就会发现江苏人作为一个共同体，有区别于其他人群的精神面貌和文化特征。

明确了江苏文化的时空边界和核心特征（江苏魂）及部分符号标识，就可以为它设计本土文化的内涵发展振兴方案。因为现代科技的迅猛发展，各个地方本身的地域文化正在被快速吞噬，人们生活方式的多样性正在迅速地减少，各个地方的文化特色以及样式正在被统一成一种色调和样式。传统文化的消亡是因为人们生活习惯当中没有了传统习俗活动，只有保留住人们生活习惯中的传统习俗，或者让传统习俗适应新的生活环境，才能保留、继承和发展传统文化。地域特色文化内涵发展振兴方案的设计原则，就是提取传统的地域特色文化元素（对于江苏就是苏派文化元素），融入现代工程和工艺，应用于当代区域人群的生产和产品的全球消费。例如古代的生活用具、服饰、生活方式、传统习俗等在现代的生活中已经没有了用武之地，但我们可以通过设计手段让传统物品的样式发生变化，使传统文化习俗能够通过现代设计手段适应现代生活条件和生活习惯。其实苏州市的城建工作，已经不知不觉中运用了这种设计手段。我们不能要求现代市民都继续居住在破旧简陋的小街深巷中，但在古城改造和新区高楼大厦的建造中，苏州都保持了黑白灰的城市主色调，这就是从习惯于"粉墙黛瓦"的地域传统中提取的特色文化元素。苏州以这种方式在现代生活中保持城市记忆，只是我们所谓地域文化内涵发展振兴的一例，与我们设想的整体方案相比还处在自在、自发的阶段。而自为、自觉的地域文化内涵发展振兴方案，限于篇幅不能在此展开详述。但是，只有在明确了地域文化的时空边界之后，不同于彼地的此地独特文化元素才能得到确认，这样地域文化的内涵发展振兴也才能成为可能。

参考文献：

[1] 薛涌. 中国文化的边界［N］. 南方周末，2005 - 06 - 09.

[2] 沈立人. 弘扬长江文化振兴长江经济［J］. 中华文化论坛，1997（1）：74.

[3] 朱黎霞，陶忠元. 浅谈江苏南北区域文化与区域经济的发展［J］. 商场现代化，2006（03Z）：198 - 199.

[4] 马森材，马砾. 江苏区域文化研究［M］. 南京：江苏古籍出版社，2002.

[5] 蔡健，杨海平. 江苏省文化产业发展战略构想［J］. 金陵职业大学学报，2003（3）：51.

[6] 罗宗真. 吴地文化研究之我见［J］. 苏州科技学院学报（社会科学版），2004（3）：75.

[7] 李宗植. 发挥江苏区域文化对区域经济发展的促进作用［J］. 现代经济探讨，2003（4）：38.

[8] 安宇. 和谐社会的区域文化战略——江苏建设文化大省与发展文化产业研究［M］. 北京：中国社会科学出版社，2011.

[9] 王长俊. 江苏文化史论［M］. 南京：南京师范大学出版社，1999.

[10] 沈启鹏. 南通城市文化特色研究［J］. 南通师范学院学报（哲学社会科学版），2004（4）：20.

[11] 吴文化中一颗耀眼的明珠——良渚文化［DB/OL］. （2013 - 03 - 30）［2013 - 03 - 30］. http：//www.docin.com/p-503652828.html.

[12] 李辉. 上海历史上的民族变迁［J］. 国立国父纪念馆馆刊，2004（13）：173.

[13] 袁康，吴平. 越绝书［M］. 上海：上海古籍出版社，1985.

[14] 赵晔. 吴越春秋［M］. 南京：江苏古籍出版社，1986.

[15] 范晔. 后汉书卷83·严光梁鸿列传［M］. 成都：巴蜀书社，2012.

[16] 陈寿. 三国志卷65·华覈传［M］. 北京：中华书局，1959.

[17] 陈传善. 江苏精神的新内涵［J］. 唯实，2005（9）：98.

浸润弘扬 一脉相承
——海宁名人文化精神与当代核心价值观的培育

中共海宁市委党校 葛迎春

名人文化是历史留给海宁人民的巨大精神财富，名人文化的重要价值之一就是形成一种持久的渗透、浸润和普及的教化作用，教育、激励、影响后人，让积极的传统价值观有序传承、长盛不衰。海宁历代名人精神有着丰富的内涵：积极进取、志向远大的人生抱负，爱国爱家的民族情怀，诚信友善的高贵品质，严谨认真的工作态度，敢为人先的创新意识，等等，这与当代社会主义核心价值观有非常高的契合度，是我们培育核心价值观的珍贵精神财富。

如何挖掘梳理海宁历代名人的精神内涵，使得名人文化与时代内涵、现实发展紧密联系，将海宁名人文化的道德精髓渗透浸润到市民日常的经济、社会生活之中，如何浸润弘扬、一脉相传海宁名人文化精神，培育海宁当代社会主义核心价值观，助推全国文明城市创建，是非常有研究价值的。

一、与核心价值观一脉相承的海宁名人文化精神的丰富内涵

（一）满腔热忱爱国爱家的民族情怀

"爱国"是核心价值观中最为重要的内容之一。自古以来，在海宁名人中，拥有满腔热忱爱国爱家的民族情怀的占绝大多数。在封建社会，他们忠君爱民、公而忘私；在近现代社会，他们忧国忧民、救亡图存。传统文化中"家国天下"的思想在他们身上印下了深深的烙印，在不同的历史时期，爱国爱家的情怀在这些名人身上都有不同的表现形式。

一是忠君爱民、公而忘私的奉献精神。海宁查氏家族《管箴》篇记载："往矣忠勤，毋忘国恩，按公于中丛之，之官而歇之，教忠也。呜呼！移孝作忠，不忠非孝，凡我子孙，前徽宜绍。"要求为官的子孙忠君报国、勤政爱民。深受儒家传统思想影响的海宁名人大多是通过苦读考取科举走上仕途的，

满怀忠君爱民的热忱，他们关心百姓疾苦。唐朝两代帝师褚无量，深以国家社稷为忧，留下《冀善记》《史记至言》《帝王要览》等著作，殷切希望君王能够匡扶德义，纯正民风。海宁第一位进士许远，在安禄山叛乱时在睢阳保卫战中以身殉国。以治理水利著称的明代名臣祝萃，无论是治狱、治水、治学还是教学，无不尽心竭力，为民办事，教化一隅，造福一方。明代爱国将领、藏书家祝以豳，海宁袁花人，曾亲自请战领兵渡过鸭绿江，抗击日本的侵略；也曾深入少数民族地区，促进民族团结；直至70岁高龄还在广东击退荷兰侵略者。还有深得康熙赏识的清代名臣许汝霖，康熙亲书"清慎勤"三字匾额以赐，三十载"壮怀筹报国"。

  二是忧国忧民、救亡图存的爱国精神。中国近代史上战乱纷争，国家贫弱。这个时期活跃在历史舞台上的海宁名人无不以救国图存为己任，在不同的领域寻求救国救民之道。数学家李善兰亲眼看到英国侵略者们的罪恶行径，从而激发了爱国热忱，发愤学习科学技术寻求救国之道。诗人穆旦"将灵魂的触须伸向时代、现实、人民、民族命运等宽阔的情思地带，做忧患的人生担待，和对芸芸众生的终极关怀……"，不仅如此，还参加中国远征军，奔赴缅甸抗日战场；著名军事理论家蒋百里受中日甲午之战刺激很深，矢志抗日救国。他将满腔的爱国热忱都寄托在培育军事人才的事业上，曾为了当局阻挠扩建保定学校而愤然自杀。纵使是风流才子徐志摩，也一直饱含满腔爱国热情。1918年在前往美国的轮船上，徐志摩写下了热情洋溢、大气磅礴的《赴美致亲友书》，表达自己救国的抱负。杰出学者，著名图书馆专家、校勘专家、版本专家，大书法家张宗祥一片赤诚爱国之心，因敬慕文天祥为人，改名"宗祥"。著名红学家吴世昌更是有一颗赤诚的爱国心，学生时代，一面发奋读书，一面热情参加爱国救亡运动。1962年，正直国家困难时期毅然回国参加社会主义建设。"文革"时期虽然受到冲击，也从不后悔。吴世昌将自己的一生无私地奉献给祖国，全心全意为祖国的文化事业而奋斗。海宁袁花的实业家查济民在家乡办企业，支持家乡经济建设，不求回报，请将分内红利投入再生产之用，乡亲们称他为"爱国爱乡的楷模"。

  （二）积极进取志向远大的人生追求

  核心价值观中国家层面上追求富强、民主、文明、和谐，个人层面上要求爱国、敬业，都体现了一种积极向上、昂扬进取的生活态度。海宁名人辈出，并且多是学者、科学家、文学家、画家、书法家、藏书家等文化方面的名人，他们在各个领域都有自己的建树与成就,他们身上积极进取志向远大的人生追求的精神是最为显著的特征。

一是勤朴治学、志向远大的求学精神。海宁文化气息浓厚,海宁的名门望族甚多,十分重视族中子弟的文化教育,除开办族学外,勉学是家训文化中的一个重要方面。长辈对后代期望甚高,有条件的家庭会竭尽全力让子孙后代接受最好的教育,教育使海宁的知识分子形成了勤朴治学、志向远大、积极进取的人生态度。当代著名学者吴世昌,8岁丧母,10岁丧父,12岁当学徒,在艰难的岁月中始终有一股积极向上的进取精神,发奋自强,勤恳学习,最终考取哈佛燕京学社国学研究所研究生,获得硕士学位。沈鸿7岁丧父,家境穷困,1913年7岁时在本镇"米业小学"读书,读了四年,这是他一生中接受的全部正规教育,但他酷爱读书,幼时好学历史和人文科学,稍长致力于技术科学,几十年勤奋不息,成为学有专长、知识渊博的专家。徐志摩4岁就开始上家塾,1907年进硖石镇开智学堂读小学。1911年,入杭州府中学。1915年毕业后,就读于上海浸理会学院(其中在天津北洋大学学习半年)。1917年入北洋大学法律系。1918年8月赴美留学,入克拉克大学社会系习银行学。毕业后1919年6月转入哥伦比亚大学学习政治。1920年赴英入伦敦大学皇家学院。1921年入剑桥大学皇家学院。求学阶段徐志摩学习非常刻苦,孜孜不倦,志向远大,成为中国的文化名人。

二是自强不息、开拓创新的创业精神。海宁地处杭嘉湖平原,交通便利,经济发达。海宁的经济发展除了与优越的地理环境有关,还与海宁人敢闯敢拼、敢于创新的创业精神分不开。徐志摩的父亲徐申如经商办企业,紧扣时代脉搏,在新生事物面前,往往有常人所不敢为的魄力和勇气,他竭尽全力促成沪杭铁路绕道海宁,为海宁经济发展打下了重要的基础;他筹备了海宁第一个火力发电厂,办成硖石电灯公司。在铁路、能源和通讯方面,开创了海宁新型的近现代建设,具有鲜明的开拓创新精神。杰出机械工程学家、中国科学院院士沈鸿一生勤奋、认真,自学成才,刻苦钻研,敢于创新。从一个只上了四年学的小学徒,刻苦自学,勇于实践,从做万利锁,到做万吨水压机,再到后来专管九套大型设备设计、制造。全国政协副主席钱正英这样评价他:"以共产主义的伟大理想,复兴中华的终身追求,广阔深厚的理论基础,丰富扎实的实践经验,实事求是的思想路线,谦虚谨慎的工作作风和永不止步的探索精神,在新中国的建设中,取得了一个又一个创新成就,他是新中国自主创新的完美代表，他这个人，似乎是为自主创新而生，为自主创新而死！"近代史上一些女性代表，也敢于解放思想，冲破藩篱。时至今日，海宁名人身上自强不息、开拓创新的创业精神也一直在海宁人民的血液中流淌。

（三）崇德向善诚信仁爱的人文精神

海宁文风鼎盛，注重家风家训，注重对子孙辈进行品行的教育与熏陶。历史上的海宁名人本性至孝，博学盛德，充满着崇德向善诚信仁爱的人文精神。

一是忠孝仁爱、厚德载物的高尚情操。海宁历史上的名家大多品性纯良，忠孝仁爱、道德高尚。明朝史学家谈迁对贫穷之人非常热心，乐于助人，帮助生活困顿无着的同乡渡过难关。因为人品诚信可靠，朋友临终将幼子托付给他，托他代为抚养成人。清代名臣许汝霖为人纯朴善良，不管是农夫还是牧童，都喜欢与他交往，根本没想到他是朝廷重臣。许汝霖天生轻财重义，恤孤寡，赈贫困，恩周相邻八眷。名门望族陈家，家风甚好，族人为官者大多为人清正。陈诜是个亮直清介之士，为官办事刚正不阿，不避嫌怨，不计亲疏。陈世倌为官时也是体民情、崇节俭、通漕运、筑堤防，有政绩。陈元龙"少时与人接，便饶气度，乐道人善，煦若春风"。为官时体恤民情，赈灾民。清朝著名学者周春，不仅学识渊博，而且为人有德。为官时兴修水利、清理田户、革除陋规，造福于民。归家时怜惜百姓贫苦，捐俸代为偿还"民欠未还谷七百余石"，并烧掉了欠条，以至于没回家旅费。清朝著名医学家王士雄，不仅有精湛的医术，还有仁心济世的高尚品德、为人清廉的医家风范。后人在他所著的《霍乱论序》中说："先生之为人，尤世之罕觏，恂恂然不趋于时，不戾乎时，望之可畏，即之可亲，凡从游者，皆钦爱不忍离。"

二是温润谦和、与人为善的良好品质。近代史上的海宁名人涉及的领域较多，或从政、或从军、或从文、或从艺、或从商、或从医，在海内外皆有建树。但他们的共同点就是身上都有一种温润如玉的儒雅风骨，这不得不说是海宁独特的人文精神。著名的铁道工程专家徐骝良，为我国的铁路事业做出了卓越的贡献。他是一个仁爱敦厚之人，在任浙赣铁路总工程师时，在常山选测线路时被当地地主及乡民当作是破坏风水者打得奄奄一息，他还要求当地政府不要处死闹事人。这种博爱和气度实在让人敬佩！诗人徐志摩也是一个温润谦和、明净善良的人，所以一生广结良友，深受朋友的喜爱。叶启超先生说，徐志摩对任何人、任何事，从未有过绝对的怨恨，甚至于无意中都没有表示过一些憎嫉的神气。梁实秋说："我数十年来奔走四方，遇见的人也不算少，但是还没见到一个人比徐志摩更讨人欢喜。"军事理论家蒋百里是一代儒将,至情至性,学贯中西,广结名流,内安于家,外忧于国。一生清贫,品行高洁。为人热情,交友甚广,所交之人大多是名家大儒,且十分珍惜友情。

二、以名人文化精神培育当代核心价值观的路径探索

家风家训在很大程度上能约束人们的行为,反映了人们对真、善、美的追求,提升了公民凭借自我道德观念来约束行为的境界,有助于社会道德建设。海宁名门望族的家族文化就给我们传递出当代传承家风家训的重要意义。

(一)挖掘名人文化精神融入校园文化建设,大力激发"爱国爱家"的民族情怀

党的十八大以来,党中央《关于培育和践行社会主义核心价值观的意见》中指出:"培养和践行社会主义核心价值观要从小抓起,从学校抓起。"习近平总书记曾说:"青年的价值取向决定了未来整个社会的价值取向,而青年又处于价值观形成和确立的时期,抓好这一时期的价值观养成十分重要。"培养青少年良好的价值观、道德观,弘扬社会主义核心价值观,必须从学校抓起,要运用各种资源、各种深受学生欢迎的方式,常抓不懈,循循善诱。目前,每所学校都会将社会主义核心价值观在醒目的位置宣传,并且让全校师生诵读直至背出,这种方式显得比较生硬单一。在海宁各所中小学里,还没有根本意识到海宁名人文化精神的教育意义,除了在紫微小学中有海宁名人图像,在海宁职业技术学校里有沈鸿纪念馆,其他学校的校园里少有有形的宣传,海宁名人的精神也缺少宣传的方式和有利的契机。在海宁中小学生中做实地调查,对海宁名人你知道多少?关于海宁名人的故事你能说出几个?90%的中小学生语焉不详。在海宁未成年人思想道德教育中,海宁名人文化的渗透还有很大的空间可以有所作为。

挖掘海宁名人文化丰富的精神内涵,充分运用这份得天独厚的资源融入海宁各中小学校校园文化建设,激发下一代"爱国爱家"的民族情怀,将会影响深远。海宁很多名人秉承"以天下为己任"的责任感。"修身齐家治国平天下",有利于当今青少年爱国爱家的责任感的培育。编印体现海宁名人精神内涵的故事,开展海宁名人讲座,在学生中征集"我最喜爱的海宁名人""少年徐志摩""少年蒋百里"之类系列主题活动,在校园内将海宁名人的典型事迹和主要精神宣传展出,营造良好氛围。从小学到初中、高中,针对青少年的实

际情况灌输不同的内容，注重逐步向深层次推进，遵循个体道德发展的内在规律。海宁名人身上的忠君爱民、公而忘私的奉献精神和忧国忧民、救亡图存的献身精神定能激发青少年爱国爱家的高尚情怀和胸怀天下、积极进取的远大志向，用海宁先贤的优秀品质引导后人修身律己，引发道德自觉，也是一种优秀传统文化的熏陶，能形成独特的海宁精神传承和文化传承。

（二）挖掘名人文化精神融入家风民风建设，积极弘扬"向善向上"的人文精神

海宁历史名人文化有一个显著特点就是家族效应。很多名人来源于名门望族，盐官的陈家和袁花的查家，硖石镇上的徐家、吴家、蒋家、盐官镇王家，路仲镇的钱家、管家都是明清知名的望族，诗人徐志摩，红学家吴世昌，藏书家吴骞、蒋光煦、蒋光焴，军事理论家蒋百里，近代国学大师王国维，近代学者管庭芬都来自这些家族。这些家族历代注重家风建设，注重家风传学，大多留有家族家训。海宁名门望族的家风文化中家国天下、诚实守信、和善待人、为人正直、积极进取的内容，与培育和践行"富强、民主、文明、和谐、自由、平等、公正、法治、爱国、敬业、诚实、友善"的社会主义核心价值观一脉相承。家风文化中强调修身养性，注重子孙后代优良品行的培养；注重诗礼传家，重视教育，给子孙后代最好的教育；注重严谨治家，讲求勤俭持家，敦亲睦族，由此形成良好的社会风气；注重以德传家，要求严谨治家，要求子孙后代要有远大的志向，海宁名门望族历代子孙接受家族精神层面的滋润，远远超出经济层面的支撑。他们秉承先人明净、和谐、朴实、诚信、谦和、刚直、热诚的优秀品质，以有作为、有建树、有功业的先辈为楷模，"不坠家声"，形成一股无形的积极向上的动力，使得他们总能顺应时代的变化，找到家族发展的方向。这种独特的现象对今天的家风民风建设，对于全社会的道德提升，有着非常积极的借鉴意义。

挖掘海宁名门望族的家风建设的丰富内容，在社区进行深入宣讲，积极弘扬"向善向上"的人文精神；开展道德模范楷模表彰活动，并大力广泛宣传海宁名门望族的家风家训文化，广泛开展"敬老节""邻里节""家风乡风评议"等活动，形成浸润弘扬、一脉相承的古今融合家风民风，形成新时代爱国爱家、诚实守信、敬业奉献、孝老爱亲的道德共识。在家风建设中渗透社会主义核心价值观，能够使价值观教育融入家庭生活，让高大上的价值观转化为深入浅出、通俗易懂的生活常理，更加富有感染力、亲和力和说服力；使抽象

的价值观落到细处和实处，更容易引起情感的共鸣和价值的认同，从而转化成日常生活的行为准则，并能最终实现核心价值观的延续性和持久性。

（三）挖掘名人文化精神融入城市建设，引导树立"创业创新"的时代意识

在很长一段时间里，对名人文化的传承，主要是整合开发名人文化资源，开发旅游业，为当地的经济带来发展，为当地提高知名度。在深入挖掘名人文化资源的丰富内涵，把名人最宝贵和最感人的精神品德提炼和展示出来方面，所做的还很有限。把海宁名人文化的道德精髓渗透浸润到市民日常的经济、社会生活中还有所欠缺，广大市民对海宁名人的认知程度也比较缺乏。海宁名人文化的丰富精神内涵是涵养海宁人当代核心价值观的宝贵资源。

挖掘海宁名人文化精神融入城市建设，是将名人文化的道德精髓渗透浸润到市民日常的经济、社会生活中的有效途径。在海宁城区，在公园中都有名人文化的体现，诸如李善兰公园、梅园公园、东山公园、西山公园和洛塘河公园都有名人文化的宣传。但是，在内容和表现形式上还比较简单化符号化，缺乏体现名人精神和道德内涵的内容。在海宁城市的每个角落，应该大力挖掘体现海宁名人精神内涵的内容进行宣传。在皮革城等商业气息较浓的地方，可以加入有关徐申如、查济民等这种经济领域有创业创新精神的人物标识和相关的城市建设。在东山上，可以在醒目的地方将徐志摩关于东山的诗歌，如《东山小曲》《想飞》《乡村里的音籁》镌刻宣传，还有顾况的《东湖望山歌》等，诗景相互融合，妙趣横生。图书馆附近增设关于海宁藏书家的宣传，海宁藏书家的资源非常丰富，营造一种重视阅读、文化传承的浓厚氛围。深化公园等人口聚集的地方的名人宣传，将海宁名人文化精神整理归类，分为"满腔热忱爱国爱家类""积极进取勤朴治学类""崇德向善诚信仁爱类"等，整理名人群像，突出典型事例，力求生动形象。让市民们眼睛看得见，心里能产生认同感，不仅是对海宁先贤产生自豪感，而且还能看到他们身上的优秀品质和高尚精神，感化自己，不仅引发道德自觉，而且树立"创业创新"的时代意识，创造当代海宁新的辉煌。

参考文献：

[1]《海宁文史全编》编纂委员会.海宁文史全编[N].北京：光明日报出版社，2013.

[2] 沈炳忠.影响中国的海宁人[M].杭州：浙江人民出版社，2008.

［3］周吉群. 挖掘名人文化的教育价值，促进学校特色发展［J］. 教育科学论坛，2016（24）.

［4］谢宁生，谢晓辉. 徐州名人文化的传承与人文价值［J］. 淮海文汇，2015（2）.

［5］覃剑. 城市历史名人文化遗产保护和利用［J］. 北方文学，2016（29）.

［6］王燕. 名人文化视角下的文化校园建设实践探索——以浙江农业商贸职业学院为例［J］. 萍乡学院学报，2016（4）.

党建篇

把握全面从严治党中的几个关键关系
——学习习近平总书记全面从严治党重要论述

中共无锡市委党校 黄 磊

全面从严治党是中国共产党自我革新、自我提高、自我完善的重大战略举措，是推动改革开放和社会主义现代化建设迈向新台阶的根本保证。党的十八大以来，以习近平同志为核心的党中央高度重视党的建设工作，向全党提出"全面从严治党"重大历史命题，做出一系列重大部署，并同其他"三个全面"一起，构成"四个全面"战略布局的完整体系，更加清晰地展现了新一届中央领导集体治国理政总体框架和整体思路，更加明确了党和国家各项工作的关键环节、重点领域、主攻方向，为中国特色社会主义理论体系注入了新的时代内涵。全面从严治党，涵盖党的思想建设、组织建设、作风建设、反腐倡廉建设和制度建设等各个领域。它不是孤立的、零散的、片段式的，而是关联的、整体的、系统的。它内涵丰富，既有深度又有广度，既体现为本身意蕴和在"四个全面"战略布局中的深刻全面，也体现为它在国家总体战略中的系统完整。

■ 一、总体把握全面从严治党的系统性

全面从严治党与其他"三个全面"关系紧密。首先，为了顺利完成党的十八大提出的"全面建成小康社会"的战略目标和战略任务，必须不失时机地创造有利条件，坚决破除一切妨碍实现中国梦的思想观念和体制机制藩篱，构建科学规范、系统完备、运行有效的制度体系，使各方面制度更加成熟定型。基于此种思维逻辑和现实考量，中央提出"全面深化改革"与"全面推进依法治国"，为实现全面建成小康社会提供内生动力和运行轨道。全面从严治党意在确保轨道平稳健康运行，全面深化改革和全面依法治国各项工作有序推进，是实现全面建成小康社会各项目标的根本保证。全面建成小康社会，全

面深化改革，全面推进依法治国必须全面从严治党。

其次，"四个全面"战略布局始终着眼于内部与外部、顶层与基层、整体与部分、历史与未来的治理逻辑。其每一个全面都是围绕并服务于兴邦富民这个整体和大局。在"四个全面"战略布局结构中，全面从严治党举足轻重，是维持战略布局结构张力和活力的核心力量。全面深化改革、全面依法治国如车之双轮、鸟之两翼，而全面从严治党则是打造能带动车行、引领鸟飞的"火车头"。[1]党要领导全面建成小康社会，全面深化改革，全面依法治国，实现伟大复兴的中国梦，必须加强党的自身建设。坚持党要管党、从严治党，为协调推进"四个全面"提供可靠政治保证。全面从严治党既是战略举措，又是战略保证，在"四个全面"战略布局中居于根本性的战略位置。

再次，把全面从严治党纳入"四个全面"战略布局，作为我国经济社会发展的指导思想和工作原则，是党在深刻把握世情、国情和党情变化的基础上，主动适应社会发展新态势的自我革新和自我行动。"四个全面"的战略布局是对中国特色社会主义事业"五位一体"总布局的深化，是"五位一体"总布局的核心和关键。"四个全面"抓住了"五位一体"的牛鼻子，抓住改革发展稳定关键，确立了新形势下党和国家各项工作的战略方向、重点领域、主攻目标，使我们在推进中国特色社会主义总布局过程中重点更加突出、方向更加明确、思路更加清晰。全面从严治党是协调推进"四个全面"的根本保证，为其他三个"全面"引领正确方向、提供坚强的领导核心。然而，党的建设在治国理政中的新高度，不仅体现在"四个全面"战略布局的整体逻辑架构上，或者全面从严治党与其他三个"全面"的整体关系上，更体现在其与每一个"全面"之间的具体联系上。这些联系构成"四个全面"的大系统，每一个"全面"又是一个小系统，环环相扣，自成体系。而全面从严治党既是"四个全面"战略布局的重要内容，也是搞好五位一体总体布局的重要抓手。从中国特色社会主义理论体系框架和党的建设内容来看，全面从严治党也贯穿于中国特色社会主义经济建设、政治建设、文化建设、社会建设、生态文明建设、国防和军队建设、外交建设和国际环境建设全过程，贯穿于党的思想建设、组织建设、作风建设、反腐倡廉建设、制度建设等各方面。只有全面从严治党，党才能同人民群众保持血肉联系，保持党的先进性和纯洁性，增强党的创造力、凝聚力、战斗力，提高党科学执政、民主执政、依法执政水平，充分发挥党总揽全局、协调各方的领导核心作用。"如果管党不力、治党不严，人民群众反映强烈的党内突出问题得不到解决,那我们党迟早会失去执政资格,不可避免被历史淘汰。这绝不是危言耸听。"[2]

二、把握思想建党和制度治党的关系

思想建党解决党员的理性认知、价值追求和理想信念问题,制度治党解决治理规则、行为规范、监督职责问题。实践证明,思想建党是保持党在思想上的纯洁性,保证党的正确政治方向和党的团结统一的思想基础;制度治党是执政党建设的根本保障。[3]思想建党需要依靠完备的制度来保障,制度治党需要正确的思想来引领,两者相互促进、相互补充,相得益彰。在党的建设中,思想理论建设是根本,为党的其他各项建设(包括制度建设)提供方向保证。制度管党治党是保障。建党以来,我们党不断建立健全以党章为根本、以民主集中制为核心的党的制度体系,为加强包括思想理论建设在内的党的其他建设,提供了有力的制度保障。党的十八大之后,中共中央先后颁布或修订了《关于改进工作作风、密切联系群众的八项规定》《党政机关厉行节约反对浪费条例》《党政领导干部选拔任用工作条例》《中国共产党巡视工作条例》《中国共产党党内法规制定条例》《中国共产党党内法规和规范性文件备案规定》和《中央党内法规制定工作五年规划纲要(2013—2017年)》等制度规则。这些规定、条例适应了新形势下党的建设的要求,为推进全面从严治党提供了有力的制度保障。制度的生命在于执行。增强制度的执行力关键在增强党员干部的制度认同,坚持制度面前人人平等,维护制度的严肃性和权威性,用制度管权、管事、管人。思想建党要聚焦问题,关键是做好思想教育、党性教育和道德教育。以思想教育让党员干部自觉坚守马克思主义信仰,坚定社会主义和共产主义的信念;以党性教育让党员干部形成马克思主义的世界观、权力观和事业观,站稳政治立场,增强宗旨观念;以道德教育让党员干部牢固树立社会主义核心价值观,老老实实做人,踏踏实实做事,清清白白做官。制度建设更带稳定性、根本性和全局性。强化思想建党,贵在坚持"知行合一"。

要注重思想建党和制度治党相结合的成效,在实践中提高协调性和针对性。一方面,坚持自律和他律双管齐下、良性互动,把制度治党与思想建党的目标要求、工作举措统一起来,衔接起来。就是要达到部署上配套、措施上衔接、在作用发挥上相互促进,将思想建党和制度治党一起谋划、一并部署、一同落实,两手抓、两手都要硬,既补足精神之钙,又扎牢制度之笼。另一方面,要建立定期评估、综合研判机制,按照可执行、可监督、可检查、可问责的要求,该清理的清理,该制定的制定,该完善的完善,进一步扎紧扎密制度的笼子。同时,抓好已有制度的教育培训,对新出台的法规制度及时纳入学习培训,推动制度规定进课堂、进教材、进头脑。要聚焦时弊,针对当前依然存在的"四风"变异问题,以及不收手不收敛的隐性问题加以推进,既解决党员干部思想认识问题,又解决党员干部违规违纪问题。

三、把握岗位责任和个人义务的关系

进入新世纪,世情、国情、党情发生了深刻变化,党面临"两大历史课题""三大历史任务""四大考验""四大危险"。我们党的最大政治优势是密切联系群众,党执政后的最大危险是脱离群众。在任何时候任何情况下,都必须坚持党的群众路线,坚持全心全意为人民服务的宗旨,把实现人民群众的利益作为我们一切工作的出发点和归宿。[4]这就要求党在新的历史条件下,全面加强党的建设,既要注重发挥党组织的战斗堡垒作用,也要突出广大党员干部的先锋模范作用。

各级党委有主体责任,党委书记有领导责任,党建部门有落实责任,基层组织有具体责任,真正做到"一杆到底",打造直通末端的责任链。落实从严治党责任,明确各级责任,要明确党委的集体责任,党委书记的领导责任,班子成员的个体责任以及一般干部的工作责任。注重紧抓党委(组)尤其是一把手的主体责任,也要注重作为党员个体的义务,自觉做到岗位责任和个人义务相统一。"全面"体现在对象上,就是把党作为一个整体来考量,全方位、全覆盖。既着眼于8 700多万名党员中的每一位,又着眼于430多万个党组织的每一层;既抓住领导干部这一"关键少数",又拓展向基层普通党员;既坚决清除存量,又着力遏制增量。在全面从严治党面前,没有什么不受监督、不担责任的组织,也没有什么"特殊党员"。不管是普通党员还是领导干部都应保持艰苦奋斗的精神,培养健康的生活情趣,做社会主义现代化建设的模范。党员领导干部要对日常生活中的人情交往保持足够的警惕,坚持"勿以恶小而为之"的古训,常以八个方面良好风气为尺度和标准,堵住腐败的"方便之门",做到自强、自律、自警、自醒,始终保持政治本色,时刻不忘党的宗旨,始终把党和人民的利益放在首位,始终保持昂扬前进的动力。党员要有严格的作风,务实的群众意识,严守底线,全身心地融入群众,做到"进得了群众门、说得上群众话、帮得了群众忙、交得了群众心"。要把为人民服务的根本要求体现在一言一行上。

四、把握党内法规同国家法律的关系

2017年,习近平总书记在"7·26"重要讲话中指出:"全党要坚持问题导向,保持战略定力,推动全面从严治党向纵深发展,把全面从严治党的思路举措搞得更加科学、更加严密、更加有效,确保党始终同人民想在一起、干在一起,引领承载着中国人民伟大梦想的航船破浪前进,胜利驶向光辉的彼岸。"[5]如何使全面从严治党的各项举措更加科学?一个重要的问题就是要注重党内法规同国家法律的衔接。"依法治党"要处理好宪法法律和党内法规制度的关系,厘清二者的适用边界,建立两者之间的抵触处理机制,协调好国家立法和党内法规制定的关系,树立依法治国必先"依法治党"的理念,以实现两者之间的互动和衔接。[6]依纪依规治党,既要完善党内法规制定出台的规范程序,形成配套严密的党内法规制度体系,也要注重党内法规同国家法律的协调和衔接,提高党内法规实用性、可操作性,运用党内法规把党要管党、从严治党目标落到实处,促进党员、干部、领导带头遵守国家法律法规。改革开放以来,在中国共产党领导下,中国特色社会主义法律体系已经形成并不断发展完善,党内法规制度建设也取得了长足进展。但受诸多主客观条件的限制,两者之间在协调衔接上还有一些亟待解决的问题。比如,有的党内法规在制定过程中论证不够充分,考虑不够全面,导致部分规定与国法重复,有些规定力度不够,需要纳入国法范畴,等等。全面从严治党,必须注重党内法规同国家法律的衔接和协调,处理好党内法规与国家法律之间的关系,不断提高党内立规和国家立法的科学化水平。必须坚持以党章和宪法为基本遵循。要切实做好党规党纪的立、改、废、释工作,党纪规定与法律法规都可执行时,应坚持由"法律优先规范"的原则;对于法律没有规定也不适合规定的事项,应由党纪党规加以约束;对于脱离实践状况的党纪党规,应及时修订或废止;对于立法法明确规定应由国家法律规定的事项,党内法规不得重新做出规定;对于那些由实践证明需转化为法律的党纪党规,应及时按法定程序办理,逐步完善党纪党规与国家法律的衔接机制。此外,实现党内法规同国家法律的衔接和协调,必须坚持党规党纪严于国法。要在新修订的廉政准则、党的纪律处分条例、党内监督条例等党内法规的基础上,明确纪检监察机关和司法机关的职责定位和工作权限，建立更加协调顺畅的案件查处机制。

五、把握党内监督和社会监督的关系

《中国共产党党内监督条例》（以下简称条例）第六章规定：党内监督和外部监督的出发点都是为了维护党和人民的根本利益，两者目标一致。党内监督和社会监督关系密切，必须将党内监督与社会监督紧密结合起来，形成监督的整体合力，两者共同作用的发挥才能构成对党和政府的有效监督。从关系上看，党内监督要有广泛的社会基础和支持力量，这是党内监督的力量来源；社会监督要有党内监督包括立法监督和司法监督做保障，其监督权利必须通过法律及执政党的活动来实现。邓小平指出，我们党提出的各项重大任务，没有一项不是依靠广大人民的艰苦努力来完成的。[7]人民群众中蕴藏着治国理政、管党治党的智慧和力量，从严治党必须依靠人民，织密群众监督之网，由群众检验各级党组织和党员、干部的表现。只有这样，党内监督和社会监督才能形成整体合力，对腐败进行全方位的立体的监督。要发挥国家机关监督、民主党派监督、社会监督的作用，形成党内监督与外部监督的有机结合，共同营造良好监督氛围，共同保证党内监督能够真正发挥作用。在突出抓好党内监督的同时，要拓宽监督渠道，进一步加强群众监督、舆论监督，包括法律监督、行政监督、民主党派监督。

党的执政地位决定了党内监督在党和国家各种监督形式中起着基础和核心的作用。党内监督搞不好，社会监督就很难开展。我们要总结经验教训，创造新管理制度，切实强化党内监督。[8]但仅仅依靠党的内部监督还不够，以党内监督带动其他监督、完善监督体系，让党内监督和其他监督协调起来，才能更充分地发挥监督合力。

《条例》向各级党组织和党的领导干部提出"认真对待、自觉接受社会监督，利用互联网技术和信息化手段，推动党务公开、拓宽监督渠道，虚心接受群众批评"的要求。因此，要进一步建立健全反映社情民意的机制，切实保障宪法赋予公民的批评、建议、控告、检举等权利，妥善受理、积极核查群众反映的各类问题，保护群众参与监督的积极性。从运用"反'四风'一键通"举报窗口"'四风'问题随手拍"等作风监督方式发动群众监督，到巡视过程中充分调动群众监督积极性；从加大对违纪违法和侵害群众利益行为的曝光力度，到利用媒体平台对典型案例进行剖析和警示教育……实践证明，社会监督是有效的。要尽快形成"一手抓党内监督""一手抓社会监督",两手都抓,两手都硬的机制,使党内监督与社会监督紧密结合起来,形成监督的合力,从源头和根源上杜绝和防止腐败现象的发生。

参考文献:

[1] 宋福范. 用"四个全面"统领党的工作全局 [J]. 中国党政干部论坛, 2015 (4).

[2] 习近平总书记系列重要讲话读本 [M]. 北京:学习出版社、人民出版社, 2014.

[3] 秦宣. 必须坚持思想建党与制度治党紧密结合 [J]. 党建, 2017 (2).

[4] 十六大以来重要文献选编 [M]. 北京:中央文献出版社, 2005.

[5] 石仲泉. 推动全面从严治党向纵深发展 [N]. 人民日报, 2017 – 08 – 24.

[6] 王建国, 王昭. 依法治党:全面从严治党的新发展 [J]. 当代世界与社会主义, 2017 (3).

[7] 邓小平文选(第3卷)[M]. 北京:人民出版社, 1993.

[8] 中共中央文献研究室. 习近平关于全面从严治党论述摘编 [M]. 北京:中央文献出版社, 2016.

红船精神的理想信念教育价值：
内在逻辑·历史语境·实践进路

中共嘉兴市委党校　彭世杰

理想信念是个人、政党、国家、民族生存和发展的精神基础，是事关全局的根本性问题，具有立根固本、凝魂聚气的重要作用。党的十八大以来，习近平总书记在多次重要讲话中将理想信念放在首要位置来阐述，他把"信念坚定"作为新时期好干部标准的第一条，把"讲政治有信念"作为新时期合格党员标准的第一条，中共中央通过的《关于新形势下党内政治生活的若干准则》明确"把坚定理想信念作为开展党内政治生活的首要任务"，这些都凸显了全面从严治党新常态下加强对党员干部进行理想信念教育的重要性和紧迫性。把红船精神纳入党员干部理想信念教育资源的视野当中，既有助于挖掘和深化红船精神的价值和意义，也为拓展新形势下党员干部理想信念教育的路径提供了一种新的思路和视角。

一、红船精神：中国共产党开展党员干部理想信念教育的重要资源

理想信念是认知主体在实践过程中形成的对未来社会和自我发展的憧憬和追求以及对此坚信不疑并身体力行的心理状态。作为人们对客观社会存在的价值追求，理想信念具有引导人们的思想行为朝着正确方向发展的导向功能，驱使人们向着既定目标奋斗并外化为自觉行为的激励功能，推动人们在共同社会追求的基础上产生思想共鸣和同向行动的凝聚功能。对于国家、民族、政党而言，理想信念关乎目标和方向、道路和命运，"如果没有或丧失理想信念，就会迷失奋斗目标和前进方向，就会像一盘散沙而形不成凝聚力，就会失去精神支柱而自我瓦解"[1]。对于共产党员而言，理想信念是世界观、人生观、价值观形成的基础，是关系到政治立场是否坚定、政治原则是否正确的根本性问题，因而"是共产党人安身立命的根本"，"是共产党人的政治灵魂"，"是共

产党人精神上的'钙'","没有理想信念,理想信念不坚定,精神上就会'缺钙',就会得'软骨病'"[2]。以马克思主义认识论来考量,作为社会意识的理想信念并不会自发形成,其产生离不开客观生活和教育实践。因此,中国共产党在成立之初就把马克思主义和共产主义确立为自身理想信念的同时,始终非常注重运用不同的内容、形式、手段对党员干部进行理想信念教育。

在开展理想信念教育的资源体系中,中国共产党革命精神无疑是其中非常重要的组成部分。革命精神是中国共产党领导人民在追求民族独立、人民解放的历程中孕育和积淀下来的一系列优良传统和精神品质,是共产党人在革命意志、政治风范、道德情操、价值追求等方面的外在表现。新民主主义革命实践铸就了包括红船精神、井冈山精神、长征精神、延安精神、西柏坡精神等在内的革命精神链条,而贯穿其中的灵魂,就是中国共产党人以马克思主义为信仰坚定地为实现共产主义而奋斗的精神,因而革命精神是开展党员干部理想信念教育的天然教材。

在中国共产党革命精神谱系中,红船精神具有特殊而重要的地位。红船精神虽然在实践形态上已经存在近百年,但在理论形态上的正式提炼则只有十余年。最早对红船精神进行系统阐述和理论论证的是2005年时任中共浙江省省委书记习近平在《光明日报》发表的署名文章《弘扬"红船精神" 走在时代前列》,该文第一次将红船精神的内涵系统概括为"开天辟地、敢为人先的首创精神,坚定理想、百折不挠的奋斗精神,立党为公、忠诚为民的奉献精神",并提出红船精神"是中国革命精神之源","是党的先进性之源"[3]。此后,红船精神才逐渐纳入理论界和学术界的研究视野。特别是党的十八大以来,围绕红船精神的产生背景、内涵、地位、功能、时代价值、传承创新等形成了一系列研究成果,拓展了红船精神研究的理论深度和实践广度。在已有的研究成果当中,关于红船精神的理想信念教育价值的研究非常鲜见,特别是在党员干部理想信念教育方面的价值还无人研究,这就在一定程度上凸显了对这一课题进行深入研究的意义和价值。一方面,红船精神与党员干部理想信念教育具有理论上的相通性。红船精神的理论内涵之一是"坚定理想、百折不挠的奋斗精神",本身就内在包含了早期共产党人探索理想、追求理想、坚定理想的精神品质,因而具备了作为党员干部理想信念教育资源的理论可行性。另一方面,运用红船精神对党员进行理想信念教育具有现实的内在需求。在庆祝中国共产党成立95周年大会上,习近平总书记特别强调全党要"永远保持建党时中国共产党人的奋斗精神"[4]。这一表述与12年前《光明日报》署名文章中的表述具有内在的一致性。从时间范畴来讲,"建党时"与红船精神所对应的时间序列具有一致性;从语义上来分析,"中国共产党人的奋斗精神"与"坚定理想、百折不挠的奋斗精神"表达的意思并无二致。由此可以推断,弘扬红船精神、坚定理想信念是习近平在建党95周年这样一个特殊时间节点对全体党员提出的共同要求。由此可见,把弘扬红船精神作为党员理想信念教育的一种内在路径兼具理论上的可行性和实践上的必要性。

■ 二、历史语境中的红船精神:早期中国共产党人选择和坚定理想信念的精神表征

唯物主义社会历史观认为,社会存在决定社会意识,社会意识是社会存在的反映。红船精神作为一种社会意识,其产生离不开当时的社会存在。将红船精神置于其产生的具体历史语境中去审视,红船精神实质上是早期共产党人选择和坚定理想信念在认知、情感、意志方面的多维精神表征。

(一)探索与比较:早期中国共产党人在多元思想激荡中理性选择信仰的科学认知

认知是理想信念发生的基础。只有深刻理解、全面把握了信仰对象的科学性和正确性,才会有对信仰的坚定性和忠诚性。离开了认知,离开了认知结果的"真",任何理想都会因失去理性的支撑而沦为空想、幻想、妄想。理想信念的确立,往往是个体对其所遇到的各种理论和价值观念进行反复比较、认识和选择的过程。从认知层面上来讲,红船精神蕴含了建党时期中国先进知识分子在探索救亡图存的历程中,对当时社会上各种理论和"主义"进行反复研究、甄别乃至实践的基础上,最终将马克思主义和共产主义确立为信仰的科学、理性精神。

中国近代以来的历史始终贯穿着两条主线,一条主线是自1840年鸦片战争以来中国不断遭受西方列强侵略欺辱而逐渐沦为半殖民地半封建社会的进程,另一条主线就是伴随第一条主线而来的各个时期中国先进分子追寻自身信仰以及由此所做出的探索和抗争。尽管20世纪初叶孙中山领导的辛亥革命推翻了两千多年的封建帝制,民主共和的曙光初现,但是革命的果实很快就被袁世凯所窃取,中国再度陷入军阀混战、政治黑暗、国家衰败的危机之中。因此,当时苦闷彷徨的中国人,在各种各样的"主义"中寻找着各自的信仰。

新文化运动时期，西方自文艺复兴以来四百年间产生的各种学说和流派纷纷传入中国，登上政治舞台。基尔特社会主义、国家主义、工团主义、教育救国、科学救国、实业救国等思想流派，与马克思主义一道，在中国政治思想界争奇斗艳。仅就社会主义学派而言，当时影响较大的除了马克思主义以外，还有属于空想社会主义的新村主义和无政府主义。当然，有比较才有鉴别。中国先进知识分子正是对多种新思潮进行学习、研究、对比之后，才做出了信仰马克思主义的选择。蔡和森在赴法勤工俭学期间，"搜集许多材料，猛看猛译"，"把各国社会党各国工团以及国际共产党，尽先弄个明白"，同时"将社会、工团、无政府、德谟克拉西加番研究"，"对各种主义综合审缔"，才认定"社会主义真为改造世界对症之方，中国也不能例外"。[5]1919 年至 1921 年发生的关于"问题与主义""社会主义是否适合中国国情""马克思主义与无政府主义"三次论战，通过不同思潮的交锋和比较，区别了真假社会主义，使中国先进知识分子更加坚定了自己的信仰，使更多的进步人士接受了马克思主义，同时也清除了混进共产主义小组当中的无政府主义者。在这一探索选择过程中，一部分人甚至将其中的一些"主义"加以实践。李大钊、蔡元培、陈独秀、胡适、王光祈等人建立了北京工读互助团，实践工读互助主义，周作人组织了"新村北京支部"，实践新村主义，但都只是昙花一现。这些带有"试错"性质的实践，从另一个方面印证了马克思主义的科学性和真理性。可以说，早期中国共产党人是在对各种救国救民方案进行了认真、理性的比较和鉴别之后，才充分认识到其他各种"道路"和"主义"的不足，进而坚定地确立马克思主义和共产主义作为自己的理想信念。

（二）舍弃与关怀：早期中国共产党人在放弃个人私利中执着坚守信仰的真挚情感

情感是理想信念的动力。列宁指出："没有'人的感情'，就从来没有也不可能有人对于真理的追求。"[6]因为"激情、热情是人强烈追求自己的对象的本质力量"[7]，"假如没有热情，世界上一切伟大的事业都不会成功"[8]。由于理想信念的现实超越性，其实现过程具有长期性、艰巨性、曲折性，这就需要信仰者倾注情感，需要信仰者主动去身体力行，甚至要放弃财富、权势、地位、亲情、爱情等个人利益。从情感层面上来讲，红船精神蕴含了早期共产党人对他们所追求的共产主义理想信念充满激情，甘愿放弃丰厚的物质生活、甘愿割舍亲情爱情也无怨无悔的崇高道德品质。

"信仰的本质是人的自我超越性,因而信仰表征着人类的终极关怀。"[9]终极关怀是与现实关怀相对的,是人将超乎物质以外的价值作为人生寄托目标的一种精神追求。德国当代哲学家蒂利希说过,"凡是从一个人的人格中心紧紧掌握住这个人的东西,凡是一个人情愿为其受苦甚至牺牲生命的东西,就是这个人的终极关怀,就是他的宗教"[10]。当然,共产主义不是宗教,而是"自有人类历史以来,最完全最进步最革命最合理的"[11]理想信念。早期共产党人参加革命和入党,鲜有出于满足个人私利的功利性目的,大多着眼于让广大群众翻身解放过上幸福生活,体现了对普通大众的终极关怀。为此,他们放弃了本身已经拥有的良好的物质生活条件。《共产党宣言》的翻译者陈望道,出生在一个殷实的农户之家,他曾经回忆说:"我在当地,也算是一等家庭的子弟。"[12]被毛泽东称赞为"农民运动大王"的彭湃,本来"是个大地主出身,海丰数一数二的","有'鸦飞不过的田产',就是乌鸦都飞不过的田产"[13],但是却当着一万多农民的面,将自己家一箱子的田契铺约全部烧掉,选择了动员农民起来革命的信仰。他们的选择,正如马克思在《青年在选择职业时的考虑》中所说的,"遵循的主要指针是人类的幸福和我们自身的完善","人只有为同时代人的完美,为他们的幸福而工作,自己才能达到完美"[14]。同时,还有一些共产党人参加建党活动和选择加入共产党,不是为了照顾"小家",而是为了党和人民的事业,是为了"大家"。年轻时的俞秀松,为了实现内心的理想,不愿沉溺于狭窄的家庭圈子里,希望到广阔的天地中去施展自己的才华。1919年,他与弟弟告别时说:"我这次出去,对家是没有什么帮助的,所以对父母也无力来孝敬。我曾经说过,我的志愿要做一个有利于国、有利于民的东南西北的人。"[15]被誉为人民法制和人民司法的开拓者和奠基人的梁柏台,在苏联工作期间接到家中来信,告诉他父亲去世,要他回去料理后事。但由于工作的需要,他无法回家,只得给母亲写了一封信,信中说:"国家事大,家庭事小","所以虽然父亲逝世,心中虽然十二万分痛苦,还是只好忍痛执行自己的职务。家中事务,只好请母亲费心"[16]。总体来讲,早期共产党人中大多在当时的社会地位、个人名望、生活条件都是非常优越的,但是让多数人过上美好生活的理想信念,使他们放弃了自身优越的生活,割舍"小家"顾全"大家",投身于党的革命实践之中,"行动起来,勇于赴前,有时奋不顾身,不计得丧"[17]。正是这种对理想信念的至真至诚的激情和热情,"能把人从他处身的物质世界提升到精神世界,从现实世界提升到理想世界,让人从一种事实存在变为价值存在"[18]。

（三）奉献与牺牲：早期中国共产党人在险恶斗争环境中殉难捍卫信仰的顽强意志

意志是支撑理想信念的重要基石。科学研究和事实证明：意志是人自觉地确定目标并支配行动、克服困难、实现目的的心理状态和自觉行动，是一种稳定、持久的综合心理品质。坚强的意志在实现理想的道路上起着重要的支撑作用。意志坚强的人，往往表现出"不达目的誓不罢休"的志气和"明知山有虎，偏向虎山行"的勇气，在面对困境、挫折、恶劣环境乃至生死考验的时候也不会放弃内心的理想。从意志层面上来讲，红船精神蕴含了接受马克思主义的早期共产党人，对共产主义的实现充满信心，将共产主义信仰内化成为自觉行动，甚至为此而付出生命代价的牺牲精神。

美好的理想往往诞生于黑暗的社会环境，是在与没落、保守、落后、反动的意识、观念、势力做斗争中成长和发展起来的。在党的早期革命实践中，共产主义和信奉共产主义的共产党人被当局视为"洪水猛兽"而极力镇压和绞杀，因此，参加革命、选择和坚持共产主义信仰就意味着生与死的考验。如果没有顽强的意志作支撑，要坚持革命的理想信念是很难做到的。早期共产党人不仅坚定地将马克思主义和共产主义确立为自己的理想信念，在险恶的斗争环境中为实现理想而不懈奋斗，甚至为捍卫理想献出了生命。正如邓小平所指出的，"在我们最困难的时期，共产主义的理想是我们的精神支柱，多少人牺牲就是为了实现这个理想"[19]。特别是1927年国民党叛变革命以后，对共产党采取"宁可枉杀一千，不可使一人漏网"的屠杀政策，企图通过白色恐怖迫使共产党人放弃自己的理想信念。"据党的第六次全国代表大会时的不完全统计，从1927年3月到1928年上半年，被杀害的共产党员和革命群众达31万多人，其中共产党员2.6万多人。"[20]但是，在铁窗酷刑和生死考验面前，共产党人选择了忠贞不屈，用生命捍卫了理想信念的尊严。面对反动军阀的绞刑架，党的创始人之一李大钊发出了"我们深信，共产主义在世界、在中国，必然要得到光荣的胜利"的豪迈誓言；临近行刑前，全国农民协会秘书长夏明翰写就了"砍头不要紧，只要主义真。杀了夏明翰，还有后来人"的千古绝唱；在狱中，广州起义领导人之一周文雍发出了"头可断，肢可折，革命精神不可灭。壮士头颅为党落，好汉身躯为群裂"的时代强音。从中可以看出，共产党人对理想的信服、尊崇和忠诚，以及为理想而献身的无畏和豪迈、淡定和从容。这种与敌人在精神世界的对抗,见证了共产党人的忍耐力和意志力,彰显了革命者的灵魂和信仰的忠贞之美。"根据民政部的统计,为了建立新中国,全国有 2 100 多万革命者捐躯,而各地烈士在册记载的只有 160 多万,有 1 900 多万革命先烈名字无法确认。"[21] 支撑他们为之奋斗并不惜牺牲自己生命的,正是内心崇高的理想以及由此而必定达成的强大信念。

■ 三、弘扬红船精神:深入开展党员干部理想信念教育的一种现实路径

运用红船精神开展党员干部理想信念教育,就是要通过有意识的推动,运用相关的历史事件、历史人物、历史情节教育和激励党员干部,自觉将红船精神所内含的价值观念、行为准则、道德情操等扎根于心灵之中,"坚持不忘初心、继续前进","牢记我们党从成立起就把为共产主义、社会主义而奋斗确定为自己的纲领,坚定共产主义远大理想和中国特色社会主义共同理想,不断把为崇高理想奋斗的伟大实践推向前进"[4]。

(一)通过对彰显红船精神党的历史的追忆,为党员干部坚定理想信念注入精神动力

共产主义理想信念是一种为共产主义事业服务的自觉、真诚、稳定的心态,外在表现为共产党人积极进取的锐气、干事创业的激情、百折不挠的意志等方面良好的精神状态。如果丧失理想信念或理想信念不坚定,就会在工作中丧失开拓奋进的精神,被动消极,松懈懒散,意志消沉,并容易在大是大非面前态度暧昧、摇摆不定甚至走向党和人民的反面。正是基于对这一问题清醒而深刻的认识,"理想信念动摇是最危险的动摇,理想信念滑坡是最危险的滑坡"[4]已经成为全党的共识,"精神懈怠的危险"被列为党所面临的四大危险之首。因此,在中国共产党已经执政并将长期执政的历史方位下,作为执政党的党员干部,"我们要保持过去革命战争时期的那么一股劲,那么一股革命热情,那么一种拼命精神,把革命工作做到底"[22]。

对红船精神的学习,首先就要学习早期共产党人高擎"革命理想高于天"的旗帜,在异常艰难和危险环境下为了内心的理想忘我工作甚至甘愿流血牺牲的精神状态,从中汲取服务和推动中国特色社会主义事业发展的精神力量。红船精神作为早期共产党人为探索救亡图存道路而不懈追求的精神品质的集中体现,体现在党的创建这一具体的历史实践当中,因此,对党的创建史的回顾和追忆,可以引导党员干部更好地认识中国共产党将共产主义确立为最高理想是

经过反复研究、比较之后的理性选择,深入了解早期共产党人为了实现这一理想做出了今天常人难以想象的付出和牺牲。习近平在谈到坚定理想信念时,讲过一个关于陈望道翻译《共产党宣言》的故事。"1920年,他在翻译这本书时,他妈妈为他准备了一碟红糖蘸粽子吃,三番五次在屋外催他,后来问他红糖够不够,他说'够甜,够甜了'。当他妈妈进来收拾碗筷时,却发现儿子的嘴上满是墨汁,原来陈望道是蘸着墨汁吃掉粽子的。这就是信仰的味道、信仰的力量!"[23]其实,一部党的创建史就是一部早期共产党人探索理想、追求理想、捍卫理想的历史,这是红船精神中"坚定理想、百折不挠的奋斗精神"在历史中的具象化。因此,党的创建史本身就是运用红船精神开展理想信念教育的内容和素材。在对彰显红船精神的具象化历史的学习过程中,通过教育内容和形式的创新,可以增强理想信念教育的实效性。党的诞生地嘉兴开发的"重走一大路→再现1921嘉兴故事"现场体验式党性教育项目,引导党员干部重走"嘉兴老火车站—狮子汇渡口—南湖湖心岛—红船"这条历史线路,架接时空,促进受教育者在体验建党历史、感悟红船精神的过程中实现思想净化和感情升华;通过佩戴党徽、重温入党誓词、作先锋承诺、唱《没有共产党就没有新中国》等仪式化的理想信念教育方式,将党员干部的情感予以社会化表达,凝聚集体共识,实现了教育主、客体之间的价值互通和心灵融契。"从红船精神的学习弘扬中,使党员干部能更加深切地认识到什么叫理想、信念和抱负;什么叫使命、责任和担当;什么叫奉献、牺牲和价值;什么叫忠诚、顽强和坚定。"[24]这种理想信念教育方式,突出了对价值观的"学习—重温—体验—唤醒—内化—转化"过程,契合了党员干部的心理接受和行为改变规律,有助于增强党员干部干事创业的激情和动力,做到"功崇惟志、业广惟勤",始终保持"干在实处永无止境、走在前列要谋新篇"的精神状态。

(二)通过对体现红船精神榜样人物的效仿,为党员干部坚定理想信念提供行为示范

榜样教育是一种重要的社会教育方式,理想信念教育同样离不开榜样教育。根据现代心理学研究,模仿是人类最基本的社会行为之一,无论是一个人的外在行为,还是其人生态度、价值观念、道德品行等,都可能出自对别人的模仿。由于榜样人物在行为实践中表现出的道德品质、价值追求、精神境界具有深刻的感染力,易于赢得他人在心理上的认同、在情感上的共鸣,并发自内心地进行效仿。因此,一个人对榜样的学习,可以帮助其适当行为范式和社会

态度的习得和形成,这种榜样人物的高尚人格引起的激励、示范、带动效应,是形成、坚定、巩固信仰的一种重要方式。

红船精神是早期共产党人追求理想、实践理想历程中所表现出的精神、意志、品质的集中体现,这一历程中涌现的为理想不懈奋斗甚至英勇牺牲的先进典型和英雄模范,无疑为运用红船精神开展理想信念教育提供了实践的榜样。李大钊、瞿秋白、蔡和森、向警予、邓中夏、恽代英等早期共产党人,一个共同的特点就是,具有虔诚而执着、至信而深厚的理想信念,自觉将民族独立和人民解放作为自己的职责和使命,在困难乃至生死考验面前用鲜血和生命捍卫自己心中的理想。这些榜样人物身上凝聚的对理想的执着追求和坚定信念及其外化表现出的勇敢、无私、无畏的精神,是建党这一特定历史阶段共产党人先进价值理念的形象化、具体化、人格化,具有强烈的感染力、感召力和可模仿性,对今天的党员干部坚定理想信念依然具有正面的引塑效应。同时,通过对参加中共"一大"的13位代表不同人生轨迹的剖析,有助于党员干部更深刻地认识理想信念在共产党人政治生涯中的重要性。身处历史巨变时代的中共"一大"代表们,后来经历了不同的人生轨迹,"因为终极目的的不同,在行进时,也时时有人退伍,有人落荒,有人颓唐,有人叛变,然而只要无碍于进行,则愈到后来,这队伍也就愈成为纯粹、精锐的队伍了"[25]。他们当中,有信念坚定、百折不挠、成就伟业的毛泽东、董必武,有献身理想、光荣牺牲、英名永存的陈潭秋、何叔衡、王尽美、邓恩铭,有挚爱理论、负气退党、终获公论的李达、李汉俊,有难经考验、高开低走、人生失败的刘仁静、包惠僧,有追逐私欲、叛党卖国、身败名裂的张国焘、陈公博、周佛海[26],通过对其"一样的出发,不一样的结局"的深入剖析,帮助党员干部深刻认识中国革命历程中的大浪淘沙,深刻理解是否具有理想信念、理想信念是否坚定持久、理想信念出现偏差时是否能够及时修正是共产党人能否成就事业的根本原因。运用红船精神教育党员干部坚定理想信念,就要注重挖掘和运用正反两方面的典型,发挥正面典型教育人、感染人、带动人的示范效应,发挥反面典型知敬畏、明底线、受警醒的镜鉴作用,将正面引导与反面警醒相结合,引导党员干部将共产主义远大理想和中国特色社会主义共同理想内化为信念、行为和习惯。

(三)通过对延续红船精神发展成就的挖掘,为党员干部坚定理想信念增强价值自信

理想信念是依存于一定知识、理性基础之上对未来社会发展状态的确信态

度，归根结底就是一种植根现实又超越现实的价值取向。坚定的理想信念表现为信仰者对自己信奉价值的高度认同以及对实现理想的方式、道路的坚信不疑的心态。在多元社会思潮共同存在、多种价值理念相互碰撞的当下，部分党员干部不愿讲共产主义理想，或讲起来理不直、气不壮，其根本原因在缺乏对共产主义理想的自信。同时，"国内外各种敌对势力，总是企图让我们党改旗易帜、改名换姓，其要害就是企图让我们丢掉对马克思主义的信仰，丢掉对社会主义、共产主义的信念"[27]。因此，加强对党员的理想信念教育，增强对马克思主义、社会主义和共产主义的自信，是一项重要而紧迫的现实任务。

  运用红船精神进行理想信念教育，就要引导党员干部理性认识当今时代较之建党时期在经济社会发展水平、人民生活质量、国家综合实力等方面所取得的长足进步，深刻认识建设中国特色社会主义是实现早期共产党人确立的共产主义理想的必由之路，从而增强对共产主义和中国特色社会主义的自信。如果回到红船精神诞生的年代，那时的中国，充斥着"贫穷和灾荒，混乱和仇杀，饥饿和寒冷，疾病和瘟疫，迷信和愚昧，以及那慢性的杀灭中国民族的鸦片毒物"[28]。但是，在红船上诞生的中国共产党，在共产主义理想的指引下，凭借历经曲折而不畏艰险、屡受考验而不改初衷的韧劲，从8个共产主义小组、58名党员的零星组织，发展成为拥有441万个基层党组织、8 875.8万党员的世界大党，取得的执政绩效举世瞩目。早期共产党人理想中的社会，"到处都是活跃的创造，到处都是日新月异的进步，欢歌将代替了悲叹，笑脸将代替了哭脸，富裕将代替了贫穷，康健将代替了疾苦，智慧将代替了愚昧，友爱将代替了仇杀，生之快乐将代替了死之悲哀，明媚的花园将代替了凄凉的荒地"[28]，正逐渐由蓝图变为现实。这种中国经济社会面貌的百年变迁和今昔对比，是共产主义生命力的最直观的体现，也是党员干部增强价值自信最深厚的现实基础。同时，以"实践理性、强势政府、稳定优先、民生为大、渐进改革、顺序差异、混合经济、对外开放"[29]为主要特点的中国模式，是把马克思主义植根于当代中国实际并加以创新所取得的成果，有力回击了西方世界对中国发展的种种质疑，也是党员干部增强价值自信的重要依据。这种价值自信在当前最直观的表现，就是对中国特色社会主义的道路自信、理论自信、制度自信、文化自信。"四个自信"源于对历史发展的全面客观认识，源于对理想信念实现规律的准确把握，是对红船精神的价值理念的延续和传承，"是在世情国情党情不断发生深刻变化的大背景下，党和人民从中国实际出发，站在历史的新高度,自信回望过去,自信展望未来,为中国特色社会主义发展再上新台阶而信心满满的真实写照"[30]。诚如习近平总书记所说:"有了'自信人生二百年,会当击水三千里'的勇气,我们就能毫无畏惧面对一切困难和挑战,就能坚定不移开辟新天地、创造新奇迹"[4]。正是党员干部的这种自信,才能坚定对马克思主义和共产主义的崇高信仰,把对中国特色社会主义的坚定信念作为终身追求,不为任何风险所惧,不为任何干扰所惑,实现中华民族伟大复兴的中国梦。

参考文献:

[1] 习近平. 领导干部要树立正确的世界观权力观事业观 [J]. 中国党政干部论坛,2010 (9).

[2] 习近平. 紧紧围绕坚持和发展中国特色社会主义 学习宣传贯彻党的十八大精神 [N]. 人民日报,2012 - 11 - 19 (02).

[3] 习近平. 弘扬"红船精神" 走在时代前列 [N]. 光明日报,2005 - 06 - 21 (03).

[4] 习近平. 在庆祝中国共产党成立 95 周年大会上的讲话 [N]. 人民日报,2016 - 07 - 02 (02).

[5] 蔡和森文集 [M]. 北京:人民出版社,2013.

[6] 列宁全集(第 25 卷)[M]. 北京:人民出版社,1988.

[7] 马克思恩格斯文集(第 1 卷)[M]. 北京:人民出版社,2009.

[8] [德] 黑格尔. 历史哲学 [M]. 王造时,译. 上海:上海书店出版社,2001.

[9] 荆学民,李旭炎. 信仰→宗教→哲学→终极关怀 [J]. 南开学报,1999 (2).

[10] [美] L. J. 宾克莱. 理想的冲突——西方社会中变化着的价值观念 [M]. 马元德等,译. 上海:商务印书馆,1983.

[11] 毛泽东选集(第 2 卷)[M]. 北京:人民出版社,1991.

[12] 陈望道全集(第 6 卷)[M]. 杭州:浙江大学出版社,2011.

[13] 信仰——我们的故事 [J]. 党建研究,2012 (8).

[14] 马克思恩格斯全集(第 1 卷)[M]. 北京:人民出版社,1995.

[15] 薛秀霞. 大浪淘沙——浙籍中共早期党员人生探索 [M]. 杭州:浙江大学出版社,2013.

[16] 陈刚. 人民司法开拓者——梁柏台传 [M]. 北京:中共党史出版社,2012.

[17] 梁漱溟文存 [M]. 南京:江苏人民出版社,2014.

[18] 冯天策. 信仰导论 [M]. 南宁:广西人民出版社,1992.

[19] 邓小平文选(第 3 卷)[M]. 北京:人民出版社,1993.

[20] 中共中央党史研究室. 中国共产党历史（第1卷）［M］. 北京：中共党史出版社，2002.

[21] 党史未解之谜：中共成立时多少党员 多少为国捐躯［EB/OL］. 新华网，http：//news.xinhuanet.com/2011-06/26/c_121585602_3.htm.

[22] 毛泽东文集（第7卷）［M］. 北京：人民出版社，1999.

[23]《人民日报》理论部. 深入学习习近平同志重要论述［M］. 北京：人民出版社，2013.

[24] 胡坚. "红船精神"与全面从严治党［J］. 观察与思考，2015（6）.

[25] 鲁迅全集（第6卷）［M］. 北京：人民文学出版社，2014.

[26] 张志松. 为有牺牲多壮志——中共"一大"代表人生轨迹与理想信念教育［M］. 北京：中共党史出版社，2014.

[27] 习近平. 在全国党校工作会议上的讲话［J］. 求是，2016（9）.

[28] 方志敏文集［M］. 南昌：江西人民出版社，1999.

[29] 张维为. 中国震撼——一个"文明型国家"的崛起［M］. 上海：上海人民出版社，2016.

[30] 徐龙建. 坚定理想信念与"四个自信"的内在逻辑［J］. 湖南行政学院学报，2017（1）.